ESTRATÉGIA NACIONAL DE COMBATE À CORRUPÇÃO E À LAVAGEM DE DINHEIRO

Institucionalidade jurídica da política em rede

COLEÇÃO FÓRUM
**DIREITO
E POLÍTICAS
PÚBLICAS**

COLEÇÃO FÓRUM
DIREITO E POLÍTICAS PÚBLICAS

GIOVANNA MAÍSA GAMBA

Prefácio
Maria Paula Dallari Bucci

ESTRATÉGIA NACIONAL DE COMBATE À CORRUPÇÃO E À LAVAGEM DE DINHEIRO

Institucionalidade jurídica da política em rede

| 10 |

Belo Horizonte

FÓRUM
CONHECIMENTO JURÍDICO

2023

COLEÇÃO FÓRUM
DIREITO E POLÍTICAS PÚBLICAS

© 2023 Editora Fórum Ltda.

É proibida a reprodução total ou parcial desta obra, por qualquer meio eletrônico, inclusive por processos xerográficos, sem autorização expressa do Editor.

Conselho Editorial

Adilson Abreu Dallari
Alécia Paolucci Nogueira Bicalho
Alexandre Coutinho Pagliarini
André Ramos Tavares
Carlos Ayres Britto
Carlos Mário da Silva Velloso
Cármen Lúcia Antunes Rocha
Cesar Augusto Guimarães Pereira
Clovis Beznos
Cristiana Fortini
Dinorá Adelaide Musetti Grotti
Diogo de Figueiredo Moreira Neto (*in memoriam*)
Egon Bockmann Moreira
Emerson Gabardo
Fabrício Motta
Fernando Rossi
Flávio Henrique Unes Pereira

Floriano de Azevedo Marques Neto
Gustavo Justino de Oliveira
Inês Virgínia Prado Soares
Jorge Ulisses Jacoby Fernandes
Juarez Freitas
Luciano Ferraz
Lúcio Delfino
Marcia Carla Pereira Ribeiro
Márcio Cammarosano
Marcos Ehrhardt Jr.
Maria Sylvia Zanella Di Pietro
Ney José de Freitas
Oswaldo Othon de Pontes Saraiva Filho
Paulo Modesto
Romeu Felipe Bacellar Filho
Sérgio Guerra
Walber de Moura Agra

FÓRUM
CONHECIMENTO JURÍDICO

Luís Cláudio Rodrigues Ferreira
Presidente e Editor

Coordenação editorial: Leonardo Eustáquio Siqueira Araújo
Aline Sobreira de Oliveira

Rua Paulo Ribeiro Bastos, 211 – Jardim Atlântico – CEP 31710-430
Belo Horizonte – Minas Gerais – Tel.: (31) 99412.0131
www.editoraforum.com.br – editoraforum@editoraforum.com.br

Técnica. Empenho. Zelo. Esses foram alguns dos cuidados aplicados na edição desta obra. No entanto, podem ocorrer erros de impressão, digitação ou mesmo restar alguma dúvida conceitual. Caso se constate algo assim, solicitamos a gentileza de nos comunicar através do *e-mail* editorial@editoraforum.com.br para que possamos esclarecer, no que couber. A sua contribuição é muito importante para mantermos a excelência editorial. A Editora Fórum agradece a sua contribuição.

Dados Internacionais de Catalogação na Publicação (CIP) de acordo com ISBD

G187e	Gamba, Giovanna Maísa Estratégia nacional de combate à corrupção e à lavagem de dinheiro: institucionalidade jurídica da política em rede / Giovanna Maísa Gamba. Belo Horizonte: Fórum, 2023. (Coleção Fórum Direito e Políticas Públicas, v. 10). 257p. 14,5x21,5cm (Coleção Fórum Direito e Políticas Públicas, v. 10). ISBN 978-65-5518-598-0 1. Redes. 2. Redes interorganizacionais. 3. Institucionalidade. 4. Política pública. 5. Política anticorrupção. I. Título. CDD: 342 CDU: 342.2

Ficha catalográfica elaborada por Lissandra Ruas Lima – CRB/6 – 2851

Informação bibliográfica deste livro, conforme a NBR 6023:2018 da Associação Brasileira de Normas Técnicas (ABNT):

GAMBA, Giovanna Maísa. *Estratégia nacional de combate à corrupção e à lavagem de dinheiro*: institucionalidade jurídica da política em rede. Belo Horizonte: Fórum, 2023. 257p. ISBN 978-65-5518-598-0. (Coleção Fórum Direito e Políticas Públicas, v. 10).

Aos meus pais.

AGRADECIMENTOS

Esta obra foi fruto de um esforço coletivo, do apoio estrutural, intelectual e emocional de pessoas que, embora não tenham escrito este livro ou investigado a ENCCLA, ajudaram-me a tal ponto que podem ser consideradas coautoras deste trabalho.

Agradeço à minha mãe e a meu pai, Denise e Fernando, que não mediram esforços ao longo de toda minha vida para que eu tivesse todas as condições para sonhar e realizar. Agradeço por terem sido os primeiros a acreditar em mim e por se dedicarem tanto e sempre por nós, desde o café passado para dar ânimo ao colo para restabelecer das angústias. À minha irmã, Natalia, que estimula sempre a minha melhor versão. Que nos dias difíceis sempre me arranca boas gargalhadas e que, quando tudo ainda era um grande nó na minha cabeça, ouvia pacientemente minhas tentativas de explicar o que, afinal, eu estava tentando pesquisar – e, sim, existe pesquisa em Direito!

À Professora Maria Paula Dallari Bucci, que estimulou a elaboração desta intrincada pesquisa e acreditou na minha capacidade de desenvolvê-la. Agradeço pela orientação e atenta leitura, cujos preciosos comentários permitiram uma (r)evolução sobre a versão original.

Agradeço aos professores Gustavo Justino de Oliveira, Mariana Mota Prado e Raquel de Mattos Pimenta, que realizaram leitura cuidadosa desta obra e cujos preciosos comentários, ainda na versão de dissertação, contribuíram para que fosse requalificada.

À Eduarda, pela paz que trouxe à minha vida, pela gentileza com que me acolhe e pela generosidade com que me incentiva. Agradeço pela paciência com meu despertador que, às 5h, acordava nós duas e deixava fria a cama, mantendo, apesar disso, nossos corações aquecidos.

Agradeço a todos os meus amigos que pacientemente se mantiveram presentes nos meus momentos de ausência e entenderam quando os cafés e bares foram negados por mais um dia de escrita: Laisa Santos, Luana Heinen, Mayara Loebmann, Murillo Preve, Beatriz Oliveira, Paula Gamba, Paula Zomignani, Victor Preuss, Lucas Zomignani, Charles Braga Alves, Marjorie Carvalho, Thaís Becker, Raquel Sirotti e Sabrina Balthazar.

Por fim, dedico este trabalho à minha avó, Rosa Dirce de Deus Oliveira, que nos deixou durante esta trajetória. Ela sempre será uma inspiração para mim: por sua garra, coragem, inteligência, dignidade e por ter me ensinado os valores mais caros.

A origem do pecado original e a causa original das doenças do Brasil: tomar o alheio. O que vêm fazer no Brasil os ministros de El-Rei?

Mas como a experiência ensina que, para a saúde ser segura e firme, não basta sobressarar a enfermidade, se não se arrancam as raízes e se cortam as causas dela, é necessário vermos ultimamente quais são e quais foram as causas desta enfermidade do Brasil. A causa da enfermidade do Brasil, bem examinada, é a mesma que a do pecado original. Pôs Deus no Paraíso Terreal a nosso pai Adão, mandando-lhe que o guardasse e trabalhasse: Ut operaretur; et custodiret (Gên. 2, 15) e ele, parecendo-lhe melhor o guardar que o trabalhar, lançou mão à árvore vedada, tomou o pomo que não era seu e perdeu a justiça em que vivia, para si e para o gênero humano. Esta foi a origem do pecado original, e esta é a causa original das doenças do Brasil: tomar o alheio, cobiças, interesses, ganhos e conveniências particulares, por onde a justiça se não guarda, e o Estado se perde. Perde-se o Brasil, Senhor digamo-lo em uma palavra porque alguns ministros de S. Majestade não vêm cá buscar o nosso bem, vêm cá buscar nossos bens.

Padre António Vieira, Sermão da Visitação de Nossa Senhora (1638)

LISTA DE FIGURAS

Figura 1: Produção de Políticas Públicas na NPG.. 55
Figura 2: Composição do Gabinete de Gestão Integrada............................ 142
Figura 3: Percentual de frequência dos membros que participaram da ENCCLA 2021, conforme número de ações que integrou........... 182

LISTA DE TABELAS

Tabela 1: Composição da Plenária 132
Tabela 2: Número de vezes em que cada ator coordenou a
         implementação de ações pela ENCCLA 147
Tabela 3: Referências normativas à ENCCLA identificadas no Diário
         Oficial da União 161
Tabela 4: Relatório técnico contendo proposta de plano estratégico de
         comunicação para a ENCCLA 194

LISTA DE ABREVIATURAS E SIGLAS

ABIN	–	Agência Brasileira de Inteligência
ADPF	–	Associação Nacional dos Delegados de Polícia Federal
AGU	–	Advocacia–Geral da União
AJUFE	–	Associação dos Juízes Federais
AMB	–	Associação dos Magistrados Brasileiros
AMPCON	–	Associação Nacional do Ministério Público de Contas,
ANAPE	–	Associação Nacional dos Procuradores dos Estados e do Distrito Federal
ANATEL	–	Agência Nacional de Telecomunicações
ANPR	–	Associação Nacional dos Procuradores da República
ATRICON	–	Associação dos Membros de Tribunais de Contas do Brasil
BCB	–	Banco Central do Brasil
BB	–	Banco do Brasil
BNDES	–	Banco Nacional de Desenvolvimento Econômico e Social
CADE	–	Conselho Administrativo de Defesa Econômica
CAIXA	–	Caixa Econômica Federal
CD	–	Câmara dos Deputados
CC/PR	–	Casa Civil da Presidência da República
CC-RS	–	Casa Civil do Estado do Rio Grande do Sul
CCS	–	Cadastro Nacional de Clientes do Sistema Financeiro
CDEMP	–	Colégio de Diretores de Escolas e Centros de Estudos e Aperfeiçoamento Funcional dos Ministérios Públicos do Brasil
CEIS	–	Cadastro de Entidades Inidôneas e Suspensas
CEP/PR	–	Comissão de Ética Pública da Presidência da República
CGA-SP	–	Corregedoria-Geral da Administração do Estado de São Paulo
CG-DF	–	Controladoria-Geral do Distrito Federal
CGE-MG	–	Geral do Estado de Minas Gerais
CGM-GRU	–	Controladoria-Geral do Município de Guarulhos
CGM-SP	–	Controladoria-Geral do Município de São Paulo
CGU	–	Controladoria-Geral da União
CJF	–	Conselho da Justiça Federal
CNJ	–	Conselho Nacional de Justiça
CNMP	–	Conselho Nacional do Ministério Público
CNPG	–	Conselho Nacional dos Procuradores Gerais
COAF	–	Conselho de Controle de Atividades Financeiras
CONACI	–	Conselho Nacional de Controle Interno

CONCPC	–	Conselho Nacional dos Chefes de Polícia Civil
CSJT	–	Conselho Superior da Justiça do Trabalho
CVM	–	Comissão de Valores Mobiliários
DEJUS	–	Departamento de Justiça Classificação Títulos e Qualificação
DPF	–	Departamento de Polícia Federal
DPP	–	Direito e políticas públicas
DRCI	–	Departamento de Recuperação de Ativos e Cooperação Jurídica Internacional
DREI	–	Departamento de Registro Empresarial e Integração
ENCCLA	–	Estratégia Nacional de Combate à Corrupção e à Lavagem de Dinheiro
ENCLA	–	Estratégia Nacional de Combate à Lavagem de Dinheiro
ESMPU	–	Escola Superior do Ministério Público da União
FEBRABAN	–	Federação Brasileira de Bancos
GAFI	–	Grupo de Ação Financeira Internacional
GGI	–	Gabinete de Gestão Integrada
GGI-CD	–	Gabinete de Gestão Integrada – Corrupção e Lavagem de Dinheiro
GGI-LD	–	Gabinete de Gestão Integrada – Lavagem de Dinheiro
GNCOC	–	Grupo Nacional de Combate às Organizações Criminosas
GSI/PR	–	Gabinete de Segurança Institucional da Presidência da República
INSS	–	Instituto Nacional do Seguro Social
Iphan	–	Instituto do Patrimônio Histórico e Artístico Nacional
LAB-LD	–	Laboratório de Tecnologia contra a Lavagem de Dinheiro
MD	–	Ministro da Defesa
MDIC	–	Ministério da Indústria, Comércio Exterior e Serviços
MF	–	Ministro da Fazenda
MJSP	–	Ministério da Justiça e Segurança Pública
MPBA	–	Ministério Público do Estado da Bahia
MPC-RS	–	Ministério Público de Contas do Estado do Rio Grande do Sul
MPDFT	–	Ministério Público do Distrito Federal e Territórios
MPF	–	Ministério Público Federal
MPGO	–	Ministério Público do Estado de Goiás
MPM	–	Ministério Público Militar
MPMA	–	Ministério Público do Estado do Maranhão
MPMG	–	Ministério Público do Estado de Minas Gerais
MPMS	–	Ministério Público do Estado do Mato Grosso do Sul
MPPB	–	Ministério Público do Estado da Paraíba
MPPE	–	Ministério Público do Estado de Pernambuco
MPPI	–	Ministério Público do Estado do Piauí
MPPR	–	Ministério Público do Estado do Paraná
MPRJ	–	Ministério Público do Estado do Rio de Janeiro
MPRN	–	Ministério Público do Estado do Rio Grande do Norte

MPRS	–	Ministério Público do Estado do Rio Grande do Sul
MPS	–	Ministério da Previdência Social
MPSC	–	Ministério Público do Estado de Santa Catarina
MPSE	–	Ministério Público do Estado de Sergipe
MPSP	–	Ministério Público do Estado de São Paulo
MPT	–	Ministério Público do Trabalho
MRE	–	Ministério das Relações Exteriores
MTP	–	Ministério do Trabalho e Previdência
NPG	–	Nova governança pública
NPM	–	Nova gestão pública
OSB	–	Observatório Social do Brasil
OCDE	–	Organização para a Cooperação e Desenvolvimento Econômico
PCDF	–	Polícia Civil do Distrito Federal
PCMA	–	Polícia Civil do Estado do Maranhão
PCMG	–	Polícia Civil do Estado de Minas Gerais,
PCRJ	–	Polícia Civil do Estado do Rio de Janeiro
PCRS	–	Polícia Civil do Estado do Rio Grande do Sul
PCSC	–	Polícia Civil do Estado de Santa Catarina
PCSP	–	Polícia Civil do Estado de São Paulo
PEPs	–	Pessoas Politicamente Expostas
PF	–	Polícia Federal
PG-DF	–	Procuradoria-Geral do Distrito Federal
PGE-BA	–	Procuradoria-Geral do Estado da Bahia
PGE-RS	–	Procuradoria-Geral do Estado do Rio Grande do Sul
PGE-SP	–	Procuradoria-Geral do Estado de São Paulo
PGFN	–	Procuradoria-Geral da Fazenda Nacional
PGM-SP	–	Procuradoria-Geral do Município de São Paulo
PNLD	–	Programa Nacional de Capacitação e Treinamento para o Combate à Corrupção e à Lavagem de Dinheiro
PNPPC	–	Programa Nacional de Prevenção Primária à Corrupção
PREVIC	–	Superintendência Nacional de Previdência Complementar
RFB	–	Secretaria da Receita Federal do Brasil Receita Federal
SAL/MJ	–	Secretaria de Assuntos Legislativos do Ministério da Justiça e Segurança Pública
SDE	–	Secretaria de Direito Econômico
SDH/PR	–	Secretaria de Direitos Humanos da Presidência da República –
SECONT-ES	–	Secretaria de Estado de Controle e Transparência do Estado do Espírito Santo
SEFAZ/SP	–	Secretaria da Fazenda do Estado de São Paulo
SEGES/MP	–	Secretaria de Gestão do Ministério do Planejamento, Orçamento e Gestão
SEGOV/PR	–	Secretaria de Governo da Presidência da República
SENAD	–	Secretaria Nacional Antidrogas

SENASP	–	Secretaria Nacional de Segurança Pública
SEPRT/ME	–	Secretaria Especial de Previdência e Trabalho do Ministério da Economia
SF	–	Senado Federal
SIMBA	–	Sistema de Investigação de Movimentações Bancárias
SLTI/MPOG	–	Secretaria de Logística e Tecnologia da Informação/ Ministério do Planejamento, Orçamento e Gestão
SNBA	–	Sistema Nacional de Bens Apreendidos
SNJ	–	Secretaria Nacional de Justiça
SPC	–	Secretaria de Previdência Complementar
SPREV/MF	–	Secretaria de Previdência do Ministério da Fazenda
SRF	–	Secretaria da Receita Federal
SRJ/MJ	–	Secretaria de Reforma do Judiciário do Ministério da Justiça
STF	–	Supremo Tribunal Federal
SUSEP	–	Superintendência de Seguros Privados
TCE-RS	–	Tribunal de Contas do Estado do Rio Grande do Sul
TCU	–	Tribunal de Contas da União
TSE	–	Tribunal Superior Eleitoral
TST	–	Tribunal Superior do Trabalho
UIF	–	Unidade de Inteligência Financeira

SUMÁRIO

APRESENTAÇÃO DA COLEÇÃO
Maria Paula Dallari Bucci 23

PREFÁCIO
Maria Paula Dallari Bucci 25

INTRODUÇÃO 31

CAPÍTULO 1
CRISE DO ESTADO E NOVAS ORGANIZAÇÕES ADMINISTRATIVAS 39
1.1 Administração Pública Tradicional 43
1.2 Nova Gestão Pública 46
1.3 Nova Governança Pública 51
1.3.1 Participação 56
1.3.2 Colaboração 60
1.3.3 Novas ferramentas de governança 63
1.3.4 *Accountability* 66
1.4 Conclusões parciais 70

CAPÍTULO 2
ESTADO, REDES E CONCERTAÇÃO ADMINISTRATIVA 71
2.1 Estado e administração em rede 77
2.2 Governança em redes 85
2.3 Institucionalidade jurídica das redes 94
2.3.1 Redes como contratos conectados 102
2.3.2 Concertação administrativa 108
2.4 Conclusões parciais 119

CAPÍTULO 3
A ESTRATÉGIA NACIONAL DE COMBATE À CORRUPÇÃO E À LAVAGEM DE DINHEIRO 121

3.1	Origem da estratégia nacional de combate à corrupção e à lavagem de dinheiro	122
3.2	Objetivos da ENCCLA	128
3.3	Atribuições e estrutura da ENCCLA	130
3.3.1	Plenária	130
3.3.2	Gabinete de Gestão Integrada	139
3.3.3	Grupos de trabalho de combate à corrupção e de combate à lavagem de dinheiro	142
3.3.4	Secretaria Executiva	144
3.3.5	Grupos de trabalho anuais	146
3.4	Mas funciona? Resultados apresentados pela ENCCLA	151
3.5	Elementos jurídicos da ENCCLA	160
3.6	Conclusões parciais	169

CAPÍTULO 4
ARQUITETURA DA ENCCLA SOB O MODELO DA NOVA GOVERNANÇA PÚBLICA 171

4.1	Participação	172
4.2	Colaboração	179
4.3	Produtos e novas ferramentas de governança	186
4.4	*Accountability*	191
4.5	Conclusões parciais	197

CAPÍTULO 5
ENCCLA COMO REDE: ARRANJO E ELEMENTOS JURÍDICOS 201

5.1	A ENCCLA como rede de contratos conectados	207
5.1.1	Multidimensionalidade	207
5.1.2	Propósito da rede	210
5.1.3	Unidade política	211
5.2	A ENCCLA como experiência de concertação administrativa ...	212
5.2.1	Fundamentos	212
5.2.2	Instrumentos e sua natureza jurídica	216
5.2.3	Requisitos	218
5.3	Institucionalidade jurídica da ENCCLA: elementos formais da rede interorganizacional	221

5.4	A institucionalidade da ENCCLA pela conjugação dos fatores políticos e jurídicos..	226
5.5	Conclusões parciais	231

CONCLUSÕES... 235

REFERÊNCIAS.. 243

APRESENTAÇÃO DA COLEÇÃO

A *Coleção Fórum Direito e Políticas Públicas* tem o objetivo de apresentar ao leitor trabalhos acadêmicos inovadores que aprofundem a compreensão das políticas públicas sob a perspectiva jurídica, com triplo propósito.

Em primeiro lugar, visa satisfazer o crescente interesse pelo tema, para entender os avanços produzidos sob a democracia no Brasil depois da Constituição de 1988. É inegável que as políticas públicas de educação, saúde, assistência social, habitação, mobilidade urbana, entre outras estudadas nos trabalhos que compõem a coleção, construídas ao longo de várias gestões governamentais, mudaram o patamar da cidadania no país. Certamente, elas carecem de muitos aperfeiçoamentos, como alcançar a população excluída, melhorar a qualidade dos serviços e a eficiência do gasto público, assegurar a estabilidade do financiamento e, no que diz respeito à área do Direito, produzir arranjos jurídico-institucionais mais consistentes e menos suscetíveis à judicialização desenfreada. O desmantelamento produzido pela escalada autoritária iniciada em meados dos anos 2010, no entanto, explica-se não pelas deficiências dessas políticas e sim pelos seus méritos – não tolerados pelo movimento reacionário. Compreender a estrutura e a dinâmica jurídica das políticas públicas, bem como a legitimação social que vem da participação na sua construção e dos resultados, constitui trabalho importante para a credibilidade da reconstrução democrática.

O segundo objetivo da coleção é contribuir para o desenvolvimento teórico sobre as relações entre Direito e Políticas Públicas. Publicando trabalhos oriundos de teses e dissertações de pós-graduação, constitui-se um acervo de análises objetivas de programas de ação governamental, suas características recorrentes e seus processos e institucionalidade jurídicos. Neles estão documentados os impasses inerentes aos problemas públicos de escala ampla e estudadas algumas soluções ao mesmo tempo jurídicas e políticas, presentes em práticas de coordenação e articulação, seja na alternância de governo, nas relações federativas ou na atuação intersetorial. Assim, sem perder a multidisciplinaridade, característica dessa abordagem, valendo-se da bibliografia jurídica em cotejo com a literatura especializada, publica-se material de pesquisa empírica (não quantitativa) da qual se extraem os conceitos e relações que numa organização sistemática dão base para a teorização jurídica da abordagem Direito e Políticas Públicas. Com essa preocupação, a coleção também publicará trabalhos de alguns dos raros autores estrangeiros com obras específicas na área.

Finalmente, o terceiro objetivo da coleção é contribuir para a renovação teórica do direito público brasileiro, fomentando o desenvolvimento de uma tecnologia da ação governamental democrática, engenharia jurídico-institucional para o avanço da cidadania do Brasil. Isso permitirá ampliar a escala de experiências bem-sucedidas, inspirar melhores desenhos institucionais pela comparação com experiências similares, além de avançar na cultura da avaliação, agora positivada na Constituição Federal.

São Paulo, 22 de agosto de 2022.

Maria Paula Dallari Bucci
Professora da Faculdade de Direito da Universidade de São Paulo. Coordenadora da *Coleção Fórum Direito e Políticas Públicas*.

PREFÁCIO

A história deste livro começa numa banca de Trabalho de Conclusão de Curso de graduação, na Faculdade de Direito da Universidade Federal de Santa Catarina, em Florianópolis. Ao ser convidada para arguir um trabalho que mais parecia uma dissertação de mestrado sobre a Estratégia Nacional de Combate à Corrupção e à Lavagem de Dinheiro – ENCCLA, encontrei orientador, o Prof. Pedro Niebuhr, e orientanda, Giovanna Gamba, diante do dilema de saber se a ENCCLA podia ou não ser classificada como política pública. Dúvida relativamente comum, que nos assalta aos pesquisadores de direito. Nosso método de trabalho exige segurança sobre a conceituação do fenômeno com que estamos trabalhando; da correta subsunção do caso concreto à norma e ao conceito resulta a aplicação mais adequada de seu regime jurídico. O sonho do regime jurídico único das políticas públicas – difícil de materializar, dadas suas múltiplas dimensões e expressões – segue inspirando os juristas. Mais pragmático é o Campo de Públicas, que sob a influência da Ciência Política organiza a observação dos fenômenos para responder a perguntas específicas.

Quando Giovanna ingressou no Mestrado na Faculdade de Direito da USP, como minha orientanda, propus a ela que levasse o dilema adiante, investigando o que caracteriza uma estratégia, que à primeira vista era não mais do que um agregado de medidas, emanadas de autoridades distintas, tanto do Poder Executivo quanto dos órgãos de controle, Ministérios Públicos – Federal e Estaduais –, Tribunais de Contas sem vínculo formal mais definido. O que vem a ser uma estratégia, juridicamente? Como reconhecê-la? Quais os seus efeitos? Ela vincula os seus participantes?

Intuitivamente, percebia que essa figura era relevante, afinando-se com a noção de arranjo jurídico-institucional, sua flexibilidade formal viabilizando a ação articulada de agentes diversos para a realização de um objetivo comum. Pareceu pertinente estudar essa figura no âmbito da abordagem *Direito e Políticas Públicas*, em particular por seu potencial para a compreensão do funcionamento da dinâmica entre o político e o jurídico.

O desafio foi aceito e Giovanna Maísa Gamba entrega agora ao leitor um trabalho seminal, conforme avaliou o Prof. Gustavo Justino (FD-USP) na banca de mestrado que lhe deu origem. O livro traz uma contribuição teórica inovadora sobre a "institucionalidade jurídica da governança em redes interorganizacionais". A descrição desse objeto jurídico era complexa por definição, uma vez que ele se apresenta em situações tão diversas como "redes de políticas públicas, governança de redes, rede temática, rede interorganizacional, rede normativa, administração em rede". Laboriosa pesquisa teórica resultou na urdidura de uma combinação original da teoria de redes de negócios, de Gunther Teubner, com a concertação administrativa interorgânica de Eurico Bitencourt Neto. Essa bricolagem, à primeira vista, pode despertar perplexidade, como manifestou a Profa. Mariana Motta Prado (Universidade de Toronto) em sua arguição, apontando que o trabalho se vale de vários frameworks teóricos sem se encaixar perfeitamente em nenhum. Mas conforme a defesa de Giovanna, essa é, na verdade, uma de suas principais contribuições: explicar juridicamente um fenômeno novo com uma construção própria, desenvolvida a partir de esquemas explicativos cunhados para outros problemas.

Assim, combinam-se a teoria de redes e a concertação administrativa interorgânica para descrever o fenômeno da ENCCLA, sem perder de vista os aspectos eminentemente jurídicos, tais como os problemas de hierarquia normativa, o preenchimento dos arranjos por disposições de natureza contratual e assim por diante.

> (...) o arranjo de governança da ENCCLA enquanto exemplo de concertação interadministrativa organizada em rede. Nela são identificadas relações multilaterais, formando uma trama composta por feixes e nós. Estas relações e o funcionamento da Estratégia não foram regulados por meio de uma norma escrita centralizada que lhe confira juridicidade. Em lugar dela, foram identificados, a partir de levantamento documental, atos, contratos e processos administrativos com referência à Estratégia, normas atribuindo competências às instituições que a integram, bem como regras consensualmente estabelecidas para seu funcionamento que se consolidaram em prática administrativa juridicamente estruturada. A partir destes elementos de formalidade, foi analisada sua institucionalidade jurídica por meio da teoria das redes de contratos conectados e da

concertação administrativa, tendo-se concluído que a ENCCLA é uma rede interorganizacional formal dotada de juridicidade.[1]

O livro situa as estratégias e redes em tipos de ação administrativa pública inovadora, como parte do movimento do New Public Management, que postulava a aproximação da administração pública aos modelos de mercado e gerou em resposta a New Public Governance. O reconhecimento da fragmentação da administração pública por essas escolas ensejou a produção de novos nexos de unidade, de que as redes são o exemplo mais marcante.

Fundada nessa sistematização jurídica, as estratégias e redes passam a integrar a abordagem Direito e Políticas Públicas como elementos relevantes, que, sob a aparência de cooperação informal, criam vínculos baseados em "regras praticadas", uma das acepções de Elinor Ostrom para a noção de instituição. Seu potencial se revela em casos como a Estratégia Saúde da Família, que chegou a ser sugerida como tema aplicado para validação do esquema teórico, mas depois foi descartada, em vista do substancioso levantamento documental já organizado por Giovanna sobre a ENCCLA na fase anterior de seus estudos. A figura parece ter entrado na moda, como no caso da Estratégia de Governo Digital ou da Estratégia Nacional de Educação Financeira – aparentemente sem maior consistência conceitual.

No caso da ENCCLA, o que faz dela particularmente interessante é ter sobrevivido a governos de cortes políticos tão opostos como os petistas e o bolsonarista. Se isso é compreensível no caso da Estratégia Saúde da Família, em que a burocracia parece ter "voado abaixo do radar da política", como disse a Profa. Raquel Pimenta (FGV-SP) na banca, citando Matthew Taylor, no caso do combate à corrupção é um enigma ainda pendente de explicação, que o livro busca suprir. Nesse sentido, a documentação dos passos de criação e funcionamento da ENCCLA é muito importante para o entendimento objetivo de como se deu a guinada política em que os governos progressistas que montaram o aparato institucional de combate à corrupção e à lavagem de dinheiro se viram na condição de réus com base nessa legislação e apresentados à opinião pública como os antagonistas dos seus propósitos. Alicerçado na compreensão da institucionalidade da rede nos capítulos iniciais, o

---

[1] GAMBA, Giovanna Maísa. *Estratégia Nacional de Combate à Corrupção e à Lavagem de Dinheiro*: institucionalidade jurídica da política em rede. Belo Horizonte: Editora Fórum, 2023.

livro conclui com grande sofisticação intelectual que, apesar da reversão de sentidos operada pela disputa partidária, uma confluência específica de fatores políticos e jurídicos resultou na manutenção da Estratégia:

> A manutenção da ENCCLA ao longo de suas quase duas décadas de funcionamento, sobrevivendo a diversos momentos de estresse institucional, especialmente no âmbito do Executivo Federal, é notável. Dentre alguns eventos ocorridos desde a sua criação (...) houve os protestos no Brasil em junho de 2013, a deflagração da operação Lava-Jato em 2014, o impedimento da Presidente Dilma Rousseff em 2016 e a assunção à presidência por Michel Temer. Posteriormente, houve a eleição do Presidente Jair Bolsonaro, profundo antagonista do Partido dos Trabalhadores. Com a eleição de Bolsonaro, houve a nomeação do ex-juiz que atuou na Operação Lava-Jato, Sérgio Moro, ao cargo de Ministro da Justiça e Segurança Pública e, na sequência, seu rompimento com o governo e saída do cargo. Ao longo desses anos, especialmente desde a eleição de Jair Bolsonaro, diversas políticas públicas instituídas durante as gestões petistas, inclusive previstas em lei, foram descontinuadas ou substituídas por políticas distintas. Isso ocorreu, por exemplo, com os emblemáticos casos do "Programa Bolsa Família" e "Minha Casa, Minha Vida", substituídos respectivamente pelo "Auxílio Brasil" e "Casa Verde e Amarela". Especificamente no combate à corrupção, embora Bolsonaro o tenha incorporado na sua retórica eleitoral, a análise de sua gestão presidencial no período inicial de mandato concluiu que suas ações antagonizaram seu discurso. Nesse contexto, considerando as ações do governo, que a ENCCLA foi criada por uma gestão petista e sequer há norma instituidora que a formalizasse enquanto iniciativa governamental (e, com isso, criasse estabilidade na ação pública), a Estratégia poderia ser compreendida como uma iniciativa frágil e propensa a sofrer reestruturações ou até mesmo a ser descontinuada. Mas não foi o que ocorreu. A ENCCLA manteve sua marca e seu arranjo substancialmente intactos ao longo desses 20 anos, ainda que sua efetividade possa ter sido impactada. Embora nesta pesquisa não se tenha como pretensão responder por que a Estratégia se manteve ao longo dos anos, fatores revelados na investigação sobre o arranjo e a institucionalidade jurídica da ENCCLA parecem ter contribuído com indícios sobre essas causas, que precisarão ser confirmadas em pesquisa própria.
>
> O primeiro fator que parece ter contribuído para conferir maior sustentação à ENCCLA está justamente na sua estruturação em rede, ou seja, no arranjo adotado. (...) Por isso, o custo político para interromper a realização da ENCCLA, acaso esse fosse ou seja um objetivo, seria mais elevado.

Diversas instituições que integram a ENCCLA estão fora do âmbito de controle direto da Presidência da República (...) Vários desses atores previram em seus regimentos a obrigação de integrar a ENCCLA e de participar de suas ações, de modo que a estruturação jurídica da Estratégia, como mencionado, não tem uma única origem, mas é composta por normas pulverizadas em diversas instituições. Nesse sentido, a atuação isolada do Governo Federal não seria suficiente para extinguir a ENCCLA.

Aliás, as próprias regras de funcionamento da Estratégia se consolidaram ao longo dos anos a partir das práticas reiteradas acordadas pelos atores. A metodologia de atuação da Estratégia não tem amparo em uma norma que poderia ser modificada unilateralmente rearranjando sua operacionalização. Como a ENCCLA funciona por práticas pactuadas entre os atores, a modificação dessas práticas só pode se concretizar também a partir do consenso entre as instituições, inclusive daquelas que têm autonomia em relação ao Executivo Federal.

Ademais, o financiamento da Estratégia, da perspectiva orçamentária e de recursos humanos, é realizado também por uma pluralidade de atores com orçamentos e quadro funcional próprios, inclusive alguns com autonomia financeira e, por isso, com capacidade para promover as políticas da Estratégia. Como esses atores utilizam dos seus próprios recursos para realização das Plenárias e para implementação das metas aprovadas, é inviável que o Governo Federal asfixie financeiramente a capacidade de atuação da ENCCLA por meio do corte de verbas. (...)

Outra característica da ENCCLA que pode ter contribuído para a sua manutenção é que, por seu arranjo composto por uma pluralidade de integrantes e pelo pouco conhecimento público de sua existência, ela não é reconhecida como uma ação pública encampada por algum governo específico. A Estratégia, diferentemente do Bolsa Família ou do Minha Casa, Minha Vida, não foi disseminada como uma política do Partido dos Trabalhadores. Esse descolamento entre a política e a gestão governamental responsável por sua criação pode ter contribuído para que sua descontinuidade ou reformulação não tenham sido uma prioridade de uma gestão de oposição política.

Mas há um fator em especial que pode ter sido fundamental para a manutenção da ENCCLA: a agenda internacional de combate à corrupção e, em especial, a atuação do Grupo de Ação Financeira Internacional.[2]

---

[2] GAMBA, Giovanna Maísa. *Estratégia Nacional de Combate à Corrupção e à Lavagem de Dinheiro*: institucionalidade jurídica da política em rede. Belo Horizonte: Editora Fórum, 2023. p. 226-229.

Como se pode ver, pela inovação temática e de método, pela pesquisa de qualidade além da escrita fluente, este livro é uma brisa de rejuvenescimento no Direito Público brasileiro.

São Paulo, 4 de agosto de 2023

Maria Paula Dallari Bucci
Professora da Faculdade de Direito da Universidade de São Paulo

INTRODUÇÃO

O interesse na realização da presente pesquisa[1] surgiu originalmente em 2018, a partir das indagações que remanesceram da elaboração do trabalho de conclusão do curso de graduação em Direito na Universidade Federal de Santa Catarina, cujo tema consistiu na análise da Estratégia Nacional de Combate à Corrupção e à Lavagem de Dinheiro (ENCCLA) como uma política pública.

A curiosidade sobre a ENCCLA foi despertada pela dúvida genuína a respeito de se e como o Estado brasileiro atuava para aumentar a eficácia no combate à corrupção. A Estratégia foi, então, localizada como uma das iniciativas governamentais que tratava desse tema e reunia uma pluralidade de atores públicos tanto em nível federal, quanto nos níveis estadual e municipal. Ela se tornou, desse modo, objeto de investigação para que se compreendesse se se caracterizava como uma política pública anticorrupção.

Essa pesquisa, como é típico de trabalhos acadêmicos, despertou uma série de outras questões relativas à ENCCLA que, naquele momento, em razão do recorte adotado, não foram diretamente enfrentadas. Especificamente, houve uma série de dúvidas despertadas em relação à arquitetura adotada para estruturar a Estratégia e a sua composição jurídica.

Diante disso, apresenta-se um primeiro esclarecimento: esta obra foi elaborada a partir da escolha de um caso que já havia anteriormente despertado a curiosidade necessária para realização de uma pesquisa.

---

[1] A pesquisa foi desenvolvida como fruto do trabalho de dissertação de mestrado realizado entre 2019 e 2022 na Faculdade de Direito da Universidade de São Paulo, na área de Teoria do Estado e sob orientação da Prof. Dra. Maria Paula Dallari Bucci.

Ao se concluir aquele trabalho, outras questões não analisadas motivaram a continuidade da investigação sobre a ENCCLA, a partir de outro enfoque: a análise da composição jurídica da Estratégia.

O estudo sobre os elementos jurídicos que compõem a Estratégia e sua relação com o arranjo que lhe estrutura são especialmente interessantes, porque não há um documento jurídico formal de qualquer natureza (constitucional, legal ou mesmo infralegal) que tenha criado a ENCCLA ou que preveja como é o seu funcionamento. Em contraste, por exemplo, com o Conselho de Transparência Pública e Combate à Corrupção, criado por meio da Lei nº 10.683/2003 e regulamentado originalmente pelo Decreto nº 4.923/2003, a Estratégia, em toda a sua existência, mantém-se desprovida de uma norma positivada que a regulamente.

Mas isso não quer dizer que a Estratégia seja desprovida de regras de funcionamento. Em linhas gerais, a ENCCLA opera por meio de encontros anuais com dezenas de atores públicos, que são os que predominam, e alguns atores privados, para, durante um período de imersão, definir, por consenso, os objetivos que serão implementados por seus membros ao longo do ano seguinte. A cada meta aprovada se atribui um ator responsável por sua implementação e um conjunto de atores que devem auxiliá-lo. O encontro anual é chamado de Plenária e a junção dos atores para implementar uma meta forma cada um dos Grupos de Trabalho Anuais.

Esses Grupos de Trabalho são acompanhados ao longo do ano por uma instância especial, cuja atribuição é verificar o cumprimento das metas e definir quais serão as propostas a serem submetidas à aprovação nas Plenárias. Esta instância é chamada de Gabinete de Gestão Integrada, que é subdivido no Grupo de Trabalho de Combate à Corrupção e Grupo de Trabalho de Combate à Lavagem de Dinheiro. Ademais, para viabilizar a execução de todas essas atividades, foi criada a Secretaria Executiva, coordenada por um órgão do Ministério da Justiça, cuja atribuição consiste no desempenho das funções administrativas da ENCCLA.[2]

Como mencionado, todo esse arranjo foi criado e mantido sem amparo em qualquer norma. E, a mim, como profissional atuante na

---

[2] ENCCLA – Estratégia Nacional de Combate à Corrupção e à Lavagem de Dinheiro. *Estrutura*. [s.d.]. Disponível em: http://enccla.camara.leg.br/quem-somos/estrutura. Acesso em 18 mai. 2022.

área de Direito Administrativo, era desconfortável constatar que uma série de órgãos submetidos a uma mesma hierarquia se reunia para tomar uma decisão em conjunto e por consenso, sem haver nenhuma norma legal ou infralegal positivada que a tivesse criado e definido o seu funcionamento.

Diante disso, foi constatado que a ENCCLA é estruturada por um arranjo que não se conforma às figuras típicas do Direito brasileiro, pois não se configura como órgão, autarquia, fundação pública, empresa pública ou sociedade de economia mista, previstos no Decreto-Lei nº 200/1967, legislação com características weberianas.[3] Também não se conforma às definições de consulta ou audiência públicas, ou mesmo como um consórcio ou convênio entre órgãos e entidades.

Constatou-se, ainda, que ao longo dos anos, uma pluralidade de normas passou a referenciar a ENCCLA, porém, essas menções normativas, de baixa hierarquia (geralmente portarias relativas a regimentos internos de órgãos e entidades), via de regra, atribuem competências aos órgãos que integram a Estratégia, mas não preveem como a Estratégia deve operar. De todo modo, esta foi a arquitetura encontrada e desenvolvida pelo Ministério da Justiça e pela própria ENCCLA como forma de administrar e gerenciar seus projetos e objetivos, ou seja, este foi o arranjo (elemento formal) para alcançar suas finalidades (elemento material).

Inclusive, Antenor Madruga, jurista que integrou o Departamento de Recuperação de Ativos e Cooperação Jurídica Internacional (Ministério da Justiça) e participou diretamente da criação da ENCCLA, atribui à alegada informalidade um dos fatores de sucesso do programa. Essa forma singular de cooperação administrativa foi o que, segundo o autor, permitiu que diferentes órgãos com distintas estruturas e hierarquias se unissem para discutir o combate à corrupção e viabilizasse a durabilidade do programa.[4]

A flexibilidade como parte essencial da ação governamental, associada, no caso da ENCCLA, à horizontalidade e à consensualidade

---

[3] BUCCI, Maria Paula Dallari. *Fundamentos para uma Teoria Jurídica das Políticas Públicas*. São Paulo: Saraiva, 2013.
[4] MADRUGA, Antenor. Origens da ENCCLA. *In*: BRASIL. Secretaria Nacional de Justiça, Departamento de Recuperação de ativos e Cooperação Jurídica internacional (DRCI). *ENCCLA – Estratégia Nacional de Combate à Corrupção e à Lavagem de Dinheiro*: 10 anos de organização do Estado brasileiro contra o crime organizado. Brasília, Ministério da Justiça: Ed. Comemorativa, 2012. p. 34.

como regra, e à participação de entes privados na construção das políticas são características que parecem distingui-la da atuação típica da Administração Pública Tradicional,[5] baseada na hierarquia e no controle, e caracterizá-la como uma iniciativa baseada num modo singular de governança, com fundamento na participação e colaboração.[6]

Como mencionado, a ENCCLA reúne uma pluralidade de atores sem prejuízo da manutenção da autonomia institucional de cada um deles. Os atores que a integram são, portanto, construtores da política anticorrupção e antilavagem, a partir das deliberações compartilhadas no âmbito da ENCCLA, e, também, atores autônomos, que podem realizar suas ações para além da Estratégia – ainda que influenciados pelos debates realizados em seu centro. Esta estrutura de ação pública que promove um diálogo interinstitucional contínuo pode ser conceituada como *rede interorganizacional*, e definida como "um arranjo organizacional formado por um grupo de atores que se articulam – ou são articulados por uma autoridade – com a finalidade de realizar objetivos complexos e inalcançáveis de forma isolada".[7]

Diante disso, e reconhecendo que a Estratégia se constitui como uma iniciativa governamental desprovida de regulamentação centralizada e que é estruturada como uma rede interorganizacional, este livro tem como finalidade descrever a expressão jurídica dessas redes no âmbito da ação do Estado, a partir da investigação da Estratégia Nacional de Combate à Corrupção e à Lavagem de Dinheiro, utilizando como método o estudo de caso.[8]

---

[5] Administração Pública Tradicional é utilizada na presente pesquisa tendo como referência Hugo Consciência Silvestre, que a define como um modelo de atuação estatal que "(...) privilegia a organização dos serviços de forma unitária e dentro da mesma estrutura hierárquica. Para que a eficiência seja alcançada, a formalização encontra-se perfeitamente detalhada, ou seja, a existência de regras e normas escritas, as quais dirigem a tomada de decisão e a execução de todas as atividades dentro da organização. Já o controle é exercido pela verificação dos insumos que entram no sistema produtivo". Em: SILVESTRE, Hugo Consciência. *A (Nova) Governança Pública*. Brasília: Enap, 2019.

[6] TORFING, Jacob; TRIANTAFILLOU, Peter. What's in a Name? Grasping New Public Governance as a Political-Administrative System. *International Review Of Public Administration*, [S.L.], v. 18, n. 2, p. 9-25, ago. 2013. Informa UK Limited. http://dx.doi.org/10.1080/122946 59.2013.10805250. Acesso em 20 mar. 2022.

[7] MIGUELETTO, Danielle C. R. *Organizações em Rede*. 96f. Dissertação de Mestrado. Escola Brasileira de Administração Pública, Fundação Getúlio Vargas, Rio de Janeiro, 2001. p. 48.

[8] MACHADO, Maíra Rocha. O estudo de caso na pesquisa em direito. In: MACHADO, Maíra Rocha (Org.). *Pesquisar empiricamente o direito*. São Paulo: Rede de Estudos Empíricos em Direito, 2017. p. 357-389.

A demanda pela compreensão da noção de redes e sua institucionalização jurídica visa entender o arranjo adotado para enfrentar problemas complexos (corrupção e lavagem de dinheiro). No caso brasileiro, esse enfrentamento tem um aspecto singular, que é a mudança das forças que davam sentido político à ENCCLA no seu início. A estrutura em redes pode ajudar a entender esse aspecto e indicar a possibilidade de permanência do arranjo.

O contexto adotado neste estudo de caso consiste na compreensão da relação entre Direito e Política e, mais especificamente, entre Direito e Políticas Públicas,[9] reconhecendo que a Estratégia é uma iniciativa governamental que é forjada a partir de escolhas políticas estabelecidas num determinado ambiente institucional específico, e que seus aspectos substantivos (os temas enfrentados pela ENCCLA) e formais (o arranjo adotado para alcançar esses objetivos) são resultado desta conjuntura político-institucional.

Já o caso analisado consiste na Estratégia Nacional de Combate à Corrupção e à Lavagem de Dinheiro no período de 2003, data de sua criação, até 2021, ano de realização da última Plenária anterior ao fechamento desta pesquisa. A unidade de análise desta pesquisa é a expressão jurídica da ENCCLA, com o intuito de, a partir deste caso, ser identificada uma das possíveis composições jurídicas da rede interorganizacional, reconhecendo, como explica Maíra Machado, que um dos objetivos do estudo de caso indutivo pode ser "fazer derivar, do corpus empírico observado, formulações – que podem, por sua vez, vir a ser testadas em outras pesquisas".[10]

Para isso, foram utilizados como fonte documentos oficiais da ENCCLA, especialmente os manuais de participação e relatórios das plenárias, bem como documentos oficiais em que a Estratégia é mencionada, tendo sido estes pesquisados em diários oficiais e sítios eletrônicos oficiais de órgãos ou entidades que integram a ENCCLA, utilizando como parâmetro os termos "ENCCLA", "ENCLA" e "Estratégia Nacional de Combate à Corrupção".

---

[9] BUCCI, Maria Paula Dallari. Método e Aplicações da Abordagem Direito e Políticas Públicas (DPP). *Rei – Revista Estudos Institucionais*, [s.l.], v. 5, n. 3, p. 791-832, 18 dez. 2019. Disponível em: http://dx.doi.org/10.21783/rei.v5i3.430. Acesso em 14 mar. 2023.

[10] Cf.: MACHADO, Maíra Rocha. O estudo de caso na pesquisa em direito. *In*: MACHADO, Maíra Rocha (Org.). *Pesquisar empiricamente o direito*. São Paulo: Rede de Estudos Empíricos em Direito, 2017. p. 362.

Além do levantamento e análise dos documentos oficiais, a pesquisa se fundamentou em bibliografia nacional e estrangeira, uma vez que este fenômeno de atuação estatal em redes não se restringe ao Brasil. Foi utilizada também bibliografia jurídica e de outros campos do conhecimento, em decorrência da abordagem adotada.

A bibliografia utilizada nesta pesquisa objetiva firmar bases teóricas para compreensão das fontes documentais levantadas. Foram selecionadas obras que tratam dos principais modelos de ação do Estado, com enfoque na Nova Governança Pública, que trata da abordagem de redes de políticas públicas e, ainda, bibliografia relativa às redes em especial, tanto sob sua perspectiva administrativa (governança em redes), quanto da sua compreensão jurídica.

Foram adotados como referenciais teóricos, para a perspectiva jurídica das redes, a obra de Gunther Teubner,[11] autor alemão que analisou o fenômeno das redes de negócios e suas repercussões jurídicas; e Eurico Bitencourt Neto,[12] autor brasileiro que analisou o fenômeno da concertação administrativa interorgânica, contemplando o estudo sobre o fenômeno das redes. Ainda, foi levantada e analisada bibliografia específica sobre a ENCCLA.

A pesquisa se dividiu em cinco capítulos, sendo o primeiro dedicado a identificar e a descrever três modelos relativos à organização do Estado (Administração Tradicional, Nova Gestão Pública e Nova Governança Pública), a fim de avaliar a relação do arranjo adotado na Estratégia com estes movimentos, especialmente o da Nova Governança Pública, que é caracterizado pelo reconhecimento das redes interorganizacionais.[13] No capítulo, foram detalhados e analisados os seus elementos e características, especialmente da participação, colaboração, ferramentas adotadas e *accountability*, considerando os elementos da NPG descritos por Torfing e Triantafillou,[14] cuja obra objetivou identificar os elementos distintivos da Nova Governança.

---

[11] TEUBNER, Gunther. *Networks as connected contracts*. Oxford: Hart, 2011.
[12] BITENCOURT NETO, Eurico. *Concertação administrativa interorgânica*: direito administrativo e organização no século XXI. São Paulo: Almedina, 2017.
[13] OSBORNE, Stephen P. (Ed.). *The new public governance?*: emerging perspectives on the theory and practice of public governance. New York: Routledge, 2010.
[14] TORFING, Jacob; TRIANTAFILLOU, Peter. What's in a Name? Grasping New Public Governance as a Political-Administrative System. *International Review Of Public Administration*, [S.L.], v. 18, n. 2, p. 9-25, ago. 2013. Informa UK Limited. http://dx.doi.org/10.1080/12294659.2013.10805250. Acesso em 20 mar. 2022.

No segundo capítulo, com a finalidade de situar o leitor em relação à conceituação de redes adotada na pesquisa, foi apresentada uma introdução sobre a polissemia do termo, estabelecendo a definição semântica de redes utilizada nesta obra e definindo a abordagem que será adotada (redes de políticas públicas e, mais especificamente, governança em redes interorganizacionais). Na sequência, foram apresentadas as concepções do Estado e da Administração em redes, a fim de situar como a globalização e seu impacto nos Estados nacionais se relaciona com este fenômeno, especialmente o da fragmentação administrativa. Em seguida, foi analisada a governança em redes como mecanismo de atuação do Estado.

Ainda no segundo capítulo, para subsidiar a análise jurídica das redes, foram identificadas duas teorias jurídicas que analisaram este fenômeno, ainda que com enfoques diferentes. A primeira é de Gunther Teubner e se refere à análise das redes como contratos conectados, que analisa as redes de negócios, ou seja, um arranjo típico do modelo privado, mas que contribui para a compreensão do fenômeno da estruturação jurídica das redes. Na sequência, foi analisada a teoria da concertação administrativa a partir da obra de Eurico Bittencourt Neto, que compreende a adoção de medidas de concertação como um mecanismo típico de novo modelo em relação à Administração Tradicional e que viabiliza uma atuação cooperativa entre uma pluralidade de órgãos que integram o Estado.

Já no terceiro capítulo, a pesquisa se volta à descrição e análise da ENCCLA a partir das fontes documentais levantadas, identificando sua origem, seus objetivos e sua estruturação a partir de cinco instâncias: a Plenária, o Gabinete de Gestão Integrada, os Grupos de Trabalho de Combate à Corrupção e de Combate à Lavagem de Dinheiro, a Secretaria Executiva e os Grupos de Trabalho anuais. Ao final, foram apresentados os principais resultados alcançados pela Estratégia.

Reconhecendo, até o momento, os diversos modelos de Administração Pública, uma definição das redes e sua compreensão jurídica, bem como tendo sido realizada uma descrição geral da Estratégia, partiu-se, no quarto capítulo, a compreender a Estratégia a partir do modelo de Nova Governança Pública, sendo analisado o seu modelo pela lógica de participação, colaboração, seus produtos e ferramentas utilizadas e *accountability*.

No derradeiro capítulo, voltou-se à análise do arranjo jurídico adotado pela Estratégia, analisando-a à luz da teoria das redes de contratos conectados, a partir dos elementos de multidimensionalidade, propósito da rede e unidade política, e como experiência de concertação administrativa, verificando o cabimento dos seus fundamentos, dos instrumentos adotados e do preenchimento dos requisitos legais.

Ao final deste percurso, foi analisada a institucionalidade jurídica da ENCCLA e das redes, compreendendo que este fenômeno, por se tratar de um mecanismo de atuação estatal incompatível com o modelo de Administração Tradicional, detém uma conformação jurídica também própria, que se relaciona com sua própria estrutura em forma de redes.

Assim, a ENCCLA é descrita como um fenômeno que tem características da Nova Governança Pública, ainda que parcialmente, e que se estrutura enquanto rede interorganizacional dotada de juridicidade, embora estes elementos jurídicos não sejam identificados numa estrutura centralizada (típica do modelo tradicional), mas pulverizados em diversas normas e demais componentes jurídicos como atos, contratos e normas que se espraiam ao longo dos diversos pontos e nós dessa rede.

Por fim, foram avaliados os aspectos políticos e jurídicos contextuais que, associados, contribuíram para a permanência da Estratégia ao longo destas quase duas décadas. Em seguida, foi retomada a origem da ENCCLA e apresentada sua resiliência às mudanças políticas, tendo permanecido após uma série de eventos que impactaram o combate à corrupção no Brasil, como os protestos ocorridos em junho de 2013, a Operação Lava-Jato e, em relação ao governo federal especificamente, o impedimento de Dilma Rousseff e eleição de Jair Bolsonaro à Presidência da República, político que se destaca por se opor às ações do Partido dos Trabalhadores. Essa institucionalidade foi analisada considerando o arranjo da ENCCLA como rede interorganizacional, com destaque aos fatores que deram sustentação à Estratégia.

CAPÍTULO 1

CRISE DO ESTADO E NOVAS ORGANIZAÇÕES ADMINISTRATIVAS

O Estado moderno foi erigido a partir de uma extensa base de reflexão política, marcada notadamente pela construção de conceitos basilares. Para Max Weber, o elemento que distingue o Estado moderno de outros agrupamentos políticos é que, "dentro dos limites de determinado território – a noção de território corresponde a um dos elementos essenciais do Estado – reivindica o monopólio do uso legítimo da violência física".[15] Ou seja, o elemento de distinção do Estado está associado ao uso da força para imposição de suas deliberações, sendo que, naquele determinado espaço, só o Estado detém fundamento para usá-la.

Weber, além do monopólio do uso legítimo da violência física, identifica que o Estado moderno é caracterizado como um agrupamento de dominação, com caráter institucional, e que "reuniu nas mãos dos dirigentes os meios materiais de gestão", criando-se a figura dos denominados "políticos profissionais", sujeitos que vivem *da* política, que auferem sua remuneração pelo desenvolvimento de suas atividades para o Estado.

Na modernidade, surge também a distinção entre o funcionário, que tem como vocação administrar de forma não partidária e como honra e dever moral executar as ordens estabelecidas por sua autoridade superior, e o chefe político, que responde pessoalmente pelas condutas e decisões tomadas.[16]

---

[15] WEBER, Max. *Ciência e política*: duas vocações. São Paulo: Cultrix, 1993. p. 56.
[16] Cf.: WEBER, Max. *Ciência e política*: duas vocações. São Paulo: Cultrix, 1993. p. 62-79.

Segundo Jacques Chevallier, firmando as bases sobre a compreensão dos elementos essenciais sobre o Estado moderno, ele se caracteriza pela institucionalização do poder, pela produção de um novo marco de lealdade, tendo a cidadania como laço exclusivo, e pelo estabelecimento do monopólio da força, reconhecendo que dentro do território onde exerce sua soberania é a única fonte do Direito e o único a adotar mecanismos de coerção.

Chevallier argumenta, também, que o Estado moderno é marcado pela consagração de um princípio fundamental de unidade, refletido na unidade de valores, na unidade do Direito estatal, que é apresentado como uma ordem estruturada e coerente, e como unidade encarregada de desempenhar o poder do Estado.[17]

Nesse sentido, a forma organizativa do Estado moderno é acompanhada por uma série de elementos, com destaque, segundo Cristopher Hood, ao predomínio do império da lei, ao foco na administração de regras e diretrizes estabelecidas, ao papel central da burocracia na produção e implementação das políticas, à divisão da política administrativa entre as organizações públicas, ao compromisso com o aumento incremental do orçamento e à hegemonia da entrega dos serviços públicos pelo funcionário profissionalizado.[18]

No Reino Unido, durante o período de desenvolvimento do Estado de bem-estar social (1945-1979), a adoção de estrutura administrativa marcada pelas características descritas anteriormente atingiu o seu ápice. Para Osborne, nesse período, havia a crença compartilhada de que o Estado atenderia todas as demandas econômicas e sociais dos cidadãos, e esta estrutura administrativa consistiria no instrumento para alcançar esses objetivos, adotando procedimentos administrativos para assegurar a igualdade de tratamento.[19]

Sob a política do *New Deal* nos Estados Unidos da América, o Estado administrativo regulatório (ou Administração Pública Tradicional) foi organizado tendo como paradigmas a consolidação de poderes outrora dispersos em agências reguladoras especializadas,

---

[17] CHEVALLIER, Jacques. *O estado pós-moderno*. (Trad. Marçal Justen Filho). Belo Horizonte: Fórum, 2009.

[18] HOOD, Christopher. A Public Management for All Seasons? *Public Administration*, [S.L.], v. 69, n. 1, p. 3-19, mar. 1991. Wiley. Disponível em: http://dx.doi.org/10.1111/j.1467-9299.1991.tb00779.x. Acesso em: 28 mar. 2022.

[19] OSBORNE, Stephen P. (Ed.). *The new public governance?*: emerging perspectives on the theory and practice of public governance. New York: Routledge, 2010.

com a direção da economia regida pelo Estado em nível nacional. A regulação era desenvolvida por mecanismos hierárquicos (de cima para baixo) e baseados em regras de comando e controle.[20]

No entanto, esta configuração de Estado tem sofrido abalos, marcados especialmente pela chamada "dinâmica de desnacionalização", tanto do ponto de vista externo, pelo influxo de poder fora do Estado nacional (como, por exemplo, por organizações internacionais), quanto de sua dinâmica interna.[21] Para Chevallier, o Estado providência inicia seu período de declínio mundial a partir dos anos de 1980, nos Estados Unidos da América e no Reino Unido, com o corte de gastos em programas sociais e a redução na cobertura dos riscos sociais, e se dissemina na Europa a partir de metade dos anos de 1990. Mas é especialmente em meados dos anos 2000 que são implementadas as medidas mais radicais de cortes sociais na Europa.

Este processo de transformação inclui a rediscussão acerca da existência de um interesse público, conceito que atribuía legitimidade ao Estado, e passa a aplicar ao Estado o que o autor denomina "imperativo de eficácia", que se traduz no dever de melhorar incessantemente seus resultados e reduzir seus custos de manutenção, afastando-se da lógica estatal e substituindo-a pela lógica de mercado.

Chevallier destaca que, neste processo, o Estado, que, enquanto ordem burocrática fundada na hierarquia era pautado pela unicidade, passa a se fragmentar, forjando um novo aparatado de gestão, composto por entidades com capacidade de atuação autônoma e conectados por vínculos horizontais de interdependência, de modo que a figura hierárquica do Estado como pirâmide é substituída pela compreensão do Estado como rede.

O aparato burocrático, neste contexto, tende a ser substituído por estruturas transversais, ao que ele chama de administração de missão (ou *task force*), que se caracterizam pela especialização, pela leveza e pela flexibilidade:

> 2º Pós-moderna, a administração de missão o é ainda na acepção de que não poderia ser confinada dentro de uma categoria com fronteiras

---

[20] LOBEL, Orly. The Renew Deal: the fall of regulation and the rise of governance in contemporary legal thought. *Minnesota Law Review*, [S.L.], v. 470, n. 1, p. 343-470, 2004.

[21] BITENCOURT NETO, Eurico. Transformações do Estado e a Administração Pública no século XXI. *Revista de Investigações Constitucionais*, Curitiba, v. 4, n. 1, p. 207-225, jan./abr. 2017. DOI: 10.5380/rinc.v4i1.49773. Acesso em 14 mai. 2022.

perfeitamente determinadas; fórmula eminentemente plástica e adaptável, ela varia em função das circunstâncias e do tipo de problemas a resolver. Pode-se apenas evidenciar certo número de características muito gerais, ligadas às finalidades de sua instituição: a especialização (ela é implantada para a realização de um objetivo preciso); a transversalidade (ela transcende as compartimentalizações administrativas); a leveza (desprovida de atribuições de gestão, ela desempenha uma função de concepção, de impulsão, de coordenação); a flexibilidade (ela é constituída em torno de uma equipe, cristalizada em torno de um caudilho).

Situadas à margem dos circuitos hierárquico habituais, as administrações de missão são dotadas de uma forte capacidade operacional: mobilizando um conjunto de meios administrativos e financeiros em relação a um programa preciso, elas permitem enfrentar por meio da interdisciplinaridade e da cooperação funcional tarefas complexas, que nenhuma administração, por si só, poderia assegurar; escapando à opressão burocrática, elas dispõem de uma liberdade de movimentos invejável e de uma capacidade de ação transversal sobre os outros braços da administração. A partir daí, elas podem ser concebidas de maneira variável, segundo a natureza da missão que lhes é atribuída.[22]

Nesse sentido, a crise e transformação gradual do Estado moderno, caracterizado especialmente pela soberania, unicidade e pelo império da lei, caminham em direção ao que Chevallier denomina Estado pós-moderno, marcado pela fragilização da soberania, pela pluralidade jurídica e pela fragmentação da sua estrutura administrativa.

Neste tópicos a seguir deste capítulo serão analisados os movimentos de reestruturação da Administração Pública, que acompanham os influxos da compreensão das funções do Estado, e são marcados especialmente por três movimentos: o primeiro deles consiste no fundamento da denominada Administração Pública Tradicional, caracterizada pelo desenvolvimento da burocracia e organizada de modo hierárquico; o segundo deles, tem como elemento principal a aproximação e o uso da lógica de mercado aplicada à estrutura e atuação do Estado, num modelo conhecido como Nova Gestão Pública (*new public management*); o terceiro modelo, denominado Nova Governança Pública (*new public governance)* consiste no aprofundamento da cooperação entre os atores na construção das políticas públicas e da própria regulamentação, e é

---

[22] Cf.: CHEVALLIER, Jacques. *O estado pós-moderno*. (Trad. Marçal Justen Filho). Belo Horizonte: Fórum, 2009. p. 100.

marcado pela busca da construção de consensos entre as partes envolvidas neste processo.[23]

1.1 Administração Pública Tradicional

A Administração Pública Tradicional consiste numa forma de organização da estrutura estatal para consecução dos objetivos do Estado, que ganharam nova dimensão prestacional a partir da concepção de Estado de bem-estar social. Esta característica de um Estado ativo, ou seja, que não apenas atua para mitigar a violação de determinado comando normativo (isto é, para restauração da ordem jurídica), mas que age efetivamente para atendimento do que é social e juridicamente reconhecido como uma necessidade dos cidadãos,[24] é típica dos *welfare-states*.[25]

Rhodes destaca, como principal característica deste modelo, o fato de ele ser marcado pela composição de uma hierarquia baseada na autoridade e na conservação da tradição estatal. Nele, a principal tarefa do burocrata é providenciar informações para a autoridade política à qual é subordinado e monitorar a implementação da decisão política. Segundo o autor, a burocracia persiste, mesmo com as reformas que serão adotadas pelas lógicas de Nova Gestão Pública e Nova Governança

---

[23] É preciso esclarecer que a adoção destes determinados modelos, cujas características são destacadas e isoladas para fins metodológicos, não ocorre de modo uniforme e integral em cada território, ou seja, estas lógicas podem coexistir.

[24] Marshall, ao tratar da construção da cidadania, reconhece que os direitos podem ser interpretados a partir de três perspectivas: os direitos civis, como aqueles necessários à liberdade individual e típicos do século XVIII; os direitos políticos, como o direito a participar do exercício do poder político, cuja origem remonta ao século XIX; e os direitos sociais, como o direito a uma vida civilizada, cuja origem está no século XX. Com base nesta divisão tripartite dos direitos, José Murillo de Carvalho reconhece que, no caso brasileiro, a origem dos direitos sociais está na política adotada por Getúlio Vargas entre 1930-1945. Em: MARSHALL, T.H. *Cidadania, classe social e status*. (Trad. Meton Porto Gadelha). Rio de Janeiro: Zahar Editores, 1967; CARVALHO, José Murillo de. *Cidadania no Brasil*: o longo caminho. 24. ed. Rio de Janeiro: Civilização Brasileira, 2018.

[25] Esping-Andersen indica que há ao menos três tipos distintos de *welfare state*: o do tipo "liberal", adotado especialmente nos Estados Unidos da América, cuja característica principal é do auxílio direcionado àqueles comprovadamente pobres; o do tipo "corporativista", no qual são preservadas as diferenças de *status*; e o do tipo "social-democrata", caracterizado pela promoção da igualdade com melhores padrões de qualidade de serviços e benefícios, elevados ao padrão da classe média. Em: ESPING-ANDERSEN, Gosta. As três economias políticas do welfare state. *Lua Nova*, São Paulo, n. 24, p. 85-116, Sept. 1991.

Pública, pois é dotada de consistência, estabilidade, expertise, equidade e *accountability*.[26]

Janet e Robert Dendhardt enfatizam que, no caso dos Estados Unidos, ao menos desde o período de virada do século XIX ao século XX, a administração pública se percebe enquanto campo de estudos e de práticas. Este desenvolvimento do campo da administração remonta a Woodrow Wilson, que reconheceu, em 1887, a ampliação das atribuições do Estado e, por decorrência, a necessidade de desenvolvimento de um meio para se desincumbir destas novas obrigações.[27]

Bresser-Pereira reconhece que essa forma de gestão administrativa, a qual ele denomina administração burocrática, tem como origem os princípios da administração do exército prussiano e consiste naquela descrita por Max Weber, cuja base é o mérito profissional. Segundo o autor, a administração burocrática foi adotada para substituir a administração patrimonialista, na qual havia confusão entre o patrimônio público e o privado. Com esta nova forma de organização estatal, foi consolidada a distinção entre o público e o privado, bem como entre o político e o administrador público, fundamentado na lógica de dominação racional-legal.[28]

Para Hugo Consciência Silvestre, após o fim da Segunda Guerra Mundial (1938-1945), com o reconhecimento de que a capacidade produtiva havia sido acentuadamente fragilizada em decorrência das perdas da guerra, os governos adotaram para si a responsabilidade de promover a reconstrução do Estado. Esta responsabilidade, dado o contexto de carência de recursos, inclusive humanos, demandou o desenvolvimento de uma estrutura administrativa capaz de alcançar os objetivos traçados, notadamente de acesso a serviços básicos. Neste contexto, a Administração Pública Tradicional é fortalecida.[29]

Bresser-Pereira confirma que, de fato, houve esta reafirmação dos valores burocráticos após a Segunda Guerra Mundial. Porém, para o autor, neste período inicia a influência da administração de empresas sobre a administração pública, especialmente com as ideias de

---

[26] RHODES, Roderick A. W. Recovering the Craft of Public Administration. *Public Administration Review*, v. 76, n. 4, p. 638-647, 1 jul. 2016.
[27] DENHARDT, Robert B.; DENHARDT, Janet Vinzant. *The new public service*: serving rather than steering. New York: M.E.Sharpe, 2007.
[28] BRESSER-PEREIRA, L. C. Da Administração Pública Burocrática à Gerencial. *Revista do Serviço Público*, v. 47, n. 1, 1996. Disponível em: http://www.bresserpereira.org.br/papers/1996/95.AdmPublicaBurocraticaAGerencial.pdf. Acesso em 10 jan. 2023.
[29] SILVESTRE, Hugo Consciência. *A (Nova) Governança Pública*. Brasília: Enap, 2019.

descentralização e flexibilização administrativa, dado que no contexto de ampliação das obrigações do Estado, a administração burocrática demonstrou-se "lenta, cara, auto-referida, pouco ou nada orientada para o atendimento das demandas dos cidadãos", mostrando-se insuficiente para corresponder às demandas pungentes.[30]

Como características deste modelo de Administração Pública Tradicional, Janet e Robert Dendhardt apontam que os seus principais elementos são os seguintes: (i) o foco do governo consiste na prestação direta dos serviços por meio de entidades governamentais; (ii) a administração tem como preocupação o desenho e a implementação de políticas concentradas num objetivo único e politicamente definido; (iii) os funcionários públicos desempenham uma função limitada em relação à concepção e à governança das políticas, estando centrados na implementação da política pública; (iv) a prestação dos serviços deve ser desempenhada por funcionários públicos, que prestam contas aos políticos eleitos, e têm baixa discricionariedade para o desempenho de suas funções; (v) os programas governamentais são considerados mais bem administrados por meio de organizações hierárquicas, com o gerenciamento sendo realizado por um controle de cima para baixo; (vi) os valores primordiais para as organizações públicas são a eficiência e a racionalidade; (vii) as organizações públicas operam de modo mais eficiente como sistemas fechados, motivo pelo qual a participação dos cidadãos é limitada; (viii) a atuação do funcionário público é focada no planejamento, organização, assessoramento, direcionamento, coordenação, notificação e organização do orçamento.[31]

Este modelo de organização da atividade administrativa sofre críticas concentradas a partir dos anos de 1970, relacionadas ao contexto de queda de receita dos Estados decorrente das crises do petróleo havidas entre 1973 e 1979.[32] Este período coincide, também, como retratado no tópico anterior, com a crise do Estado,[33] ou, mais especificamente, com a crise do Estado de bem-estar social.

---

[30] Cf.: BRESSER-PEREIRA, L. C. Da Administração Pública Burocrática à Gerencial. *Revista do Serviço Público*, v. 47, n. 1, 1996. p. 5. Disponível em: http://www.bresserpereira.org.br/papers/1996/95.AdmPublicaBurocraticaAGerencial.pdf. Acesso em 10 jan. 2023.

[31] Cf.: DENHARDT, Robert B.; DENHARDT, Janet Vinzant. *The new public service*: serving rather than steering. New York: M.E.Sharpe, 2007.

[32] Cf.: SILVESTRE, Hugo Consciência. *A (Nova) Governança Pública*. Brasília: Enap, 2019.

[33] Cf.: BRESSER-PEREIRA, L. C. Da Administração Pública Burocrática à Gerencial. *Revista do Serviço Público*, v. 47, n. 1, 1996. Disponível em: http://www.bresserpereira.org.br/papers/1996/95.AdmPublicaBurocraticaAGerencial.pdf. Acesso em 10 jan. 2023.

As críticas a este modelo são sintetizadas por Silvestre como as seguintes: (i) inexistência de incentivo à inovação e, por consequência, improbabilidade de se alcançar ganhos de eficiência, uma vez que os agentes públicos tinham como norte o dever do mero cumprimento das regras e procedimentos; (ii) alto grau de formalização das regras e procedimentos, com estruturas e organizações desenhadas a partir de modelos ideais e pouco adaptadas para os diferentes contextos, o que também impactava na eficiência; (iii) desatenção às necessidades do usuário do serviço, em razão da lógica estrita de cumprimento de regras e procedimentos; (iv) falta de separação efetiva entre a administração e a política, uma vez que os políticos interferiam diretamente nas decisões a serem tomadas no âmbito daquele setor e privilegiavam suas próprias prioridades políticas; (v) no contexto da estrutura adotada, com a finalidade de se evitar a redução do orçamento no ano seguinte, executava-se o orçamento na sua totalidade, ainda que não houvesse necessidade para atingir os objetivos traçados, demonstrando baixa preocupação com os custos para desempenho daquela atividade; (vi) ademais, como os funcionários atuavam em respeito às regras e procedimentos previamente estabelecidos, o mero cumprimento dessas normas eximia aquele agente de qualquer responsabilização pelo atendimento às necessidades públicas.[34]

Nesta circunstância, dada a conjugação da crise fiscal, com a mencionada queda de arrecadação de receitas, e da crítica sedimentada ao modelo de administração tradicional adotado pelos Estados nacionais, foi desenvolvido e paulatinamente adotado um modelo alternativo, forjado com o objetivo de aumentar a eficiência da prestação dos serviços públicos, aproximando a lógica de desenvolvimento das atividades estatais com aquelas típicas das atividades privadas. A este novo modelo deu-se o nome de Nova Gestão Pública (*New Public Magagement*).

1.2 Nova Gestão Pública

A Nova Gestão Pública (*New Public Management*) tem como origem a crítica ao modelo tradicional de administração pública, fundado na hierarquia e na organização burocrática. Em 1991, Christopher Hood

---

[34] Cf.: SILVESTRE, Hugo Consciência. *A (Nova) Governança Pública*. Brasília: Enap, 2019.

publicou artigo intitulado "A Public Management for All Seasons?",[35] no qual são consolidadas as principais teses a respeito das reformas administrativas promovidas naquele período.

Para o autor, a nova gestão pública estava associada a outras quatro "megatendências" administrativas, que consistem no objetivo de desacelerar ou reverter o crescimento do governo em termos de gastos e de aumento de pessoal, a alteração de rumo em direção à privatização ou "*quasi*-privatização", com ênfase na subsidiariedade da prestação de serviços, o desenvolvimento da automação, especialmente na área da tecnologia da informação, bem como o desenvolvimento de uma agenda mais internacionalizada, focada nos debates relacionados à gestão pública.[36]

Como principais elementos desse novo modelo de gestão pública, Hood e Osborne destacam (i) a concepção de uma gestão profissional, com grau de liberdade para gerenciar as atividades desenvolvidas; (ii) a adoção de padrões de desempenho e de instrumentos de mensuração, incorporando metas e indicadores; (iii) a ênfase nos resultados alcançados, objetivando alterar o foco dos procedimentos para os resultados; (iv) a mudança em favor do que ele denomina desagregação das unidades no setor público, com a quebra das unidades monolíticas da administração; (v) a ampliação da competitividade no setor público; (vi) a acentuação de práticas de gerenciamento típicas do setor privado; (vii) e, por fim, a ampliação do uso parcimonioso de recursos públicos.[37]

Reformas administrativas que incorporaram estes elementos tiveram início no Reino Unido, sob comando de Margareth Thatcher (1979-1989), e nos Estados Unidos, sob a presidência de Ronald Reagan (1980-988). Em 1995, o Comitê de Gestão Pública da OCDE divulgou uma série de publicações que indicava que a maioria dos países desenvolvidos estava implementando reformas com base nos parâmetros da nova gestão pública, notadamente por meio da incorporação de

---

[35] Cf.: HOOD, Christopher. A Public Management for All Seasons? *Public Administration*, [S.L.], v. 69, n. 1, p. 3-19, mar. 1991. Wiley. Disponível em: http://dx.doi.org/10.1111/j.1467-9299.1991.tb00779.x. Acesso em: 28 mar. 2022.

[36] Cf.: HOOD, Christopher. A Public Management for All Seasons? *Public Administration*, [S.L.], v. 69, n. 1, p. 3-19, mar. 1991. Wiley. Disponível em: http://dx.doi.org/10.1111/j.1467-9299.1991.tb00779.x. Acesso em: 28 mar. 2022.

[37] Cf.: HOOD, Christopher. A Public Management for All Seasons? *Public Administration*, [S.L.], v. 69, n. 1, p. 3-19, mar. 1991. Wiley. Disponível em: http://dx.doi.org/10.1111/j.1467-9299.1991.tb00779.x. Acesso em: 28 mar. 2022; OSBORNE, Stephen P. The New Public Governance? *Public Management Review*, v. 8, n. 3, p. 377–387, 1 set. 2006.

gerenciamento de performance, aumentando a competição no setor público e ampliando a oferta, a qualidade e a possibilidade de escolha dos cidadãos.[38]

Pollitt e Bouckaert destacam que, dentre os fatores que explicam o que levou acadêmicos a reconhecerem a existência de uma hegemonia da implementação de reformas sob a lógica da nova gestão pública no mundo desenvolvido, está o reconhecimento de que os países anglo-saxões difundiram estas ideias por meio das principais agências internacionais, notadamente o Banco Mundial e a OCDE.[39]

Segundo Prado e Trebilcock, este modelo de reforma é identificado, frequentemente, como uma imposição das organizações e instituições ocidentais sobre os países em desenvolvimento, notadamente sobre aqueles suscetíveis a pressões de agências internacionais na formulação da agenda de reformas. Para eles, este modelo de reforma da administração pública decorre das ideias críticas do neoliberalismo ao papel do Estado.[40]

Da perspectiva jurídica, Joan Prats i Catalá destaca que a reforma gerencialista, cuja pretensão consiste em superar o paradigma da administração burocrática weberiana, demanda uma revisão dos paradigmas do direito público (antidiscricionariedade e revisão judicial).

O autor espanhol entende que, sob o gerencialismo, o "Direito Administrativo deve se tornar, necessariamente, mais complexo e plural", assumindo a possibilidade de fragmentação e a consequente necessidade de adoção de mecanismos de integração. Neste percurso, também deve ser abandonado o conceito de separação estanque entre o planejamento normativo e sua execução, bem como deve ser superada a percepção de que toda atuação administrativa deve decorrer de um comportamento previsto e normatizado. Valoriza-se, assim, a discricionariedade e a autonomia, de um lado, e a responsabilização, de outro.

Catalá defende, ainda, que na construção desta nova racionalidade jurídica é necessário "o abandono da ideia de planejamento normativo e sua substituição pelos conceitos e técnicas de análise e de

---

[38] POLLITT, Christopher; BOUCKAERT, Geert. *Public Management Reform*: a Comparative Analysis – New Public Management, Governance, and the Neo-Weberian State. 3 ed. Oxford: Oxford University Press, 2011.

[39] Cf.: POLLITT, Christopher; BOUCKAERT, Geert. *Public Management Reform*: a Comparative Analysis – New Public Management, Governance, and the Neo-Weberian State. 3 ed. Oxford: Oxford University Press, 2011.

[40] TREBILCOCK, Michael J; PRADO, Mariana Mota Prado. *What makes poor countries poor?*: institutional determinants of development. Northampton: Edward Elgar Publishing, 2011.

gestão estratégica", bem como a aceitação de que "a lei não pode fixar, de forma precisa, os fins, interesses e objetivos públicos", que deverão ser definidos em um processo de participação dos usuários (ou clientes).[41]

Este modelo, porém, vem sendo criticado desde sua concepção e implantação. Para Osborne, as críticas podem ser sintetizadas nos seguintes pontos: (i) a NPM[42] não é propriamente um novo paradigma ou um novo fenômeno uniforme, mas um agrupado de vários; (ii) a nova gestão pública se apresenta com facetas ideológicas e gerenciais distintas a depender do público a quem é introduzida; (iii) a disseminação deste modelo é restrito ao mundo anglo-saxão e a alguns países escandinavos, enquanto a administração tradicional continua a predominar; (iv) a implantação deste modelo depende, geograficamente, da origem de influência sofrida (EUA ou Reino Unido), sendo que cada um tem um modelo com variações significativamente distintas; (v) por fim, há interpretação de que a NPM é apenas uma subárea da administração tradicional, cujo impacto é limitado pela falta de rigor conceitual e base teórica.[43]

Dentre as críticas ao modelo, especialmente a que afirma que o modelo é ajustável ideologicamente conforme o público ao qual é apresentado, indicando, portanto, uma pretensa neutralidade, é preciso responder que este conjunto de reformas está associado historicamente, em sua origem britânica e estadunidense, a uma revisão sobre a compreensão do próprio Estado.[44] Nesta revisão, é repelida a lógica do Estado de bem-estar social, tendo o Estado como prestador direto dos serviços públicos, e impulsionados valores associados ao neoliberalismo, como a defesa da redução do Estado e da subsidiariedade.[45]

---

[41] CATALÁ, Joan Prats i. Direito e gerenciamento nas administrações públicas-notas sobre a crise e renovação dos respectivos paradigmas. *Revista do Serviço Público*, v. 47, n. 2, p. 23-46, 1996.

[42] Serão adotados os acrônimos NPM e NPG, com a referência dos termos nova gestão pública e nova governança pública, respectivamente, nos seus originais da língua inglesa (*new public management* e *new public governance*), em vez de NPG, pois na língua portuguesa as siglas seriam idênticas e impossibilitariam a diferenciação, causando perda de clareza.

[43] Cf.: OSBORNE, Stephen P. (Ed.). *The new public governance?*: emerging perspectives on the theory and practice of public governance. New York: Routledge, 2010.

[44] Para uma crítica à interpretação de que a nova gestão pública tem origem nas ideias neoliberais, ver: KNAFO, Samuel. Neoliberalism and the origins of public management. *Review of International Political Economy*, v. 27, n. 4, p. 780-801, 2020.

[45] CONNELL, Raewyn; FAWCETT, Barbara; MEAGHER, Gabrielle. Neoliberalism, new public management and the human service professions: introduction to the special issue. *Journal of Sociology*, v. 45, n. 4, p. 331-338, 2009.

É preciso, ainda, registrar a ressalva de que este histórico de ressignificação do Estado associado às concepções ideológicas que sustentam a revisão de sua função e, com isso, do desenho dos seus meios de atuação (e da prestação de serviços públicos) é marcado não somente temporalmente, mas também geograficamente. No caso latino-americano, Draibe e Riesco reconhecem que apesar da dificuldade de compreender quais "resultados podem ser imputados à condução liberal no campo das políticas sociais", é possível constatar que os Estados de bem-estar social da região foram impactados pela ideologia liberal. Para o que interessa ao presente estudo, os autores afirmam que este "novo paradigma promoveu o declínio do Estado Desenvolvimentista" e foi responsável, também, por implementar "alterações substanciais nas estruturas das economias e dos Estados".[46]

Quanto aos resultados alcançados pelas reformas elaboradas sob a lógica da nova gestão pública, Pollitt e Bouckaert indicam que "o copo está meio vazio – mas também meio cheio". Para os autores, o copo está "meio vazio", pois é frequente que, após as reformas, não haja detalhamentos confiáveis a respeito dos resultados obtidos pela adoção dessas medidas, nem sobre os possíveis ganhos de eficiência ou mesmo os produtos diretos obtidos (*outputs*), permanecendo uma estrutura com pouca atenção à avaliação dos resultados. Por outro lado, o copo está "meio cheio", pois houve um significativo aumento na produção e disponibilização de dados relativos à performance do setor público, inclusive permitindo comparações internacionais sobre o desempenho de diversos países.[47]

Dado este contexto de críticas à nova gestão pública e a permanência das críticas à administração tradicional, associado à falta de resultados concretos de que o novo modelo alcançou seus objetivos pretendidos, Osborne identificou que houve pressão para o desenvolvimento de um novo modelo que superasse a dicotomia *administração vs gerencialismo*, em direção a uma visão mais holística da administração.

---

[46] DRAIBE, Sônia M.; RIESCO, Manuel. Estados de bem-estar social e estratégias de desenvolvimento na América Latina: um novo desenvolvimentismo em gestação? *Sociologias*, Porto Alegre, v. 13, n. 27, p. 220-254, ago. 2011, p. 45. Disponível em: http://dx.doi.org/10.1590/s1517-45222011000200009. Acesso em 28 mar. 2022.

[47] POLLITT, Christopher; BOUCKAERT, Geert. *Public Management Reform*: a Comparative Analysis – New Public Management, Governance, and the Neo-Weberian State. 3 ed. Oxford: Oxford University Press, 2011.

É, então, elaborado o paradigma da nova governança pública (*new public governance – NPG*).⁴⁸

1.3 Nova Governança Pública

A nova governança pública é apresentada originalmente, por Osborne, como uma ferramenta conceitual com o potencial de contribuir para a compreensão dos desafios da implementação de políticas públicas e da prestação de serviços públicos, e também como um instrumento de reflexão da atuação cotidiana dos agentes públicos. Não é, portanto, elaborada como um paradigma para superar a nova gestão pública ou a administração pública tradicional, nem como uma proposta de caminho a ser seguido.

Osborne alerta o leitor, ainda, que os termos "governança" e "governança pública" não são novos e carregam consigo uma carga teórica e ideológica anterior. Ele distingue ao menos três principais escolas da governança, quais sejam: governança corporativa, boa governança e governança pública, sendo esta última a origem de derivação da nova governança pública.⁴⁹

Dentre as teorias de governança pública citadas por Osborne, está a da governança em redes. Para Rhodes, o gerenciamento das redes está no coração da nova governança pública, numa alteração de perspectiva de que o Estado sai do comando direto (*hands-on*) para trabalhar junto e por meio das redes de organizações com a finalidade de alcançar os objetivos políticos compartilhados (*hands-off steering*), num contínuo processo de negociação e troca de recursos.⁵⁰

A nova governança pública está associada, também, à abordagem da prestação de serviços plural e pluralista. A abordagem plural está relacionada ao envolvimento de múltiplas organizações na prestação dos serviços públicos, sejam elas pertencentes ao setor público, privado ou integrantes da sociedade civil. A perspectiva pluralista, por sua vez, vincula-se à "multiplicidade de processos existentes para informar o sistema de políticas públicas", sendo o objetivo, diante da abordagem

---

⁴⁸ Cf.: OSBORNE, Stephen P. (Ed.). *The new public governance?*: emerging perspectives on the theory and practice of public governance. New York: Routledge, 2010.
⁴⁹ Cf.: OSBORNE, Stephen P. (Ed.). *The new public governance?*: emerging perspectives on the theory and practice of public governance. New York: Routledge, 2010.
⁵⁰ Cf.: RHODES, Roderick A. W. Recovering the Craft of Public Administration. *Public Administration Review*, v. 76, n. 4, p. 638-647, 1 jul. 2016.

plural e pluralista, o aprimoramento das relações interorganizacionais para melhorar a efetividade na prestação dos serviços, com ampliação da utilidade para o usuário.[51]

Um elemento central na abordagem da nova governança pública que a distingue da nova gestão pública é que, com o reconhecimento da pluralidade de organizações que atuam na prestação dos serviços públicos, aquela tem como ênfase ampliar a cooperação entre os atores envolvidos, enquanto esta pretendia ampliar a competição entre as partes, incorporando a lógica de mercado que defende que, com maior competição, são atingidos melhores resultados.[52]

Logo, pela perspectiva da nova governança pública, a prestação de serviços públicos é moldada por elementos distintivos da realidade contemporânea, quais sejam: a fragmentação das necessidades nas sociedades pós-modernas; a evolução das abordagens plural (envolvendo múltiplos atores) e pluralista (envolvendo múltiplos processos) na prestação do serviço público; e, por consequência, a necessidade de se concentrar não somente na análise das relações interorganizacionais para compreensão da prestação dos serviços públicos, mas também no crescimento dos sistemas de prestação de serviços públicos, dos quais fazem parte entidades públicas, comunidades locais, usuários dos serviços e tecnologia.[53]

Os autores destacam, também, uma mudança nas exigências das habilidades gerenciais para prestação dos serviços públicos em favor da governança e das habilidades de negociação das demandas e dos *outcomes*, bem como a ampliação da compreensão do usuário do serviço público como seu coprodutor (e não meramente como cliente, como era considerado na perspectiva do NPM).[54]

Em 2013, Torfing e Triantafillou identificaram que, embora houvesse uma tentativa de explicar uma nova forma de administração

---

[51] Cf.: OSBORNE, Stephen P. (Ed.). *The new public governance?*: emerging perspectives on the theory and practice of public governance. New York: Routledge, 2010.
[52] Cf.: SILVESTRE, Hugo Consciência. *A (Nova) Governança Pública*. Brasília: Enap, 2019.
[53] LINDSAY, Colin; OSBORNE, Stephen P.; BOND, Sue. The 'New Public Governance' and Employability Services in an Era of Crisis: challenges for third sector organizations in scotland. *Public Administration*, [S.L.], v. 92, n. 1, p. 192-207, 24 ago. 2013. Disponível em: http://dx.doi.org/10.1111/padm.12051. Acesso em 14 mai. 2022.
[54] Cf: LINDSAY, Colin; OSBORNE, Stephen P.; BOND, Sue. The 'New Public Governance' and Employability Services in an Era of Crisis: challenges for third sector organizations in scotland. *Public Administration*, [S.L.], v. 92, n. 1, p. 192-207, 24 ago. 2013. Disponível em: http://dx.doi.org/10.1111/padm.12051. Acesso em 14 mai. 2022.

pública na qual eram destacadas a participação, a interação e a redução da atuação diretiva estatal, que foram associadas ao termo nova governança pública, esta categoria ainda não estava adequadamente conceituada.

Os autores reconheceram que, embora houvesse esta fragilidade em termos de teorização, era possível identificar uma série de princípios associados à nova governança pública, como o foco no processo e nos resultados, bem como na coordenação, participação e coprodução das políticas, que, para a Teoria do Estado, são considerados aspectos políticos e não estritamente administrativos. Para eles, o objetivo de melhoria da formulação e prestação dos serviços públicos está presente neste modelo, mas em vez de estar focado na competição e na escolha (típicas do NPM), pretendem alcançar esses objetivos por meio da cooperação, da negociação e da participação ativa dos atores (*stakeholders*) encorajados a compartilhar seu conhecimento, suas ideias e seus recursos sobre aquela temática.

Nesse sentido, a participação não se restringe à ideia de facilitar o "autogoverno" dos cidadãos, mas de efetivamente mobilizar recursos, energia e ideias dos agentes privados para coprodução das políticas, ampliando a legitimidade dos *inputs* e *outputs*. Segundo os autores, este modelo se baseia na ideia da cidadania ativa, na qual os integrantes da comunidade são detentores de direitos e obrigações, e não meros sujeitos passivos portadores de direitos.[55]

O objetivo da nova governança pública consiste em ampliar a capacidade de negociação entre autoridades públicas em diversos níveis, bem como aprofundar a interação entre atores públicos e privados por meio da formação de redes, parcerias e contratos, a fim de facilitar o aprendizado recíproco entre as partes e construir conjuntamente soluções inovadoras.[56]

Da perspectiva de *accountability*, Torfing e Triantafillou indicam que a nova governança pública demanda que a prestação de contas não se restrinja ao cumprimento de sua obrigação jurídica e política, mas

---

[55] Cf.: TORFING, Jacob; TRIANTAFILLOU, Peter. What's in a Name? Grasping New Public Governance as a Political-Administrative System. *International Review of Public Administration*, [S.L.], v. 18, n. 2, p. 9-25, ago. 2013. Informa UK Limited. http://dx.doi.org/10.1080/122946 59.2013.10805250. Acesso em 20 mar. 2022.

[56] Cf.: TORFING, Jacob; TRIANTAFILLOU, Peter. What's in a Name? Grasping New Public Governance as a Political-Administrative System. *International Review of Public Administration*, [S.L.], v. 18, n. 2, p. 9-25, ago. 2013. Informa UK Limited. http://dx.doi.org/10.1080/122946 59.2013.10805250. Acesso em 20 mar. 2022.

engloba uma variedade de procedimentos e formas de aferição dos resultados, disponibilizada para quem estiver num nível hierárquico superior, inferior ou mesmo horizontal.[57]

Para Xu, Sun e Si, os seis principais aspectos da nova governança pública consistem na (i) ênfase à dispersão do poder; (ii) na necessidade de coordenação do governo; (iii) na existência de uma rede complexa composta por governo, mercado, sociedade, organizações públicas, comunidade e cidadãos; (iv) na governança das redes com base na troca de recursos; (v) sua sustentação com base na confiança e estabilidade das relações; e, por fim, na (vi) valorização das organizações públicas.[58]

Já para Morgan e Shinn, há três características que marcam a nova governança pública. A primeira delas consiste no fato de que ela é centrada na promoção do bem comum, sendo seu objetivo aprofundar o alcance e a disseminação desse valor. Ou seja, seu foco não está na eficiência ou efetividade por si sós, mas no aumento do valor gerado pelos serviços públicos prestados. A segunda principal característica está na ênfase na elaboração de processos que viabilizem o alcance de acordos entre os diversos agentes com interesse naquele determinado assunto, inclusive reconhecendo a existência de divergências entre os agentes a respeito de qual caminho alcançará a maior agregação de valor. Por fim, a terceira característica destacada é a percepção de criação do bem público como uma coprodução entre os setores público, privado e sem fins lucrativos.[59]

Assim, embora os autores não sejam uníssonos em relação aos elementos que destacam como essenciais para descrever a nova governança pública, é possível elencar, a partir da revisão aqui realizada, aqueles que integram o espírito desta nova forma de organização administrativa.

Para os fins desta pesquisa, serão adotados os referenciais de produção das políticas com base no modelo de nova governança pública elaborado por Torfing e Triantafillou. Neles, os autores se baseiam no

---

[57] Cf.: TORFING, Jacob; TRIANTAFILLOU, Peter. What's in a Name? Grasping New Public Governance as a Political-Administrative System. *International Review of Public Administration*, [S.L.], v. 18, n. 2, p. 9-25, ago. 2013. Informa UK Limited. http://dx.doi.org/10.1080/122946 59.2013.10805250. Acesso em 20 mar. 2022.

[58] XU, R. Y.; SUN, Q. G.; SI, W. The Third Wave of Public Administration: the New Public Governance. *Canadian Social Science*, v. 11, n. 7, p. 11-21, 2015. Disponível em: http://www.cscanada.net/index.php/css/article/view/7354. DOI: http://dx.doi.org/10.3968/7354. Acesso em 20 set. 2022.

[59] MORGAN, Douglas F.; SHINN, Craig. W. The foundations of New Public Governance. *In*: MORGAN, Douglas F.; COOK, Brian J. (Ed.). *New Public Governance*: a regime-centered perspective. New York: Routledge, 2014. p. 3-12.

modelo de sistema político de David Easton, no qual há um processo de decisão separado em quatro etapas, estruturado de forma adaptada pelos autores ao seguinte modelo:[60]

Figura 1: Produção de Políticas Públicas na NPG

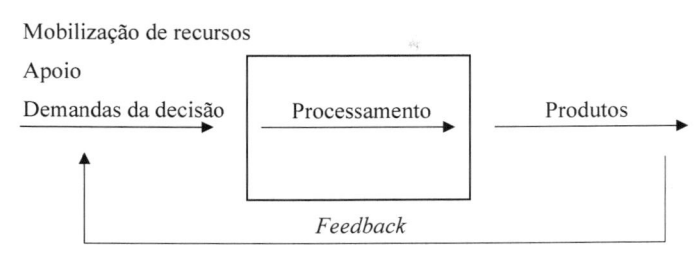

```
Mobilização de recursos
Apoio
Demandas da decisão  →  Processamento  →  Produtos  →
                    ↑
                    └──────── Feedback ────────┘
```

Fonte: TORFING, Jacob; TRIANTAFILLOU, Peter.[61]

No modelo de nova governança pública, essas quatro etapas são caracterizadas por elementos próprios e distintivos. Quanto ao primeiro ponto (demandas, apoio e mobilização de recursos), denominadas de *inputs*, o novo modelo se caracteriza pelo incentivo à participação, sendo que ela deve ser qualificada pela atribuição efetiva de poder aos atores. Ou seja, além do voto, há um encorajamento da interação e do diálogo contínuo entre atores públicos e privados.

Quanto à segunda etapa (processamento da decisão), denominada de *withinput*, ela é marcada pela colaboração de uma multiplicidade de atores, de diferentes níveis e setores, com origem no poder público e privado. No terceiro ponto (produtos), alcunhado originalmente de *outputs*, ele é marcado pela existência de novas ferramentas de exercício do governo, que engajam e empoderam os principais atores relacionados àquele tema a participarem da elaboração de soluções criativas aos problemas identificados. Por fim, há um processo de *feedback* contínuo por múltiplas formas de *accountability*, baseados em padrões de aprendizagem organizacional.[62]

---

[60] No original, demandas, apoio e mobilização de recursos são *inputs*, processamento da decisão são *withinputs*, produtos são *outputs*.

[61] TORFING, Jacob; TRIANTAFILLOU, Peter. What's in a Name? Grasping New Public Governance as a Political-Administrative System. *International Review Of Public Administration*, [S.L.], v. 18, n. 2, p. 9-25, ago. 2013. Informa UK Limited. http://dx.doi.org/10.1080/122946 59.2013.10805250. Acesso em 20 mar. 2022.

[62] Cf.: TORFING, Jacob; TRIANTAFILLOU, Peter. What's in a Name? Grasping New Public Governance as a Political-Administrative System. *International Review Of Public Administration*,

1.3.1 Participação

Nos modelos da nova gestão pública e da administração pública tradicional, como explicam Torfing e Triantafillou, havia elementos de participação que foram mantidos na NPG, como o voto regular e a pesquisa de satisfações de usuários. No entanto, sob a perspectiva de nova governança pública, deve-se compreender participação quando os *inputs* ao sistema político-administrativo são sistematicamente suplementados com formas mais diretas de engajamento cívico.[63]

Orly Lobel, ao tratar da participação sob o paradigma do que ela intitula governança do *renew deal*, indica que a lógica política que fundamenta esta remodelação é de ampliar o campo da tomada de decisões para que os variados atores integrem todo o processo de produção legal, ou seja, que O exercício da autoridade normativa seja pluralizado e a função de cidadania seja alterada de passiva (sofrendo os influxos normativos) para ativa (construindo a produção normativa).

A autora reconhece que essa ampliação da participação deve ser compreendida no processo de produção legislativa e na sua promulgação, bem como na sua implementação e *enforcement*. O objetivo mais amplo da participação, segundo Lobel, não se restringe a aumentar o atingimento das metas das políticas estabelecidas, mas no seu aspecto político (incremento da qualidade democrática), no sentido de ampliar os canais de participação dos cidadãos na vida cívica e política.[64]

Este processo de ampliação da participação exige alterar a concepção de cidadania restrita ao voto (cidadão como um eleitor), e compreender o cidadão enquanto parte interessada na política (cidadão como *stakeholder*). O cidadão enquanto eleitor está confinado, no processo político, a apresentar suas demandas e apoio (*input*), enquanto o cidadão como parte interessada deve influenciar o processo de formulação, deliberação e implementação da política (ou seja, integra o processamento das decisões (*withinput*), dos produtos (*outputs*) e o feedback). Ademais, enquanto é esperado do eleitor que faça uma

---

[S.L.], v. 18, n. 2, p. 9-25, ago. 2013. Informa UK Limited. http://dx.doi.org/10.1080/122946 59.2013.10805250. Acesso em 20 mar. 2022.

[63] Cf.: TORFING, Jacob; TRIANTAFILLOU, Peter. What's in a Name? Grasping New Public Governance as a Political-Administrative System. *International Review Of Public Administration*, [S.L.], v. 18, n. 2, p. 9-25, ago. 2013. Informa UK Limited. http://dx.doi.org/10.1080/122946 59.2013.10805250. Acesso em 20 mar. 2022.

[64] Cf.: LOBEL, Orly. The Renew Deal: the fall of regulation and the rise of governance in contemporary legal thought. *Minnesota Law Review*, [S.L.], v. 470, n. 1, p. 343-470, 2004.

escolha informada com base nos candidatos disponíveis, das partes interessadas é esperado que formulem suas próprias opiniões em diferentes matérias, que participem das decisões e das soluções a respeito de problemas cotidianos, bem como mobilize sua energia, seus recursos e conhecimento para contribuir nos processos políticos.[65]

Este processo de aprofundamento da participação ativa tem o potencial de melhorar a efetividade das políticas públicas a partir de três dimensões. A primeira é na fase inicial da política, na qual a participação contribui para aumentar a precisão do reconhecimento das necessidades e demandas dos setores afetados, bem como aprimorar a coordenação entre os atores relevantes e interessados naquele tema.[66] Em segundo lugar, na fase de definição da política, a efetividade pode ser ampliada com a participação, por decorrência do incremento do conhecimento compartilhado, bem como gerenciando ou reduzindo os conflitos dos atores em processo de aprendizado recíproco e de construção de confiança. Já no processo de implementação da política, a efetividade é aumentada em razão da percepção de responsabilidade dos atores que decorre da sua participação ativa, bem como da possibilidade de ajustes pontuais da política realizados a partir de um processo contínuo de reavaliação e negociação.[67]

---

[65] SKELCHER, Chris; TORFING, Jacob. Improving democratic governance through institutional design: civic participation and democratic ownership in Europe. *Regulation & Governance*, [S.L.], v. 4, n. 1, p. 71-91, mar. 2010. Disponível em: http://dx.doi.org/10.1111/j.1748-5991.2010.01072.x. Acesso em 20 mar. 2022.

[66] Em políticas públicas, a determinação sobre o que ganha atenção dos formuladores das políticas e passa a ser priorizado como um problema ao qual será encaminhada uma determinada solução é denominado problema de definição de agenda. Nesses casos, a questão não se restringe à precisão do que é o problema em si, mas da capacidade política dos atores de chamar atenção àquele problema e àquela formulação específica do problema. Para que se compreenda melhor os contornos políticos desta questão, um exemplo da definição de problema político que merece atenção é a gravidez na adolescência. Neste caso, a formulação do problema pode ser realizada pela compreensão de que há uma sexualização precoce de adolescentes, que pode ser enfrentada a partir da promoção da abstinência sexual entre jovens ou, por outro lado, considerando o problema como decorrente da falta de conhecimento e acesso a meios contraceptivos, por meio da promoção da educação sexual, incluindo ensinamento e acesso a métodos contraceptivos. Para saber mais acerca do problema da definição de agenda: BIRKLAND, Thomas A. *An introduction to the policy process*: theories, concepts, and models of public policy making. 3. ed. New York: Routledge, 2011.

[67] Cf.: SKELCHER, Chris; TORFING, Jacob. Improving democratic governance through institutional design: civic participation and democratic ownership in Europe. *Regulation & Governance*, [S.L.], v. 4, n. 1, p. 71-91, mar. 2010. Disponível em: http://dx.doi.org/10.1111/j.1748-5991.2010.01072.x. Acesso em 20 mar. 2022.

Com a finalidade de melhor compreender as formas e momentos de participação, Skelcher e Torfing elaboraram uma tipologia dos desenhos institucionais de participação. A primeira forma apontada pelos autores é o de levantamento de dados por meio de pesquisas de opinião pública (que se distingue da pesquisa de satisfação de usuários). Neste meio de participação, os autores argumentam que, embora pareça, num primeiro momento, um método unilateral de comunicação, após as divulgações das pesquisas, a reação e o debate que elas provocam ensejam maior dinamicidade a este meio de participação.[68]

O segundo desenho institucional de participação levantado é o da pesquisa de opinião por meio de consultas públicas.[69] Nesse modelo, as autoridades públicas consultam os atores relevantes impactados ou especializados por aquela/naquela temática, em geral por meio da disponibilização prévia de determinada política, para que esses atores expressem, seja por escrito ou oralmente, suas percepções e preferências sobre a regulação, dentro de certo limite temporal.[70]

Um terceiro meio de promover a participação é pela criação de fóruns deliberativos, no qual um conjunto de cidadãos selecionados de forma aleatória ou um grupo de entidades da sociedade civil são convidados a participar de um diálogo estruturado entre eles e especialistas, para levantamento de informações a serem consideradas no desenho da política.[71]

Por fim, há ainda um quarto desenho para promover a participação, que consiste no diálogo interativo por meio da governança em redes. Skelcher e Torfing afirmam que, nesse modelo, atores públicos e privados interdependentes, mas operacionalmente autônomos, interagem

---

[68] Cf.: SKELCHER, Chris; TORFING, Jacob. Improving democratic governance through institutional design: civic participation and democratic ownership in Europe. *Regulation & Governance*, [S.L.], v. 4, n. 1, p. 71-91, mar. 2010. Disponível em: http://dx.doi.org/10.1111/j.1748-5991.2010.01072.x. Acesso em 20 mar. 2022.

[69] Da perspectiva do direito positivo brasileiro, os autores estão se referindo às audiências e consultas públicas, previstos na Lei Federal nº 9.784/1999. Para detalhes sobre estes procedimentos: SCHIEFLER, Gustavo Henrique Carvalho. *Diálogos público-privados*. Rio de Janeiro: Lumen Iuris, 2018.

[70] Cf.: SKELCHER, Chris; TORFING, Jacob. Improving democratic governance through institutional design: civic participation and democratic ownership in Europe. *Regulation & Governance*, [S.L.], v. 4, n. 1, p. 71-91, mar. 2010. Disponível em: http://dx.doi.org/10.1111/j.1748-5991.2010.01072.x. Acesso em 20 mar. 2022.

[71] Cf.: SKELCHER, Chris; TORFING, Jacob. Improving democratic governance through institutional design: civic participation and democratic ownership in Europe. *Regulation & Governance*, [S.L.], v. 4, n. 1, p. 71-91, mar. 2010. Disponível em: http://dx.doi.org/10.1111/j.1748-5991.2010.01072.x. Acesso em 20 mar. 2022.

por meio de negociações relativamente autorreguladas para identificar problemas, formular políticas e implementar soluções conjuntas. Essa interação pode ser bi ou multilateral e pode ser realizada em encontros síncronos ou por trocas de informações contínuas por mensagens eletrônicas, videoconferências etc. As formas típicas de desenho dessas estruturas de participação incluem comitês permanentes de monitoramento e consultoria com participação de cidadãos.[72]

A participação consiste, em síntese, no envolvimento "popular na gestão dos assuntos que dizem respeito a toda a coletividade, com reflexos na determinação do conteúdo da decisão administrativa".[73] Nesse sentido, a participação se refere à abertura da administração, com a arquitetura de meios que viabilizem agentes externos a expressarem suas percepções e a tomarem parte nos processos deliberativos, em todas as fases das políticas.

Tecnicamente, portanto, participação se refere ao envolvimento de agentes privados na esfera deliberativa pública. No entanto, dado o contexto de fragmentação administrativa, no qual há dispersão de competências e do próprio conhecimento em diversos órgãos e entidades no Estado, inclusive da perspectiva federativa, parcela dos efeitos esperados da participação (troca de conhecimento, de ideias e de recursos) demanda, também, a arquitetura de arranjos que viabilizem o envolvimento dos diversos atores públicos associados e interessados naquela determinada temática, seja na concepção da política, na sua estruturação ou mesmo na fase de implementação.

Portanto, faz-se a ressalva de que, embora o conceito de participação contemple o desenvolvimento de mecanismos que permitam agentes externos à administração tomarem parte dos processos deliberativos, em sentido amplo deve-se conceber que a finalidade almejada com o incremento da participação será alcançada se for reconhecida, também, a imprescindibilidade de integrar a pluralidade de atores públicos, inclusive de variadas esferas federativas, em todas as etapas do ciclo das políticas públicas.

---

[72] Cf.: SKELCHER, Chris; TORFING, Jacob. Improving democratic governance through institutional design: civic participation and democratic ownership in Europe. *Regulation & Governance*, [S.L.], v. 4, n. 1, p. 71-91, mar. 2010. Disponível em. http://dx.doi.org/10.1111/j.1748-5991.2010.01072.x. Acesso em 20 mar. 2022.

[73] OLIVEIRA, Gustavo Henrique Justino de. Participação administrativa. *A&C – Revista de Direito Administrativo & Constitucional*, [S.L.], v. 5, n. 20, p. 167, 20 jan. 2007. Disponível em: http://dx.doi.org/10.21056/aec.v5i20.459. Acesso em 1 set. 2022.

1.3.2 Colaboração

O processamento das decisões administrativas (*withinput*), com base nas demandas e recursos existentes, sob a nova governança pública, é marcado pela colaboração,[74] ou seja, por valorizar a negociação entre autoridades públicas em níveis variados e agentes privados, bem como por ampliar as interações entre os atores públicos e privados pela formação de redes e de parcerias.[75]

Enquanto no modelo de administração burocrática o setor privado era somente objeto da regulação, numa estrutura em que as decisões eram tomadas de cima para baixo, sob o modelo da nova governança pública o agente é efetivo construtor da regulação, copartícipe do processo de elaboração e de aperfeiçoamento das normas.[76]

Sob o modelo da nova gestão pública, o objetivo era acentuar um ambiente de competição, mas, sob a NPG, o propósito é que se criem pontes entre os atores, por meio de um processo de interação contínua e pelo compartilhamento da responsabilidade entre o setor público, privado e a sociedade civil. A pretensão é fomentar relacionamentos horizontais e comunicações efetivas, nos quais ambas as partes sejam efetivamente ouvidas e consideradas, a fim de forjar um microssistema de amplo diálogo, em que as políticas sejam pensadas e implementadas.[77]

Num regime colaborativo, a própria função de Estado se altera de regulador e controlador para um facilitador,[78] do Estado impositor para o Estado mediador,[79] responsável por desenvolver arranjos ins-

---

[74] O termo colaboração adotado neste tópico deve ser compreendido na sua acepção vernacular, como "ato ou efeito de colaborar, de trabalhar em conjunto; cooperação, ajuda" e será utilizado como sinônimo de cooperação e coordenação. Em: MICHAELIS. Dicionário brasileiro da língua portuguesa. *In*: MICHAELIS. *Colaboração*. Disponível em: https://michaelis.uol.com.br/moderno-portugues/busca/portugues-brasileiro/colabora%C3%A7%C3%A3o/. Acesso em 7 nov. 2021.

[75] Cf.: TORFING, Jacob; TRIANTAFILLOU, Peter. What's in a Name? Grasping New Public Governance as a Political-Administrative System. *International Review Of Public Administration*, [S.L.], v. 18, n. 2, p. 9-25, ago. 2013. Informa UK Limited. http://dx.doi.org/10.1080/12294659.2013.10805250. Acesso em 20 mar. 2022.

[76] Cf.: LOBEL, Orly. The Renew Deal: the fall of regulation and the rise of governance in contemporary legal thought. *Minnesota Law Review*, [S.L.], v. 470, n. 1, p. 343-470, 2004.

[77] Cf.: TORFING, Jacob; TRIANTAFILLOU, Peter. What's in a Name? Grasping New Public Governance as a Political-Administrative System. *International Review Of Public Administration*, [S.L.], v. 18, n. 2, p. 9-25, ago. 2013. Informa UK Limited. http://dx.doi.org/10.1080/12294659.2013.10805250. Acesso em 20 mar. 2022.

[78] Cf.: LOBEL, Orly. The Renew Deal: the fall of regulation and the rise of governance in contemporary legal thought. *Minnesota Law Review*, [S.L.], v. 470, n. 1, p. 343-470, 2004.

[79] OLIVEIRA, Gustavo Henrique Justino de. *Contrato de gestão*. São Paulo: Revista dos Tribunais, 2008.

titucionais nos quais se viabilize e fomente o processo de negociação para produção da decisão administrativa, seja na fase de concepção, de implementação ou de revisão da política.

Para que seja viabilizada a cooperação entre os atores, é imprescindível que sejam demarcados pontos de convergência e de objetivos compartilhados, bem como seja percebida a interdependência entre as partes, a fim de que reconheçam a necessidade de trabalharem conjuntamente para que sejam alcançados seus próprios objetivos e metas.[80]

Jody Freeman indica que o modelo de governança colaborativa tem como características (i) a orientação à solução de problema, o que demanda o compartilhamento de informações e a deliberação conjunta entre as partes para elaborar e implementar soluções criativas; (ii) a participação entre os interessados e afetados naquele tema em todos os estágios da política, o que, além de facilitar a solução efetiva de problemas,[81] tem valor democrático intrínseco; (iii) a provisoriedade das soluções, concebendo que as regras e políticas são temporárias e sujeitas à revisão, o que exige monitoramento e avaliação constantes da implementação das ações e seus resultados; (iv) imprescindibilidade de prestações de contas contínuas e recíprocas dos agentes públicos e privados, bem como do monitoramento público da comunidade, inclusive, de avaliação por terceiros independentes; (v) por fim, a demanda por entidades administrativas flexíveis e engajadas, que atuem como facilitadoras das negociações entre os múltiplos interessados, disponibilizando recursos técnicos, financeiros e apoio institucional, e, mesmo estabelecendo limites mínimos e máximos como o último responsável pela decisão política, a administração deve compreender o sucesso da política como resultado da contribuição dos outros agentes.[82]

O objetivo imediato da adoção deste modelo de colaboração transversal é viabilizar o compartilhamento dos recursos e de ideais entre agentes públicos e privados por meio de negociações que aumentem a efetividade e incorporem o valor da governança democrática. Além disso, um objetivo mais amplo é facilitar o processo de aprendizado

---

[80] Cf.: LOBEL, Orly. The Renew Deal: the fall of regulation and the rise of governance in contemporary legal thought. *Minnesota Law Review*, [S.L.], v. 470, n. 1, p. 343-470, 2004.

[81] Para uma reflexão sobre os limites da participação e da democracia deliberativa, ver: MACEDO, Stephen (Ed.). *Deliberative Politics*: essays on democracy and disagreement. New York: Oxford, 1999.

[82] FREEMAN, Jody. Collaborative Governance in the Administrative State. *UCLA Law Review*, [S.L.], v. 45, n. 1, p. 1-84, ago. 2011. Disponível em: https://ssrn.com/abstract=11408. Acesso em 8 nov. 2021.

conjunto e de construção compartilhada de soluções inovadoras, integrando múltiplos atores na construção das políticas públicas.[83]

Vangen e Huxham, no entanto, alertam que a *vantagem colaborativa*, benefício criado pelo trabalho conjunto, está em tensão com a *inércia colaborativa*. Para avaliar um ambiente virtuoso de cooperação, os autores indicam que há cinco aspectos relevantes a serem considerados.

O primeiro consiste na análise da produção substantiva de benefícios decorrentes do relacionamento colaborativo, que podem ser a ampliação de recursos para aquela determinada ação, o aumento da qualidade na prestação daquele determinado serviço ou mesmo o compartilhamento de aprendizado e de treinamentos. Ademais, o sucesso é avaliado na medida em que os atores reconhecem que os *outcomes* produzidos no processo colaborativo foram superiores ao que, em tese, seria alcançado num processo de isolamento.

A segunda perspectiva relevante para aferir a existência de uma relação colaborativa consiste na atenção ao processo em si, na forma pela qual os participantes desse processo trocam suas experiências, como se dirigem uns aos outros (se de forma respeitosa ou violenta). Se, da análise do processo, é constatado que os pares atuam de modo cordial, proativo, compartilhando decisões e realizando ações de modo conjunto, é porque foi nutrido um ambiente em favor da cooperação.

Em terceiro lugar, os autores destacam que marcos cotidianos, como o alcance de um objetivo compartilhado, ou mesmo a percepção de que os atores estão atuando de modo mais alinhado (como quando partes em conflito passam a dialogar com mais abertura) são relevantes. Este é um fator de avaliação de sucesso, posto que os objetivos costumam ser alcançados em longos prazos, de modo que importa que, no meio desse processo, haja ao menos pequenas vitórias que contribuam para a percepção das partes de que estão caminhando na direção correta, isso gerará um ciclo virtuoso.

O quarto fator de avaliação é o reconhecimento. Um meio pelo qual é aferido o grau de cooperação daquela estrutura é se agentes externos a mencionam expressamente, seja por meio de artigos que a divulguem, pela concessão de prêmios pela iniciativa ou mesmo pela solicitação de terceiros de compartilhar aquela metodologia para

---

[83] Cf.: TORFING, Jacob; TRIANTAFILLOU, Peter. What's in a Name? Grasping New Public Governance as a Political-Administrative System. *International Review Of Public Administration*, [S.L.], v. 18, n. 2, p. 9-25, ago. 2013. Informa UK Limited. http://dx.doi.org/10.1080/122946 59.2013.10805250. Acesso em 20 mar. 2022.

incorporar em uma nova ação. O reconhecimento individual também é significativo, na medida em que premia os sujeitos que favorecem a cooperação.

Por fim, a manifestação de orgulho dos integrantes por participar daquele ambiente cooperativo é também um meio de reconhecimento do sucesso daquela iniciativa. Quando se divulga satisfação em alcançar determinado objetivo e se relaciona esse acontecimento àquela estrutura de cooperação, há um incremento no senso de pertencimento entre as partes e de valorização da estrutura em si.[84]

Assim, o modelo de nova governança pública se caracteriza por prestigiar a colaboração na etapa de processamento das demandas e construção das decisões, pautando sua atuação na inclusão de agentes externos à administração, como o setor econômico, representativo de classe e da sociedade civil, bem como promovendo a inclusão das diversas entidades administrativas pulverizadas em torno daquele determinado assunto. Por meio de processos negociais, pautados pela busca do consenso, é esperado que sejam alcançadas soluções mais criativas e efetivas, geradas pelo conhecimento trocado, pela multiplicidade de ideias e pelo compartilhamento de responsabilidades.

1.3.3 Novas ferramentas de governança

Como mencionado nos tópicos anteriores, a nova governança é orientada em favor da adoção de soluções criativas para resolução dos problemas públicos. Neste modelo, é reforçada a ideia de que a conjugação de esforços (recursos, conhecimento e ideias) de agentes públicos, em diferentes esferas, de agentes privados e da sociedade civil, numa dinâmica marcada pela ampla participação e colaboração, por meio de processos em que há diálogo contínuo e em que as decisões são tomadas a partir da negociação entre as partes, contribui para alcançar soluções mais efetivas e sustentáveis.

Para atender a esses pressupostos, é necessário que haja abertura jurídico-administrativa para que políticas sejam elaboradas com novos instrumentais, não restritos àqueles próprios adotados nos parâmetros da administração tradicional e da nova gestão pública. Com isso, as soluções propostas podem incorporar medidas distintas da estrita

---

[84] VANGEN, Siv; HUXHAM, Chris. Introducing the theory of collaborative advantage. *In*: OSBORNE, Stephen P. (Ed.). *The new public governance?* New York: Routledge, 2010. p. 163-184.

provisão de serviços públicos, ou incorporação de proibições e permissões (comando e controle).[85]

Enquanto no modelo regulatório tradicional se prestigiava a adoção de uma solução única e homogênea para o problema público, criando procedimentos padronizados a serem seguidos, sob a nova governança as respostas aos problemas públicos são variadas, devendo ser promovida, se necessário, uma pluralidade de soluções que se adequem ao contexto do que se pretende mitigar.[86] As políticas devem ser formuladas, por exemplo, com atenção ao experimentalismo, testando a adoção das regulações em contextos menores, a fim de avaliar o grau de efetividade da medida, para, depois, sendo o caso, replicá-la com os ajustes identificados como necessários.[87]

Enquanto no modelo regulatório as normas são divididas em áreas específicas, na nova governança pública pretende-se adotar uma percepção holística dos problemas, identificando as interconexões entre as várias áreas e suas múltiplas relações com aquele problema específico.[88] Por exemplo, um caso de evasão escolar numa determinada região pode ter causas variadas e relação com diversas outras questões sociais, como o desemprego e a desestrutura da família, a falta de transporte acessível, as condições de moradia degradantes e sem condições de higiene, a ausência de percepção social da educação como meio para ascensão econômica, o que pode ser associado, inclusive, às oportunidades de emprego naquele território, a percepção de insegurança, indisponibilidade de unidades de atenção à saúde etc.

Da perspectiva da solução de problemas, caso se tenha estabelecido na agenda que se pretende adotar políticas para mitigar a evasão escolar, será necessária a participação, a colaboração e a atuação conjunta de uma cadeia de atores associados a todas essas questões, com investigação de quais são as causas mais impactantes, quanto cada uma

---

[85] Cf.: TORFING, Jacob; TRIANTAFILLOU, Peter. What's in a Name? Grasping New Public Governance as a Political-Administrative System. *International Review Of Public Administration*, [S.L.], v. 18, n. 2, p. 9-25, ago. 2013. Informa UK Limited. http://dx.doi.org/10.1080/122946 59.2013.10805250. Acesso em 20 mar. 2022.

[86] Cf.: LOBEL, Orly. The Renew Deal: the fall of regulation and the rise of governance in contemporary legal thought. *Minnesota Law Review*, [S.L.], v. 470, n. 1, p. 343-470, 2004.

[87] Cf.: TORFING, Jacob; TRIANTAFILLOU, Peter. What's in a Name? Grasping New Public Governance as a Political-Administrative System. *International Review Of Public Administration*, [S.L.], v. 18, n. 2, p. 9-25, ago. 2013. Informa UK Limited. http://dx.doi.org/10.1080/122946 59.2013.10805250. Acesso em 20 mar. 2022.

[88] Cf.: LOBEL, Orly. The Renew Deal: the fall of regulation and the rise of governance in contemporary legal thought. *Minnesota Law Review*, [S.L.], v. 470, n. 1, p. 343-470, 2004.

delas exige de recursos e apuração de um possível meio para resolvê-las.[89] Será preciso, então, elaborar, de modo conjunto e compartilhado, mecanismos para atacar a evasão escolar, considerando esta contingência de questões, já que o mero investimento na escola, por si só, possivelmente se mostrará insuficiente para o atendimento daquela demanda (erradicação da evasão escolar).

Um exemplo de novo instrumental pelo qual são enfrentados alguns desses problemas que demandam a interação entre diversos atores públicos, do setor econômico e do terceiro setor, é o contrato de impacto social (*social impact bound*). Nessa modalidade de contratação público-privada, a administração firma um contrato com um agente privado e condiciona sua remuneração ao atendimento de metas previamente estabelecidas (como, por exemplo, na primeira experiência documentada, a diminuição da reincidência criminal). O contratado direto pela administração atua como intermediário e é aquele que responde diretamente pelos resultados alcançados.

A proposta é que este intermediário busque recursos dos investidores privados e, com esses recursos, contrate prestadores de serviço especializados, que serão aqueles que efetivamente desempenharão as atividades para alcançar o benefício público pretendido. Se houver o efetivo atendimento das metas contratualizadas, o que será aferido por um avaliador independente, com uso de uma metodologia já previamente estabelecida, a administração irá remunerar o intermediário pelo atingimento das metas que, por sua vez, irá remunerar os investidores que compraram seus títulos lastreados no contrato público.[90]

Um instrumental jurídico típico da nova governança pública é o do uso de *"soft law"*, compreendida como "regras de conduta que são estabelecidas em instrumentos aos quais não foi atribuída força juridicamente vinculante [*enforcement*], mas, por outro lado, são dotadas de efeitos jurídicos indiretos, e objetivam alcançar e gerar efeitos concretos".[91] O sentido de *soft law* deve ser compreendido, assim, como

---

[89] Há problemas para os quais não há solução imediata, como, por exemplo, a existência de uma determinada doença para a qual não há meio de prevenção nem de tratamento.
[90] SCHIEFLER, Gustavo Henrique Carvalho; ADIB, Luccas Augusto Nogueira. Título de Desenvolvimento Social é inovação em tempos de crise. *Conjur*, 7 nov. 2015. Disponível em: https://www.conjur.com.br/2015-nov-07/titulo-desenvolvimento-social-inovacao-tempos-crise. Acesso em 7 jan. 2020.
[91] SENDEN, Linda. Soft Law, Self-Regulation and Co-Regulation in European Law: where do they meet?. *Electronic Journal Of Comparative Law*, [S.L.], v. 9, n. 1, p. 1-27, jan. 2005, p. 23. Disponível em: https://ssrn.com/abstract=943063. Acesso em 9 nov. 2021. Tradução livre.

entrelaçado e originado com base num sistema jurídico preexistente, de onde fundamenta sua validade.[92]

Dentro do próprio sistema tradicional de regulação, foi constatado o uso de distintos instrumentos adotados pelas autoridades administrativas, que variam o grau de vinculação conforme a finalidade, rigidez e mecanismos de controle. Os graus de formalidade podem ser avaliados a partir de diversos sinais, como a forma de comunicação (se oral ou escrita), ou mesmo o nome da documentação expedida (por exemplo, expedindo "boas práticas" em vez de normas de comando e controle propriamente ditas).[93]

O uso desses mecanismos de baixo grau de vinculação se dá com base na crença de que eles são dotados de maior flexibilidade, enquanto preservam consideravelmente a capacidade de afetar as condutas, ou seja, de atingir os objetivos almejados. Essa flexibilidade está associada não apenas ao instrumento em si adotado, mas também ao seu processo de produção. Sob o modelo da nova governança, há uma maior abertura no processo de criação da norma, com o objetivo de se permitir maior integração entre os atores nas diversas etapas (elaboração e implementação), que são percebidas como dinâmicas (a elaboração impacta a implementação e vice-versa).[94]

Em suma, sob a nova governança pública, é proposto que as soluções sejam criadas com ampla participação, que sejam construídos relacionamentos cooperativos entre os diversos atores relacionados ao tema, e haja arquitetura de soluções inovadoras para atacar os problemas identificados, as quais permitam envolver uma pluralidade de agentes em todas as suas fases (não apenas na concepção, mas também na implementação), com abertura para experimentação, flexibilidade para ajustes permanentes e adaptabilidade para cada caso.

1.3.4 *Accountability*

Anna Maria Campos, em artigo publicado em 1990, no qual relata seu primeiro contato com o termo *accountability* e a dificuldade de

---

[92] Cf.: LOBEL, Orly. The Renew Deal: the fall of regulation and the rise of governance in contemporary legal thought. *Minnesota Law Review*, [S.L.], v. 470, n. 1, p. 343-470, 2004.
[93] Cf.: LOBEL, Orly. The Renew Deal: the fall of regulation and the rise of governance in contemporary legal thought. *Minnesota Law Review*, [S.L.], v. 470, n. 1, p. 343-470, 2004.
[94] Cf.: LOBEL, Orly. The Renew Deal: the fall of regulation and the rise of governance in contemporary legal thought. *Minnesota Law Review*, [S.L.], v. 470, n. 1, p. 343-470, 2004.

traduzi-lo para a língua portuguesa, conclui que há uma impossibilidade de traduzi-lo, pois, "na verdade, o que nos falta é o próprio conceito, razão pela qual não dispomos da palavra em nosso vocabulário".[95] Em 2009, em artigo provocativo sobre a incorporação deste conceito no Brasil, Pinho e Sacramento concluíram que permanecemos sem tradução.[96] Por isso, ainda no ano de elaboração desta pesquisa, foi adotado o termo *accountability* em seu original da língua inglesa, pois ainda carecemos de um termo na língua materna que reflita o conceito com precisão satisfatória.

Accountability significa, em suma, o "dever de um detentor de poder público de prestar contas, para sua consequente responsabilização",[97] de modo que os elementos centrais do conceito são a publicização sobre o que foi realizado, os meios e os custos, e a consequente imputação sobre as condutas adotadas e os resultados alcançados.

Da perspectiva da nova governança pública, o termo *accountability* não se limita às suas dimensões políticas tradicionais (ou seja, à prestação de contas do agente político e sua respectiva responsabilização eleitoral), nem legal (por meio da disponibilização de informações e eventual imputação civil ou administrativa), mas inclui a perspectiva da eficiência, da efetividade, do grau de apoio popular àquelas medidas, bem como o caráter qualitativo, democrático e de inovação das ações adotadas.[98]

Na dimensão da NPG, *accountability* consiste em elemento essencial para alimentação do ciclo das políticas, com sistemas de avaliação que permitam mensurar o alcance dos objetivos e proporcionar o reconhecimento dos pontos de melhoria, que são reinseridos na fase

---

[95] CAMPOS, Anna Maria. Accountability: quando poderemos traduzi-la para o português? *Revista de Administração Pública*, Rio de Janeiro, v. 24, n. 2, p. 30-50, fev. 1990, p. 31.

[96] PINHO, José Antonio Gomes de; SACRAMENTO, Ana Rita Silva. Accountability: já podemos traduzi-la para o português? *Revista de Administração Pública*, [S.L.], v. 43, n. 6, p. 1343-1368, dez. 2009. Disponível em: http://dx.doi.org/10.1590/s0034-76122009000600006. Acesso em 7 set. 2022.

[97] OLIVEIRA, Gustavo Henrique Justino de. Governança, governabilidade e accountability: qualidade na administração pública. *DOCPLAYER*, [s.d.]. Disponível em: https://docplayer.com.br/7592822-Governanca-governabilidade-e-accountability-qualidade-na-administracao-publica.html. Acesso em 10 nov. 2021.

[98] Cf.: TORFING, Jacob; TRIANTAFILLOU, Peter. What's in a Name? Grasping New Public Governance as a Political-Administrative System. *International Review Of Public Administration*, [S.L.], v. 18, n. 2, p. 9-25, ago. 2013. Informa UK Limited. http://dx.doi.org/10.1080/12294659.2013.10805250. Acesso em 20 mar. 2022.

de *inputs* e incorporados na reconstrução da política. Mas não se restringem a isso.

Considerando que a ampla participação e a deferência à colaboração de agentes privados, seja de empresas, seja de entidades não lucrativas, em todas as fases da política são elementos que integram a nova governança, eles impõem um desafio de assegurar a transparência, a clareza e a responsabilização por todos esses agentes.

Enquanto, em tese, a participação estrita de uma unidade burocrática (órgão) na construção da política viabilizava um certo grau de isolamento dos dados referentes à sua elaboração, facilitando sua transparência, a coprodução dos serviços com a associação de entidades diversas exige o desenvolvimento de mecanismos inovadores para prestação de contas, desde a fase de concepção e deliberação da política, até se chegar ao resultado alcançado por todas as partes envolvidas na sua implementação. Nesse sentido, é necessário o uso de mecanismos que promovam a transparência e a responsabilização também de agentes privados (orientados ou não ao lucro) que atuem na coprodução da política.

Os meios para promoção de *accountability* devem ser elaborados com procedimentos e padrões variados para prestar contas tanto para os sujeitos que estão na mesma hierarquia, viabilizando a revisão dos pares (*peer review*), quanto para os agentes em hierarquias distintas (acima ou abaixo), incluindo os cidadãos e agentes interessados (*stakeholders*).[99]

Eles devem ser constituídos não apenas em conformidade com os padrões estabelecidos pela autoridade política central, mas para atender a objetivos consensualmente negociados e que motivem os agentes locais responsáveis pela implementação da política. Desta forma, devem ser construídas novas formas de *accountability* que viabilizem diversos modos de aprendizagem organizacional e inovação, bem como promovam o aumento do grau de motivação dos agentes envolvidos na implementação da política.[100]

---

[99] Cf.: TORFING, Jacob; TRIANTAFILLOU, Peter. What's in a Name? Grasping New Public Governance as a Political-Administrative System. *International Review Of Public Administration*, [S.L.], v. 18, n. 2, p. 9-25, ago. 2013. Informa UK Limited. http://dx.doi.org/10.1080/122946 59.2013.10805250. Acesso em 20 mar. 2022.

[100] Cf.: TORFING, Jacob; TRIANTAFILLOU, Peter. What's in a Name? Grasping New Public Governance as a Political-Administrative System. *International Review Of Public Administration*, [S.L.], v. 18, n. 2, p. 9-25, ago. 2013. Informa UK Limited. http://dx.doi.org/10.1080/122946 59.2013.10805250. Acesso em 20 mar. 2022.

Torfing e Triantafillou reconhecem que há dois desafios em termos de *accountability* sob este modelo. O primeiro consiste em criar consensos entre os atores a respeito dos critérios e formas de prestação de contas, que devem atender aos padrões de aprendizagem organizacional.[101] Para os autores, esses critérios podem ser de caráter procedimental, ou seja, com ênfase nas formas em que as prestações de contas serão prestadas; ou substantivo, com ênfase nas metas e produtos que se objetiva alcançar.[102]

O segundo ponto enfatizado pelos autores é o risco de que as múltiplas formas de *accountability* adotadas levem à sobrecarga do governo, e que tenham baixo grau de utilidade. Os custos para produção, análise e disseminação dos dados que envolvem essas formas de prestação de contas são muito altos e não podem ser desconsiderados. Nesse sentido, o desafio consiste em identificar um ponto de equilíbrio entre a importância da prestação de contas sob múltiplas dimensões e os custos que elas implicam, viabilizando a seleção daquelas que têm maior potencial de uso.[103]

Accountability, sob a nova governança pública, tem, pois, múltiplas dimensões, que qualificam as dimensões jurídica e política e objetivam alimentar o ciclo de políticas, dando novos subsídios aos processos de construção das ações públicas. A prestação de contas e a respectiva responsabilização é desafiadora nesse novo modelo, uma vez que ele inclui a ampla participação de agentes privados em todas as etapas e se baseia em processos negociais. Por isso, devem ser forjados meios

---

[101] Sobre aprendizagem organizacional, Cláudia Cristina Bitencourt esclarece que "A aprendizagem organizacional refere-se a 'como' a aprendizagem acontece; isto é, os processos de construção e utilização do conhecimento (perspectiva processual). Destacam-se alguns conceitos que devem ser associados ao conceito de aprendizagem organizacional: (i) processo (em termos de continuidade); (ii) transformação (baseada na mudança de atitude); (iii) grupo (enfatizando o coletivo); (iv) criação e reflexão (sob a ótica da inovação e da conscientização) e; (v) ação (apropriação e disseminação do conhecimento, a partir de uma visão pragmática)". Em: BITENCOURT, Cláudia Cristina. A gestão de competências gerenciais e a contribuição da aprendizagem organizacional. *Revista de Administração de Empresas*, [S.L.], v. 44, n. 1, p. 58-69, mar. 2004. Disponível em: http://dx.doi.org/10.1590/s0034-75902004000100004. Acesso em 14 mai. 2022.

[102] Cf.: TORFING, Jacob; TRIANTAFILLOU, Peter. What's in a Name? Grasping New Public Governance as a Political-Administrative System. *International Review Of Public Administration*, [S.L.], v. 18, n. 2, p. 9-25, ago. 2013. Informa UK Limited. http://dx.doi.org/10.1080/12294659.2013.10805250. Acesso em 20 mar. 2022.

[103] Cf.: TORFING, Jacob; TRIANTAFILLOU, Peter. What's in a Name? Grasping New Public Governance as a Political-Administrative System. *International Review Of Public Administration*, [S.L.], v. 18, n. 2, p. 9-25, ago. 2013. Informa UK Limited. http://dx.doi.org/10.1080/12294659.2013.10805250. Acesso em 20 mar. 2022.

para acentuar a transparência, considerando os aspectos formais (como prestar contas) e materiais (quais são as metas e em que grau foram alcançadas). Por fim, considerando o espírito da NPG, as metodologias, metas e meios para prestação de contas devem ser também negociados entre os agentes que dela participam, objetivando, dentre outras questões, contribuir para o aumento da motivação dos atores envolvidos na implementação da política.

1.4 Conclusões parciais

O Estado moderno é caracterizado por elementos que o distinguem como forma de organização política, notadamente a institucionalização do poder, a produção de um marco de lealdade baseado exclusivamente na cidadania, o monopólio da força e seu estabelecimento como fonte única do Direito, que consiste numa ordem estruturada e coerente.

Esta configuração, porém, tem sido impactada pelo influxo de poder externo e interno ao Estado nacional, implicando um processo de reconfiguração denominado por Chevallier de Estado pós-moderno. Este fenômeno é marcado pela fragilização da soberania, pela pluralidade jurídica e pela fragmentação da estrutura administrativa.[104]

Este processo de reconfiguração é acompanhado da reestruturação da arquitetura administrativa e de seus valores. Neste capítulo foram analisados três desses movimentos, iniciando pela Administração Pública Tradicional, passando pela Nova Gestão Pública (*new management*), e, por fim, chegando-se à Nova Governança Pública (*New Public Governance*), cuja relevância para o presente trabalho decorre da importância que ela atribui à governança em redes.

No próximo capítulo será referenciada a literatura que aborda e conceitua as redes e discute sua utilidade para implementação de políticas públicas. Ademais, será apresentada a governança em redes, associada à Nova Governança Pública, e analisadas obras que discutem a composição jurídica das redes, a partir do estudo das redes de negócios e da concertação administrativa.

---

[104] Cf.: CHEVALLIER, Jacques. *O estado pós-moderno*. (Trad. Marçal Justen Filho). Belo Horizonte: Fórum, 2009.

CAPÍTULO 2

ESTADO, REDES E CONCERTAÇÃO ADMINISTRATIVA

Definir o sentido de "redes" atribuída a esta pesquisa não é tarefa singela. O termo, polissêmico, é adotado em múltiplas abordagens e transformado em locução com diversos termos (redes de políticas públicas, governança de redes, rede temática, rede interorganizacional, rede normativa, administração em rede etc.), agregando ainda mais complexidade a esta tarefa.

Dada a polissemia, as análises de trabalhos acadêmicos que adotam este vocábulo exigem do leitor que se situe a respeito do significado atribuído ao termo e, tão importante quanto, que identifique qual abordagem e teoria de fundo sustenta aquela pesquisa, a fim de evitar a incompreensão do que se pretende tratar.

Ana Cláudia Niedhardt Capella e Felipe Gonçalves Brasil, em artigo que trata da conotação de redes como derivada do conceito de subsistemas, definem "subsistema" como uma camada intermediária entre o macrossistema, no qual são tomadas as decisões políticas de grande repercussão e que reúne atores políticos de alto nível, e o microssistema, no qual são tomadas decisões de alta complexidade técnica e com pouca visibilidade pública. Esta abordagem está associada à pesquisa que objetiva identificar e explicitar quem influi nas decisões públicas, notadamente quais são os atores relevantes para a construção de agendas e em que medida influenciam as deliberações.[105]

---

[105] CAPELLA, Ana Cláudia Niedhardt; BRASIL, Felipe Gonçalves. Análise de Políticas Públicas: uma revisão da literatura sobre o papel dos subsistemas, comunidades e redes. *Novos Estudos – Cebrap*, São Paulo, n. 101, p. 57-76, mar. 2015. Disponível em: http://dx.doi.org/10.1590/s0101-33002015000100003. Acesso em 7 set. 2022.

Com base no estudo dos subsistemas, eles apontam que foi elaborada uma crítica à teoria do triângulo de ferro,[106] com o desenvolvimento da teoria das "redes temáticas" (*issue networks*), que reconhecem a existência de um contingente mais amplo de atores capazes de influenciar a construção das políticas, embora admitam que as elites e os grupos organizados exercem influência desproporcionalmente maior na tomada de decisão.[107]

No outro extremo da ideia de redes temáticas, estaria a concepção de "comunidades de políticas públicas" (*policy communities*), que tem como principais características a "participação limitada, alta integração entre os membros, consistência ao longo do tempo, controle de recursos e distribuição balanceada de poder". Enquanto as redes temáticas são percebidas como mais dispersas, as comunidades são reconhecidas como mais integradas, com padrões densos de relacionamento entre os atores.[108]

Há, também, aqueles que pesquisam redes reconhecendo-as como uma forma de organização detentora de características singulares, como a horizontalidade (em oposição à hierarquia), o dinamismo e a informalidade. Por outro lado, há pesquisas de redes que focam sua análise nas relações entre diversos atores com diferentes características e formas de organização.[109] Para Eduardo Marques, "a análise de redes é uma perspectiva teórica e metodológica" apta a analisar os mais variados fenômenos sociais e cujo foco de pesquisa consiste na

---

[106] A teoria do "triângulo de ferro" defende que há somente três grupos que efetivamente atuam na construção de políticas públicas: parlamentares, burocratas e grupos de interesse. Cf.: CAPELLA, Ana Cláudia Niedhardt; BRASIL, Felipe Gonçalves. Análise de Políticas Públicas: uma revisão da literatura sobre o papel dos subsistemas, comunidades e redes. *Novos Estudos – Cebrap*, São Paulo, n. 101, p. 57-76, mar. 2015. p. 60-61. Disponível em: http://dx.doi.org/10.1590/s0101-33002015000100003. Acesso em 7 set. 2022.

[107] Cf.: CAPELLA, Ana Cláudia Niedhardt; BRASIL, Felipe Gonçalves. Análise de Políticas Públicas: uma revisão da literatura sobre o papel dos subsistemas, comunidades e redes. *Novos Estudos – Cebrap*, São Paulo, n. 101, p. 57-76, mar. 2015. p. 59-63. Disponível em: http://dx.doi.org/10.1590/s0101-33002015000100003. Acesso em 7 set. 2022.

[108] Cf.: CAPELLA, Ana Cláudia Niedhardt; BRASIL, Felipe Gonçalves. Análise de Políticas Públicas: uma revisão da literatura sobre o papel dos subsistemas, comunidades e redes. *Novos Estudos – Cebrap*, São Paulo, n. 101, p. 57-76, mar. 2015. p. 59-63. Disponível em: http://dx.doi.org/10.1590/s0101-33002015000100003. Acesso em 7 set. 2022.

[109] Cf.: PAL, Leslie A.; SPENCE, Jennifer. Event-focused network analysis: a case study of anti-corruption networks. *Policy and Society*, [S.L.], v. 39, n. 1, p. 91-112, 2 jan. 2020. Informa UK Limited. Disponível em: http://dx.doi.org/10.1080/14494035.2020.1716559. Acesso em 11 nov. 2022.

investigação sobre "os padrões de relação entre as entidades sociais envolvidas com o fenômeno".[110]

Latour, com a finalidade de esclarecer o sentido de redes adotado para a teoria ator-rede, explicita que há equívocos frequentes ocasionados pela incompreensão do termo. O primeiro equívoco consiste em atribuir ao conceito o seu sentido técnico geralmente adotado em relação a certas tecnologias, como rede de esgoto, rede de telefonia, rede de computadores etc. O segundo equívoco é associar a teoria ator-rede à análise de redes sociais, nas quais se investigam os relacionamentos entre pessoas naturais. Para o autor, no entanto, as redes devem ser compreendidas em oposição às relações bidimensionais (associadas às superfícies) e tridimensionais (associadas às esferas), sendo composta por "nós que possuem tantas dimensões quanto têm de conexões", e devem ser metaforicamente reconhecidas como filamentos ou rizomas.[111]

Por sua vez, Teubner também reconhece uma pluralidade de sentidos atribuídos ao termo "redes", sendo que, para construção da sua teoria das redes como contratos conectados (*networks as connected contracts*), ele se fundamenta nas redes de confiança e, mais especificamente, nas redes de negócios, que são uma subdivisão da primeira. Para o autor, nesta acepção, o termo "redes" deve ser compreendido como uma relação social típica, estruturada sobre a confiança, que, por sua vez, é a base para cooperação. Essas redes são constituídas de interesses visíveis, interações repetidas e observação de terceiros, e são geralmente compostas por estruturas fluidas, mas também existem na forma de sistemas sociais institucionalizados.[112]

Já as redes de negócios são definidas, para ele, como:

(...) modos de organização das atividades econômicas que vinculam companhias formalmente independentes, que são mais ou menos economicamente dependentes, por meio de relacionamentos estáveis

---

[110] MARQUES, Eduardo Cesar Leão. Notas sobre redes, Estado e políticas públicas. *Cad. Saúde Pública*, Rio de Janeiro, v. 35, supl. 2, e00002318, 2019. Disponível em: http://www.scielo.br/scielo.php?script=sci_arttext&pid=S0102-311X2019000803001&lng=en&nrm=iso. https://doi.org/10.1590/0102-311x00002318. Acesso em 20 out. 2020.

[111] LATOUR, Bruno. On actor-network theory: a few clarifications. *Soziale Welt*, [S. L.], v. 47, n. 4, p. 369-381, [S.I], 2006. Disponível em: http://www.jstor.org/stable/40878163. Acesso em 11 nov. 2021.

[112] TEUBNER, Gunther. *Networks as connected contracts*. Oxford: Hart, 2011. p. 91-92.

e uma reciprocidade complexa, cuja forma é mais cooperativa do que competitiva.[113]

Castells, em sua obra, define rede como "um conjunto de nós interconectados", sendo o "nó o ponto no qual uma curva se entrecorta". Para o autor, "o que é um nó depende do tipo de redes concretas de que falamos", que podem variar dos "conselhos nacionais de ministros e comissários europeus" que governam a União Europeia aos "campos de coca e de papoula, laboratórios clandestinos, pistas de aterrissagem secretas, gangues de rua e instituições financeiras para lavagem de dinheiro na rede de tráfico de drogas".[114]

Da perspectiva das redes de políticas públicas, Rhodes identifica que a locução tem sido utilizada com ao menos três sentidos distintos: descritivo, teórico e prescritivo. No sentido descritivo, o uso pode variar em estudos de intermediação de interesse, de análise de relações entre organizações e de governança. Na abordagem teórica, identificam-se a teoria da escolha racional e a teoria do poder e dependência (*power-dependence*). Da perspectiva prescritiva, o autor menciona a existência das abordagens instrumental, interativa e institucional.[115]

Os estudos de intermediação de interesse adotam as abordagens descritas por Capella e Brasil, nas quais se investigam os poucos grupos privilegiados que, por sua conexão próxima com o governo, exercem influência a ponto de eliminar (ou mitigar) os outros interesses e produzir a política. Esta perspectiva pretende, portanto, investigar a produção da política pública, com a finalidade de aferir a participação dos diversos atores e a conjugação de forças entre eles.[116]

Já os estudos de redes interorganizacionais enfatizam a relação estruturada entre as instituições políticas como o elemento crucial na rede de políticas públicas, em detrimento das relações entre os indivíduos que integram as instituições. As análises de redes interorganizacionais indicam que uma "organização focal tende a gerenciar suas dependências adotando uma série de estratégias, de modo que as

---

[113] Cf.: TEUBNER, Gunther. *Networks as connected contracts*. Oxford: Hart, 2011. p. 92. (Tradução nossa).
[114] CASTELLS, Manuel. *A sociedade em rede*. (Trad. Roneide Venancio Majer). 22. ed. São Paulo: Paz e Terra, 2020.
[115] Cf.: RHODES, Roderick A. W. Recovering the Craft of Public Administration. *Public Administration Review*, v. 76, n. 4, p. 638-647, 1 jul. 2016. p. 425-439.
[116] Cf.: RHODES, Roderick A. W. Recovering the Craft of Public Administration. *Public Administration Review*, v. 76, n. 4, p. 638-647, 1 jul. 2016. p. 425-439.

organizações na rede são similarmente engajadas". Dessa perspectiva, a rede se caracteriza como complexa e dinâmica, com uma multiplicidade de relações que são interdependentes.[117]

Danielle Migueletto, com foco na estrutura, define rede interorganizacional como um arranjo para alcance de um objetivo complexo e comum:

> A rede é um arranjo organizacional formado por um grupo de atores que se articulam – ou são articulados por uma autoridade –, com a finalidade de realizar objetivos complexos e inalcançáveis de forma isolada. A rede é caracterizada pela condição de autonomia das organizações e pelas relações de interdependência que estabelecem entre si. É um espaço no qual se produz uma visão compartilhada da realidade, se articulam diferentes tipos de recursos e se conduzem ações de forma cooperada. O poder é fragmentado e o conflito é inexorável, por isso se necessita de uma coordenação orientada ao fortalecimento dos vínculos de confiança e ao impedimento da dominação.[118]

Da perspectiva da governança em redes, Rhodes a relaciona à abordagem do compartilhamento do poder entre atores públicos e privados, considerando as mudanças da administração burocrática ao gerencialismo e, finalmente, às redes, com ênfase nas parcerias e no governo conjunto (*joined-up government*). Rhodes complementa, ainda, que há uma vasta literatura europeia que trata do dirigismo, orientação e coordenação indireta, na qual se pretende indagar "como uma multiplicidade de atores interdependentes podem ser coordenados em longas cadeias de ações típicas das sociedades complexas".[119]

Klijn e Koppenjan afirmam que, na sociedade em redes contemporânea, as organizações (governo, empresa e sociedade civil) lidam com problemas de alta complexidade, os quais são enfrentados por processos de elaboração e implementação de políticas e prestação de serviços públicos, de natureza duradoura e de difícil gestão. Os autores exemplificam esta dificuldade como no caso de desenvolvimento de políticas que objetivam combater a criminalidade e aumentar a

---

[117] Cf.: RHODES, Roderick A. W. Recovering the Craft of Public Administration. *Public Administration Review*, v. 76, n. 4, p. 638-647, 1 jul. 2016. p. 425-439.
[118] Cf.: MIGUELETTO, Danielle C. R. *Organizações em Rede*. 96f. Dissertação de Mestrado. Escola Brasileira de Administração Pública, Fundação Getúlio Vargas, Rio de Janeiro, 2001. p. 48.
[119] Cf.: RHODES, Roderick A. W. Recovering the Craft of Public Administration. *Public Administration Review*, v. 76, n. 4, p. 638-647, 1 jul. 2016. p. 444-445.

segurança pública, uma vez que se exige a coordenação de esforços de várias organizações governamentais (polícia, Judiciário, serviços de inteligência etc.), com o envolvimento do setor privado e dos cidadãos, bem como da colaboração de diversas camadas governamentais e entre diferentes Estados.[120]

Esses problemas são caracterizados pela insolubilidade (*wicked problems*), caracterizada não somente pela falta de conhecimento e de tecnologia para sua solução, mas especialmente pela presença de diversos atores com percepções divergentes e até mesmo interesses conflitantes. Sozinhos, os atores são incapazes de dar respostas satisfatórias a essas questões, seja pela falta de recursos, seja pela falta de capacidade de solucionar o problema, e, por isso, passam a interagir intensamente. Como resultado disso, surge a governança em redes, que consiste em "redes de relações sociais de padrão duradouro entre atores envolvidos em lidar com um problema, uma política ou um serviço público".[121]

Em suma, considerando a pluralidade das abordagens e dos conceitos de redes, para os fins desta pesquisa, as redes são definidas como feixes de relações diretas entre dois ou mais atores, que ocorrem de múltiplos modos, e se interconectam em diversos nós, cada qual representando um ponto (encontro) de relações. É reconhecida como atriz a instituição que compõe esta rede, seja ela uma pessoa jurídica propriamente dita, como uma autarquia, uma estatal, uma empresa, uma associação sem fins lucrativos, ou, até mesmo, um órgão desprovido de personalidade jurídica.

No que se refere à abordagem das redes, será adotado como referencial a pesquisa em redes de políticas públicas e, mais especificamente, a literatura de governança em redes, definida como "redes interorganizacionais compostas por múltiplos atores, geralmente compreendendo setores e escala, que trabalham juntos para influenciar a criação, a implementação e o monitoramento das políticas públicas".[122]

A relevância desta abordagem está ancorada no reconhecimento de que o enfrentamento de problemas perversos exige a participação de múltiplos atores, públicos e privados, internos e externos, desde a

---

[120] KLIJN, Erik Hans; KOPPENJAN, Joop. *Governance Networks in the Public Sector*. New York: Routledge, 2016. p. 2.
[121] Cf.: KLIJN, Erik Hans; KOPPENJAN, Joop. *Governance Networks in the Public Sector*. New York: Routledge, 2016. p. 2-4.
[122] KOLIBA, Cristopher J.; MEEK, Jack. W.; ZIA, Asim; MILLS, Russel W. *Governance Networks in Public administration and public policy*. 2. ed. New York: Routledge, 2019. p. 3.

propositura de soluções à deliberação, incluindo a implementação, o monitoramento e a realimentação do ciclo com novas propostas, o que tem o potencial de aumentar a efetividade das medidas e incrementar a qualidade democrática das decisões tomadas.

O Estado, nesta perspectiva, não é mais percebido como monolítico, mas como fragmentado em múltiplos atores com variados interesses e valores, inclusive contraditórios entre si. É insuficiente, portanto, tratar de "governo", "Estado", "poder público" ou "administração" como fonte homogênea e coesa da ação ou da política pública, de modo que se passa a falar em "Estado em rede" e em "administração em rede".

Do mesmo modo, o Estado, inserido no contexto de globalização, com múltiplas relações com agentes externos, sejam outros Estados, sejam organizações supranacionais, e de intenso fluxo de capital e de informação, tem sua soberania fragilizada, sendo "caracterizado pelo compartilhamento de autoridade (ou seja, em última instância, a capacidade de impor violência legitimada) em uma rede",[123] como será aprofundado no tópico a seguir.

2.1 Estado e administração em rede

Um dos elementos centrais do Estado moderno, como já adiantado no capítulo 1, é a soberania, conceituada como "o poder de organizar-se juridicamente e de fazer valer dentro de seu território a universalidade de suas decisões nos limites dos fins éticos de convivência".[124] Chevallier, por sua vez, compreende a soberania como "um poder supremo de dominação", caracterizado por ser irresistível e incondicional, e que "não conheça nenhum poder acima de si, nem que seja subordinado a qualquer regra preexistente".[125]

Para Castells, a soberania do Estado está sendo desafiada na Era da Informação, reconhecendo que ele está perdendo seu poder, embora

---

[123] CASTELLS, Manuel. *Fim de Milênio*. (Trad. Klauss Brandini Gerhardt e Roneide Venancio Majer). 22. ed. São Paulo: Paz e Terra, 2020. p. 418.
[124] DALLARI, Dalmo de Abreu. *Elementos de Teoria Geral do Estado*. 28. ed. São Paulo: Saraiva, 2009. p. 80.
[125] Cf.: CHEVALLIER, Jacques. *O estado pós-moderno*. (Trad. Marçal Justen Filho). Belo Horizonte: Fórum, 2009. p. 25.

preserve sua influência.[126] Segundo o autor, esta perda de poder e fragilização da soberania estatal decorre de uma série de razões confluentes.

A primeira razão está assentada na globalização das atividades econômicas centrais, a qual enfraquece decisivamente a capacidade instrumental do Estado-nação. Em análise dos dados relativos a aspectos econômicos de diversos países, como dívida externa em relação ao PIB, às reservas monetárias e aos gastos públicos, e empréstimos de fontes externas extraídos pelos governos, Castells identificou que os Estados têm agravado sua relação de dependência de empréstimos externos, e que "as políticas econômicas nacionais passaram a ser altamente condicionadas pelos mercados financeiros livremente regulados e pouco controlados, reduzindo, assim, a autonomia dos governos na política econômica".[127]

Neste contexto de globalização da produção e do investimento, o Estado de bem-estar social também é ameaçado. Isso porque, atuando as empresas em mercados globalizados e integrados, elas exercem pressão para reduzir as diferenças de benefícios sociais e regulamentação em cada nação, dada a facilidade de se deslocarem territorialmente, preferindo os territórios em que há custo inferior.

Se antes esse movimento era contido pela diferença de produtividade e pela adoção, pelos países, de mecanismos protecionistas, pesquisas indicaram que, com alguns meses de treinamento, a diferença de produtividade é superada. Ademais, a Organização Mundial do Comércio tem atuado para impedir a adoção de medidas de proteção econômica. A conjugação desses fatores retira as barreiras que, em algum grau, protegiam o Estado de bem-estar social.[128]

Nesta situação, Castells reconhece que, nas economias que têm por base o conhecimento, os investimentos massivos podem favorecer o aumento da produtividade e, nesta circunstância, produzir ganhos econômicos que preservem o Estado de bem-estar social. Para ele, "o Estado de bem-estar social, de modo a sobreviver numa economia globalizada interdependente, precisa estar conectado ao crescimento de produtividade para criar um círculo virtuoso a partir de uma retroalimentação

---

[126] CASTELLS, Manuel. *O Poder da Identidade*. (Trad. Klauss Brandini Gerhardt). 22. ed. São Paulo: Paz e Terra, 2020. p. 369.
[127] Cf.: CASTELLS, Manuel. *O Poder da Identidade*. (Trad. Klauss Brandini Gerhardt). 22. ed. São Paulo: Paz e Terra, 2020. p. 370-378. (A Era da Informação, v. 2).
[128] Cf.: CASTELLS, Manuel. *O Poder da Identidade*. (Trad. Klauss Brandini Gerhardt). 22. ed. São Paulo: Paz e Terra, 2020. p. 380. (A Era da Informação, v. 2).

contínua entre investimento social e crescimento econômico". Assim, é criada uma forma de intervenção estatal que conecta, de um lado, o bem-estar social e a produção de riqueza, e, de outro, a "capacidade do Estado de posicionar sua economia na rede global de competição e cooperação".[129]

Em suma, o Estado reduziu seu poder econômico soberano, mas preservou alguma competência regulatória e algum grau de controle sobre o seu território, conservando sua capacidade para atuar estrategicamente na influência das condições subjacentes à performance econômica, o que o coloca como ator "interdependente numa rede mais ampla de processos econômicos fora de seu controle".[130]

A fragilização da soberania estatal também está associada à globalização do crime, que, em sua magnitude, inviabiliza que o Estado seja capaz de persegui-lo isoladamente. Para Castells, todos os tráficos internacionais (de órgãos, de drogas, humano etc.) estão interligados pelo o que ele denomina de "grande matriz de todos os atos ilícitos": a lavagem de dinheiro. A lavagem é o que viabiliza a conexão da economia do crime ao mercado financeiro, que ocorre em dimensões tão profundas a ponto de ter o potencial de estimular ou desestabilizar economias nacionais.[131]

Ele explica que o crime só se torna efetivamente vantajoso na medida em que o lucro auferido no mercado ilegal se torna fruível na economia legal. Para alcançar o objetivo de lavar estes recursos, o autor aponta que costuma-se realizar três etapas: na primeira, o dinheiro é inserido no mercado financeiro (bancos), geralmente por intermédio de instituições financeiras localizadas em paraísos fiscais, com baixo grau de controle e regulação; a segunda etapa consiste em "eliminar qualquer tipo de rastro ou relação entre os recursos e sua fonte de origem", num processo conhecido por *layering*; por fim, no terceiro estágio se realiza a integração entre o dinheiro lavado e a economia lícita, por meio da

---

[129] Cf.: CASTELLS, Manuel. *O Poder da Identidade*. (Trad. Klauss Brandini Gerhardt). 22. ed. São Paulo: Paz e Terra, 2020. p. 381-382. (A Era da Informação, v. 2.)

[130] Cf.: CASTELLS, Manuel. *O Poder da Identidade*. (Trad. Klauss Brandini Gerhardt). 22. ed. São Paulo: Paz e Terra, 2020. p. 382. (A Era da Informação, v. 2.).

[131] Cf.: CASTELLS, Manuel. *O Poder da Identidade*. (Trad. Klauss Brandini Gerhardt). 22. ed. São Paulo: Paz e Terra, 2020. p. 386-388. (A Era da Informação, v. 2.).

compra de ações, imóveis ou qualquer outro bem disponível, o que é chamado de *integração*.[132]

Nesse sentido, a efetividade do combate à lavagem de dinheiro demanda articulação entre os países para adoção de controles e regras relativos ao sistema financeiro, capazes de inviabilizar a integração desses recursos na economia legal. Para alcançar este objetivo em nível internacional, o Grupo dos 7 (Alemanha, Canadá, Estados Unidos, França, Itália, Japão e Reino Unido) se reuniu em Paris, em 1989, e criou o *Financial Action Task Force on Money Laundering* (FATF) ou, em sua sigla em francês, GAFI. Esta entidade, que conta com a participação de 39 membros, sendo o Brasil adepto desde o ano 2000, é responsável por editar recomendações sobre as práticas e medidas necessárias para promover um efetivo combate à lavagem de dinheiro, bem como avalia a implementação dessas medidas nos países que participam da ação.[133]

A ENCCLA, objeto de estudo desta obra, como será aprofundado no próximo capítulo, tem como uma de suas finalidades viabilizar a implementação e promover a eficácia das medidas antilavagem. Inclusive, a Estratégia foi reiteradamente mencionada no relatório de avaliação mútua conduzida pelo GAFI e pelo Grupo de Ação Financeira da América do Sul contra a Lavagem de Dinheiro e o Financiamento do Terrorismo (GAFISUD) sobre o grau de incorporação das Quarenta Recomendações 2003 e das Nove Recomendações Especiais sobre o Financiamento do Terrorismo 2001, mostrando-se, portanto, como uma iniciativa destacada para o enfrentamento deste problema complexo.[134]

Retomando a consideração sobre os fatores de fragilização do Estado, a dependência tecnológica para estruturação das forças armadas é um fator adicional neste aspecto e impacta as relações internacionais. Castells constata que, com exceção dos Estados Unidos (única superpotência), nenhum Estado-nação detém tecnologia e capacidade de produção suficiente de armamento, motivo pelo qual surgiu um sistema complexo de cooperação e concorrência entre países para aquisição e fornecimento de produtos bélicos.

---

[132] Cf.: CASTELLS, Manuel. *Fim de Milênio*. (Trad. Klauss Brandini Gerhardt e Roneide Venancio Majer). 22. ed. São Paulo: Paz e Terra, 2020. (A Era da informação, v. 3).

[133] FATF – Financial Action Task Force on Money Laundering. *Who we are*. [s.d.]. Disponível em: https://www.fatf-gafi.org/about/whoweare/#d.en.11232. Acesso em 24 mai. 2022.

[134] A ENCCLA é referenciada 71 vezes nas 320 páginas de relatório. *In*: FATF/GAFI; GAFISUD. *Mutual Evaluation Report – Anti-Money Laundering and Combating the Financing of Terrorism*: Federative Republic of Brazil. 2010. Disponível em: https://www.fatf-gafi.org/media/fatf/documents/reports/mer/MER%20Brazil%20full.pdf. Acesso em 24 mai. 2022.

Neste intrincando sistema de poder entre as nações, é preciso considerar ainda a existência das "tecnologias de veto", que consistem em armas de destruição em massa que, pelo mero risco de uso, podem obstar a vitória de um país com mais poder. A existência de tecnologias com tamanha capacidade destrutiva demanda o estabelecimento de negociações entre os países para proteção contra o uso ou a apropriação indevida das armas já produzidas e o impedimento da criação de novas.[135]

Por esta conjugação de fatores, Castells entende que os Estados-nação passam a se organizar em entidades supranacionais, como a União Europeia, não com a pretensão de criar um governo global ou mesmo uma federação, mas, pelo contrário, para fortalecer sua própria soberania. Por meio dessas entidades coletivas, os Estados podem restaurar algum grau de soberania, ainda que coletiva, dissociada da "nova desordem global" – e compartilhar os benefícios dessa medida, conforme regras continuamente negociadas.[136]

Entidades da sociedade civil como a Anistia Internacional e o *Greenpeace* passam a atuar a nível global, assumindo grande relevância para a resolução de questões que transpassam fronteiras. Essas entidades promovem expressiva captação de recursos e, por vezes, têm desempenho superior e maior legitimidade do que as ações promovidas pelo Estado, resultando numa "'privatização' do humanitarismo global".[137]

Castells conclui, então, que:

> Em suma, temos testemunhado, simultaneamente, um processo irreversível de soberania compartilhada na abordagem das principais questões de ordem econômica, ambiental e de segurança e o entrincheiramento dos Estados-nação como os componentes básicos desse complexo emaranho de instituições políticas. Entretanto, o resultado desse processo não é o fortalecimento dos Estados-nação, mas sim a erosão sistêmica de seu poder em troca de sua durabilidade.[138]

---

[135] Cf.: CASTELLS, Manuel. *O Poder da Identidade*. (Trad. Klauss Brandini Gerhardt). 22. ed. São Paulo: Paz e Terra, 2020. p. 391. (A Era da Informação, v. 2.).

[136] Cf.: CASTELLS, Manuel. *O Poder da Identidade*. (Trad. Klauss Brandini Gerhardt). 22. ed. São Paulo: Paz e Terra, 2020. p. 394. (A Era da Informação, v. 2.).

[137] Cf.: CASTELLS, Manuel. *O Poder da Identidade*. (Trad. Klauss Brandini Gerhardt). 22. ed. São Paulo: Paz e Terra, 2020. p. 394. (A Era da Informação, v. 2.).

[138] Cf.: CASTELLS, Manuel. *O Poder da Identidade*. (Trad. Klauss Brandini Gerhardt). 22. ed. São Paulo: Paz e Terra, 2020. p. 395. (A Era da Informação, v. 2.).

Com essa pluralidade de atores na esfera internacional assumindo cada vez mais protagonismo, os Estados não vão à falência, mas há um declínio de sua soberania, que é o preço pago por sua sobrevivência enquanto nós nas redes de Estados. Eles passam, portanto, a serem nós de uma rede de poder mais abrangente.[139]

Há, assim, uma configuração de um novo sistema de poder, caracterizado por uma pluralidade de fontes de autoridade, sendo o Estado-nação somente uma das fontes, que passa a "depender de um sistema mais amplo de exercício de autoridade e influência, a partir de múltiplas fontes". O Estado preserva sua essência prática de exercício de relações de poder, que ganha complexidade em termos de coordenação e compatibilidade entre os atores que se constituem como nós dessa rede.[140]

O Estado, enquanto organização,[141] permanece em relação à sua sociedade em constante dialética entre a dominação e a legitimação, e o desenvolvimento e a redistribuição, de modo que se constitui como sistema institucional que media esses polos e negocia esses conflitos entre os diversos atores sociais. Quando integra o âmbito supranacional, esses processos não desparecem, mas são redefinidos: o "Estado em rede é caracterizado pela tensão entre três processos que estão interligados nas políticas do Estado".[142]

A primeira tensão consiste na forma como o Estado, individualmente considerado, relaciona-se com o seu eleitorado, ao apresentar seus interesses no Estado em rede. O segundo processo de tensão gira em torno de como garantir o equilíbrio e o poder do Estado em rede, uma vez que "esse Estado em rede fornece a plataforma operacional que assegura a eficiência do Estado em um sistema globalizado". Por fim, a terceira tensão consiste em como o Estado avança seus interesses específicos em face dos outros Estados em sua rede compartilhada.

Castells defende, ainda, que é necessário compreender empiricamente como "operam as relações de poder dentro do Estado, entre os Estados e suas sociedades, e entre os Estados em sua rede

---

[139] Cf.: CASTELLS, Manuel. *O Poder da Identidade*. (Trad. Klauss Brandini Gerhardt). 22. ed. São Paulo: Paz e Terra, 2020. p. 395-420. (A Era da Informação, v. 2).
[140] Cf.: CASTELLS, Manuel. Ob. cit. v. 2. p. 420-422.
[141] Castells define "organização" como sistemas de meios orientados a certos fins. Cf.: CASTELLS, Manuel. *O Poder da Identidade*. (Trad. Klauss Brandini Gerhardt). 22. ed. São Paulo: Paz e Terra, 2020. p. 424. (A Era da Informação, v. 2).
[142] Cf.: CASTELLS, Manuel. *O Poder da Identidade*. (Trad. Klauss Brandini Gerhardt). 22. ed. São Paulo: Paz e Terra, 2020. p. 420-424. (A Era da Informação, v. 2).

compartilhada". Segundo o autor, o que se pode afirmar é que "o sistema político de tomada de decisão fundado no Estado em rede é caracterizado por níveis de complexidade e de incertezas muito altas"[143] e conclui:

> Resumidamente, a unidade operativa real da administração em um mundo globalizado é o Estado em rede formado por Estados-Nação, instituições internacionais, associações dos Estados-Nação, governos regionais e locais e organizações não governamentais. É esse Estado em rede que negocia, gerencia e decide as questões globais, nacionais e locais. Esse Estado em rede expressa relações de poder entre seus diferentes componentes e dentro dos blocos de poder subjacentes a cada nível do Estado. Nem todos os nós da rede são iguais, da mesma forma como seus interesses divergem, se unificam ou conflitam, dependendo das questões e dos contextos.[144]

Da perspectiva do Estado em sua dimensão interna, também se identifica uma nova forma organizativa denominada administração em redes. Enquanto o conceito de "Estado em redes" denota que esta organização (Estado) integra uma estrutura configurada como rede, a qual ele compõe como um dos nós nestes filamentos, o termo "administração em redes" não significa que a administração está em uma rede (como sendo um nó nessa estrutura), mas que ela é, em si, formada por redes (como seria, no exemplo citado, a ordem global).

Com a multiplicação de unidades de atuação administrativa cada vez mais especializadas, bem como com o reconhecimento de que a construção de soluções para problemas públicos demanda a atuação conjunta de uma pluralidade de atores não estatais (sejam entes da sociedade civil, sejam organizações privadas com fins lucrativos), houve a demanda por uma "transformação qualitativa dos meios de organização e dos modos de relacionamento entre tais unidades".[145] Desta nova configuração foi constatada uma forma própria de organização administrativa (em rede) em substituição à organização piramidal, bem como se verificou a adoção de medidas que promovem uma atuação

---

[143] Cf.: CASTELLS, Manuel. *O Poder da Identidade*. (Trad. Klauss Brandini Gerhardt). 22. ed. São Paulo: Paz e Terra, 2020. p. 425. (A Era da Informação, v. 2.).
[144] Cf.: CASTELLS, Manuel. *O Poder da Identidade*. (Trad. Klauss Brandini Gerhardt). 22. ed. São Paulo: Paz e Terra, 2020. p. 328. (A Era da Informação, v. 2.).
[145] BITENCOURT NETO, Eurico. *Concertação administrativa interorgânica*: direito administrativo e organização no século XXI. São Paulo: Almedina, 2017. p. 130-131.

conjunta entre os diversos fragmentos de unidades estatais (concertação administrativa), viabilizando a ação pública.[146]

Na forma de organização hierárquica, a coordenação se dá por meio do "comando e controle" (imposição), enquanto, nas redes, a coordenação é realizada por cadeias de relação horizontal e vertical, cuja base é a colaboração e a pactuação. Deste modo, "as redes funcionam como uma estrutura policêntrica de decisões do Estado, com variável densidade, no âmbito de uma Administração de cooperação".[147]

Para Chevallier, o princípio de organização do Estado pós-moderno "evoca muito mais a imagem do 'rizoma'", caracterizada por não deter uma estrutura estável, mas se desenvolver "a partir das conexões livres estabelecidas entre os seus elementos constitutivos". Assim, as entidades, que dispõem de uma capacidade de ação autônoma, são reconectadas entre si, mas não por "liames verticais de subordinação, mas por relações horizontais de interdependência", configurando as redes.[148]

A rede é forjada pela "conexão de distintas unidades num processo de atuação coordenada", o que viabiliza o compartilhamento de recursos e/ou informações. Essa rede pode ter como finalidade a tomada de decisões conjunta ou mesmo a prestação dos serviços, e tem "como matriz de interconexão o procedimento administrativo".[149]

Goldsmith e Eggers a definem como "iniciativas deliberadamente adotadas pelo governo para atingir objetivos públicos, com metas de performance mensuráveis, atribuição de responsabilidades a cada integrante e um fluxo estruturado de informação". Para eles, o objetivo final desse esforço é produzir o máximo de valor público (*public value*), e que ele seja superior à soma do que os atores conseguiriam alcançar se trabalhassem separadamente.[150]

---

[146] Neste ponto, é relevante retomar a ressalva já indicada no capítulo 1 de que, assim como a administração pública tradicional não foi integralmente substituída pelas novas formas de organização, também não se constata a extinção da organização piramidal/hierárquica. Os modelos coexistem.

[147] Cf.: BITENCOURT NETO, Eurico. *Concertação administrativa interorgânica*: direito administrativo e organização no século XXI. São Paulo: Almedina, 2017. p. 130-131.

[148] Cf.: CHEVALLIER, Jacques. *O estado pós-moderno*. (Trad. Marçal Justen Filho). Belo Horizonte: Fórum, 2009. p. 99.

[149] Cf.: BITENCOURT NETO, Eurico. *Concertação administrativa interorgânica*: direito administrativo e organização no século XXI. São Paulo: Almedina, 2017. p. 133.

[150] GOLDSMITH, Stephen; EGGERS, William D. *Governing by Network*: the new shape of the public sector. Washington D.C.: The Brookings Institution, 2004. p. 8.

Este modo de organização é especialmente relevante quando a atividade administrativa depende de "intervenção intersetorial e transversal", como, por exemplo, na área de segurança ou mesmo da saúde, nas quais é necessário que uma multiplicidade de atores, cada qual com uma competência e especialidade, compartilhem seus recursos e informações para viabilizar a eficácia administrativa.[151]

Em conclusão, dado o contexto de fragmentação administrativa e da pluralidade de atores privados cuja participação na elaboração e implementação da política pública se tornou imprescindível, a administração se organiza em redes. Esta forma de atuação, por outro lado, demanda a adoção de medidas de coordenação, a fim de promover a cooperação e a colaboração entre as diversas partes, possibilitando o compartilhamento de informações e de recursos e, com isso, o aumento da eficácia da atuação administrativa e do atendimento aos objetivos almejados.

2.2 Governança em redes

A governança em redes decorre do reconhecimento de que problemas públicos de alta complexidade demandam a atuação conjunta de uma multiplicidade de atores para propor, implementar e monitorar medidas que objetivem mitigá-los. Um órgão governamental atuando isoladamente para lidar, por exemplo, com o tráfico internacional de drogas está fadado ao insucesso.

Em problemas públicos como o exemplificado, não há uma medida única a ser adotada que possa solucionar a questão, mas é necessária uma atuação múltipla, em diversas frentes, em diferentes níveis federativos, com várias ações simultaneamente implementadas e de forma harmônica e, até mesmo, síncrona. É preciso que agentes privados sejam contratados pelo Estado para atuar de forma colaborativa e coordenada com os demais atores públicos e privados, a fim de possibilitar a adoção das medidas propostas.

Em muitos casos, a atuação sequer pode se restringir aos limites da fronteira territorial de um único Estado. Em questões ambientais, de crimes transnacionais (especialmente de tráfico e lavagem de dinheiro) e de saúde pública, como a pandemia de COVID-19 que assolou mundo,

---

[151] Cf.: BITENCOURT NETO, Eurico. *Concertação administrativa interorgânica*: direito administrativo e organização no século XXI. São Paulo: Almedina, 2017. p. 134-136.

é imprescindível que diferentes Estados atuem de modo conjunto para que seja possível atingir grau de eficácia satisfatório no enfrentamento do problema. Nesse sentido, há o pressuposto de que, dada a complexidade da sociedade atual e a interdependência entre os atores, é inevitável a existência de interações e relações em rede para obtenção de resultados efetivos e sustentáveis.[152]

O foco da governança em redes está nas relações entre as unidades administrativas (órgãos e entidades públicas) entre si e com outros atores privados (foco interorganizacional), com o objetivo de aprimorar a coordenação interoganizacional e, por consequência, a qualidade da produção da política e da prestação de serviços. Para isso, a ideia central é implementar ações de gestão das redes, ativando atores, organizando reuniões para pesquisa e compartilhamento de informações, desenvolvendo arranjos e processos para forjar essa interação coordenada.[153]

Da perspectiva de como se forma a decisão política na governança em redes, os objetivos são desenvolvidos e negociados durante o processo de interação entre os atores, que inclui agentes políticos como parte direta ou facilitadores desse processo, e não há distinção muito precisa entre as etapas de formação, implementação e produção das políticas e serviços.[154] Isso significa, também, que há necessidade de se criar mecanismos para composição entre os atores, cujos valores e objetivos variam e podem ser, inclusive, contraditórios entre si. Não há um objetivo político dado, ou, em outros termos, "a natureza do problema não pode ser objetivamente determinada",[155] mas deve ser construída a partir de processos de negociação entre as partes.

Para que seja viável conectar todos os atores e promover uma atuação coordenada, Klijn e Koppenjan elaboraram o conceito de gestão das redes, conceituada como "todas as estratégias deliberadas que objetivam facilitar e guiar as interações e/ou as características da rede com a finalidade de ampliar a colaboração dentro dos processos da rede".[156]

---

[152] Cf.: KLIJN, Erik Hans; KOPPENJAN, Joop. *Governance Networks in the Public Sector*. New York: Routledge, 2016. p. 9-10.
[153] Cf.: KLIJN, Erik Hans; KOPPENJAN, Joop. *Governance Networks in the Public Sector*. New York: Routledge, 2016. p. 9-10.
[154] Cf.: KLIJN, Erik Hans; KOPPENJAN, Joop. *Governance Networks in the Public Sector*. New York: Routledge, 2016. p. 9-10.
[155] Cf.: KLIJN, Erik Hans; KOPPENJAN, Joop. *Governance Networks in the Public Sector*. New York: Routledge, 2016. p. 125.
[156] Cf.: KLIJN, Erik Hans; KOPPENJAN, Joop. *Governance Networks in the Public Sector*. New York: Routledge, 2016. p. 11.

Goldsmith e Eggers afirmam, categoricamente, que redes que prestam serviços públicos não surgem naturalmente, mas demandam que alguma instituição identifique como integrar um contingente de organizações públicas e privadas num sistema para produção da política pública em todas as suas etapas.[157]

Para os autores, o trabalho deste "arquiteto das redes" é identificar potenciais parceiros, trazer todos os agentes interessados para discussão, analisar o estado atual das atividades desenvolvidas naquele setor, estabelecer e comunicar a todos os membros as expectativas de como as redes vão operar, agregar e enredar todos esses atores, consolidar estratégias para mantê-los na rede e ativá-la. O desafio de conceber essa rede consiste em criar um modelo flexível o suficiente para acomodar todos os atores, dinâmico, para que se ajuste conforme as mudanças contextuais, mas rígido a ponto de atingir o objetivo compartilhado.[158]

Nesta fase de concepção da rede, há cinco perguntas que devem ser respondidas: (i) quais são as metas que o governo[159] espera alcançar?; (ii) quais são os instrumentos que serão usados para formar e ativar essa rede?; (iii) quem são os parceiros mais apropriados para que o governo atinja esses objetivos?; (iv) como a rede deve ser desenhada considerando os objetivos professados?; e (v) como a rede deve ser governada e gerida?[160]

Em relação à primeira pergunta que se coloca a respeito das metas, os autores sugerem que não se devem estabelecer metas com base estritamente naquilo que atualmente não está funcionando bem, mas deve-se focar naquilo que se pretende alcançar em termos de resultado. Para a elaboração qualificada dos objetivos pretendidos, eles sugerem que sejam analisados três pontos: determinar o bem público que se pretende proteger; evitar a definição do problema ou uma sugestão de resposta

---

[157] Cf.: GOLDSMITH, Stephen; EGGERS, William D. *Governing by Network*: the new shape of the public sector. Washington D.C.: The Brookings Institution, 2004. p. 55.

[158] Cf.: GOLDSMITH, Stephen; EGGERS, William D. *Governing by Network*: the new shape of the public sector. Washington D.C.: The Brookings Institution, 2004. p. 55.

[159] É interessante observar que os autores adotam o termo "governo", o que denota unidade estatal. Para ser fiel à referência, foi adotado o mesmo vocábulo traduzido. No entanto, considerando que a perspectiva da governança em redes concebe a ação pública como sendo derivada de uma pluralidade de atores que integram o Estado, entende-se que o termo mais preciso e alinhado à teoria é de "unidade administrativa".

[160] Cf.: GOLDSMITH, Stephen; EGGERS, William D. *Governing by Network*: the new shape of the public sector. Washington D.C.: The Brookings Institution, 2004. p. 56.

a ele por meio das "lentes limitadas dos processos históricos" e, por fim, calibrar o desenho da rede com base nos resultados desejados.[161]

No que se refere aos instrumentos para formar e ativar essa rede, os autores apresentam algumas possibilidades. A primeira delas é por meio de recursos financeiros (como, por exemplo, por licitações e contratos), a qual eles consideram a mais simples e, frequentemente, a menos efetiva para forjar relações que produzam valor. Um segundo meio é o uso da retórica e da posição política como meio para divulgação de uma ideia e convocação das organizações, bem como da capacidade de convocação para unir diferentes instituições que detêm conhecimento especializado e restrito para que compartilhem entre si recursos e conhecimento com outras instituições de caráter semelhante. Por fim, outros meios identificados para congregarem diferentes atores numa rede consistem na disponibilização de recursos humanos, tecnológicos ou mesmo até o uso da autoridade pública para aumentar a credibilidade da ação.[162]

Quanto à definição de quais são os atores que devem ser acionados para integrar essa rede, isso varia conforme os objetivos que se pretende alcançar. Se houver o objetivo de fortalecer a comunidade, por uma questão lógica, serão convocados líderes comunitários. Se, por outro lado, for atender a uma necessidade tecnológica, os parceiros devem ter habilidade técnica para integrar a rede. Nesta definição, é relevante que os atores tenham compatibilidade de cultura (valores), operacional e, a depender da finalidade da rede, que haja proximidade destes com a população que se pretende alcançar, agregando legitimidade à ação.[163]

Sobre a arquitetura da rede, sem o propósito de exaurir todos os formatos possíveis que podem ser arranjados para atender aos propósitos da ação pública, os autores apresentam ao menos seis desenhos que podem ser adotados: redes de contratações de serviços; redes de *supply chain*; redes *ad hoc*; canais de parcerias, de disseminação de informação e, ainda, redes de conexão cívica. A definição do arranjo a ser adotado deve estar atrelada ao propósito que se pretende alcançar, ao grau de estabilidade da rede com base na necessidade envolvida na situação,

---

[161] Cf.: GOLDSMITH, Stephen; EGGERS, William D. *Governing by Network*: the new shape of the public sector. Washington D.C.: The Brookings Institution, 2004. p. 57.
[162] Cf.: GOLDSMITH, Stephen; EGGERS, William D. *Governing by Network*: the new shape of the public sector. Washington D.C.: The Brookings Institution, 2004. p. 60-62.
[163] Cf.: GOLDSMITH, Stephen; EGGERS, William D. *Governing by Network*: the new shape of the public sector. Washington D.C.: The Brookings Institution, 2004. p. 65-69.

à quantidade de recursos que se pretende alocar e, ainda, à importância relativa de *accountability* da ação em detrimento da flexibilidade.[164]

Por fim, quanto ao desempenho da função de "integrador" da rede, é necessário que haja uma instituição responsável por gerenciar esta rede que foi forjada (não espontânea). Esta função pode ser atribuída integralmente a uma instituição ou órgão estatal, mas também pode ser delegada a uma entidade privada que atue, por exemplo, como principal contratado (quando se tratar de uma rede de contratações de serviços, por exemplo) ou, ainda, a um terceiro, que se tornará responsável diretamente por acompanhar a manutenção da rede e o grau de colaboração dos atores, bem como por monitorar o desempenho de cada parte para o alcance dos objetivos propostos.[165]

Para Leo Kisller e Francisco Heidemann, o que enseja a cooperação entre os atores e viabiliza a articulação de uma rede é a percepção de que "as redes protegem os atores". Isso quer dizer que a articulação em rede viabiliza a resolução de problemas que, isoladamente, os atores teriam excessiva dificuldade para resolver, fazendo com que os integrantes da rede aceitem ceder parte de sua autonomia e liberdade decisória que detinham isoladamente, para que, com isso, ganhem capacidade de resolução dos problemas identificados por meio da ação conjunta. A estabilidade de uma rede decorre desta pressão por cooperação, que advém da constatação da baixa capacidade de resolução de problemas complexos de forma isolada, e da expectativa e alcance de bons resultados pelo arranjo cooperativo.[166]

Já para Christine Oliver, as contingências críticas para a formação de relacionamentos entre organizações e formação de uma rede se estendem além da cooperação. Para a autora, há seis fatores que representam as causas ou motivações para que as organizações se engajem em relacionamentos em rede. São eles: necessidade, assimetria, reciprocidade,

---

[164] Cf.: GOLDSMITH, Stephen; EGGERS, William D. *Governing by Network*: the new shape of the public sector. Washington D.C.: The Brookings Institution, 2004. p. 69-74.
[165] Cf.: GOLDSMITH, Stephen; EGGERS, William D. *Governing by Network*: the new shape of the public sector. Washington D.C.: The Brookings Institution, 2004. p. 75-90.
[166] KISSLER, Leo; HEIDEMANN, Francisco G. Governança pública: novo modelo regulatório para as relações entre estado, mercado e sociedade? *Revista de Administração Pública*, [S.L.], v. 40, n. 3, p. 479-499, jun. 2006. Disponível em: http://dx.doi.org/10.1590/s0034-76122006000300008. Acesso em 1 set. 2022.

eficiência, estabilidade e legitimidade, sendo que cada um é uma causa suficiente, embora costumem aparecer conjuntamente.[167]

A necessidade reflete a circunstância em que uma organização precisa se relacionar com outra para obter alguma exigência legal ou regulatória, enquanto a assimetria se refere à situação em que uma organização pretende exercer poder ou controle sobre outra organização e seus recursos.

A reciprocidade, por sua vez, está relacionada à contingência em que distintos atores se relacionam com o propósito de alcançar um benefício mútuo, ou seja, por fatores relacionados à cooperação, à colaboração e à coordenação, em detrimento da dominação, do poder e do controle. A este respeito, a autora reconhece que a literatura adota diversas premissas relacionadas à contingência de reciprocidade, como a de que a escassez de recurso leva à cooperação mais do que à competição e que o processo de formação das conexões geralmente é caracterizado por equilíbrio, harmonia, equidade e apoio mútuo. Ainda, esta literatura pressupõe que os potenciais parceiros preveem que os benefícios do relacionamento extrapolam as desvantagens, o que motiva a cooperação.[168]

A eficiência é percebida como uma contingência orientada internamente e está relacionada à capacidade de reduzir os custos de transação. Para a autora, o "movimento de transações mediadas pelo mercado para arranjos interorganizacionais formais ocorre como resultado de uma tentativa da organização de economizar os custos de transação".[169]

A instabilidade é também reconhecida como um fator que leva à cooperação, na medida em que os atores imersos em situações de alta imprevisibilidade se utilizam do aprofundamento nos relacionamentos como um meio para ampliar seu conhecimento e seus recursos, almejando, com a formação da rede, produzir estabilidade e maior previsibilidade.

---

[167] OLIVER, Christine. Determinants of Interorganizational Relationships: integration and future directions. *The Academy Of Management Review*, [S.L.], v. 15, n. 2, p. 241-265, abr. 1990. p. 245-246. Disponível em: http://dx.doi.org/10.2307/258156. Acesso em 10 fev. 2023.

[168] Cf.: OLIVER, Christine. Determinants of Interorganizational Relationships: integration and future directions. *The Academy Of Management Review*, [S.L.], v. 15, n. 2, p. 241-265, abr. 1990. p. 245. Disponível em: http://dx.doi.org/10.2307/258156. Acesso em 10 fev. 2023.

[169] Cf.: OLIVER, Christine. Determinants of Interorganizational Relationships: integration and future directions. *The Academy Of Management Review*, [S.L.], v. 15, n. 2, p. 241-265, abr. 1990. p. 245. Disponível em: http://dx.doi.org/10.2307/258156. Acesso em 10 fev. 2023.

Já a busca por legitimidade é reconhecida como um fator que enseja a conexão entre os atores pela pressão que o ambiente institucional pode realizar para que eles justifiquem suas atividades e os resultados alcançados. Por sua vez, essa pressão encoraja as organizações a buscarem aumentar seus níveis de legitimidade para que sejam reconhecidas por atuarem em conformidade com as normas, crenças e expectativas de seus membros.[170]

Nathaniel Gest e Alexandru Grigorescu, em estudo que objetivava avaliar quais fatores aumentaram a cooperação entre instituições envolvidas no combate à corrupção, constataram que, em regra, as entidades tendem a ser mais cooperativas em três circunstâncias. A primeira se refere à percepção de que quanto maior o volume de recursos financeiros conjuntos, mais provável é que ambas as instituições adotem um comportamento cooperativo, em oposição à circunstância em que uma das instituições tem maior poderio financeiro em relação à outra. O segundo fator de cooperação identificado é a existência de uma expertise compartilhada numa área, na qual se reconhece que quanto mais especializada e informada for a instituição, mais ela tende a se relacionar com instituições de capacidade semelhante, também em oposição à circunstância em que uma das instituições se sobrepõe relativamente à outra. Em terceiro lugar, no mesmo sentido, foi reconhecido que quanto maior prestígio ambas as instituições detêm, maior a probabilidade de se engajarem em relacionamento cooperativo.[171]

Para os autores, esta circunstância é explicada pela teoria do poder e dependência de recursos, a qual argumenta que uma organização só irá querer compartilhar recursos se, ao fazê-lo, mantiver sua independência. Nesse sentido, caso uma instituição que detenha baixa expertise passe a se relacionar com outra que detenha alto grau de especialidade, há o risco de que passe a ser dependente do conhecimento desta, o que repele o interesse na cooperação. Por outro lado, se ambas compartilham o mesmo tipo de recurso, há viabilidade de,

---

[170] Cf.: OLIVER, Christine. Determinants of Interorganizational Relationships: integration and future directions. *The Academy Of Management Review*, [S.L.], v. 15, n. 2, p. 241-265, abr. 1990. p. 245-246. Disponível em: http://dx.doi.org/10.2307/258156. Acesso em 10 fev. 2023.
[171] Cf.: GEST, Nathaniel; GRIGORESCU, Alexandru. Interactions among intergovernmental organizations in the anti-corruption realm. *The Review of International Organizations*, [S.L.], v. 5, n. 1, p. 67-68, 27 out. 2009. Springer Science and Business Media LLC. Disponível em: http://dx.doi.org/10.1007/s11558-009-9070-9. Acesso em 10 fev. 2023.

quando houver interesse, romperem o relacionamento sem que cada instituição seja inviabilizada.[172]

Ademais, no caso de organizações de combate à corrupção, os autores constataram que o principal fator que estimulou a colaboração foi a necessidade e a busca por troca de informações e de experiências nesta temática. Por isso, organizações com menor capacidade financeira, mas com maior especialidade na área estavam no centro da rede.[173]

As redes, portanto, podem ser formadas espontaneamente a partir da busca descoordenada, mas contínua, dos atores, enquanto organizações, por construir relacionamentos com as demais instituições atuando naquele tema, também podendo ser forjada a partir de um ponto central (geralmente advindo da gestão pública), que identifica os potenciais atores naquele tema e ativa interações coordenadas e focalizadas no alcance de algum objetivo (bem público), que é construído a partir de negociações entre as partes.

Em ambos os casos, seja esta rede espontânea ou forjada, para que tenha maior efetividade, é relevante que seja gerenciada e coordenada. Esse processo de gestão deve considerar os elementos próprios que caracterizam uma rede, como o fato de ser formada pela voluntariedade da participação dos atores (falta de hierarquia), pela existência de múltiplos integrantes, cada qual com seus objetivos e percepções, pela complexidade estratégica e institucional, pelo dinamismo, pela racionalidade e recursos limitados, e pelo risco de exclusão.[174]

Para cada uma dessas características, Klijn e Koppenjan indicam o que é necessário para que haja um "bom" processo de gestão das redes. Para lidar com a falta de hierarquia e com a multiplicidade de percepções sobre o tema em voga, os autores defendem que é necessário criar incentivos para cooperação por meio de busca e identificação

---

[172] Cf.: GEST, Nathaniel; GRIGORESCU, Alexandru. Interactions among intergovernmental organizations in the anti-corruption realm. *The Review of International Organizations*, [S.L.], v. 5, n. 1, p. 67-68, 27 out. 2009. Springer Science and Business Media LLC. Disponível em: http://dx.doi.org/10.1007/s11558-009-9070-9. Acesso em 10 fev. 2023.

[173] Cf.: GEST, Nathaniel; GRIGORESCU, Alexandru. Interactions among intergovernmental organizations in the anti-corruption realm. *The Review of International Organizations*, [S.L.], v. 5, n. 1, p. 67-68, 27 out. 2009. Springer Science and Business Media LLC. Disponível em: http://dx.doi.org/10.1007/s11558-009-9070-9. Acesso em 10 fev. 2023.

[174] Cf.: KLIJN, Erik Hans; KOPPENJAN, Joop. *Governance Networks in the Public Sector*. New York: Routledge, 2016. p. 155.

das metas compartilhadas entre os atores, evitando tanto a definição antecipada dos objetivos, quanto a definição substantiva do problema.[175]

Ademais, devem ser acordadas regras que orientem o processo de interação entre os atores, o que reduz os custos estratégicos e de transação. Para os autores, as partes só aceitarão interagir quando reconhecerem que esses custos são aceitáveis e, por sua vez, só poderão analisar a aceitabilidade dos custos se houver regras definidas de como se dará esse processo. Assim, a gerência da rede deve não apenas enfatizar o benefício da cooperação, mas também possibilitar que as partes conheçam e assintam com as regras que irão reger o processo. Para isso, é possível que desenhem as regras antecipadamente e apresentem aos atores até que todos concordem e se comprometam a segui-las.[176]

Por sua vez, para lidar com o dinamismo e a imprevisibilidade, Klijn e Koppenjan afirmam que é necessária flexibilidade para o desenvolvimento alternativo de formulações do problema e elaboração de soluções. Quanto à racionalidade e recursos limitados, é imprescindível que haja seletividade em relação ao conteúdo em debate, à participação e ao direcionamento dos esforços. Por fim, deve-se atentar para a receptividade, a transparência e o *accountability*.[177]

Em suma, a governança em redes decorre do reconhecimento de que, na atualidade, há problemas públicos permeados por alta complexidade, o que exige a coordenação entre diversos atores, que formam uma rede para elaboração, implementação e monitoramento de políticas públicas. Essas redes podem ser espontâneas ou forjadas, mas em ambos os casos, para que sejam efetivas, há necessidade de gerenciamento. Este gerenciamento, em razão da autonomia das partes, não pode ser realizado de modo hierárquico (comando e controle), mas exige a elaboração de processos que permitam e encorajem a participação dos atores para que, de modo negociado, sejam capazes de deliberar e de atuar em conjunto, de modo cooperativo, o que tem o potencial de produzir resultados mais significativos e impactantes para o alcance do bem público pretendido.

---

[175] Cf.: KLIJN, Erik Hans; KOPPENJAN, Joop. *Governance Networks in the Public Sector*. New York: Routledge, 2016. p. 155.
[176] Cf.: KLIJN, Erik Hans; KOPPENJAN, Joop. *Governance Networks in the Public Sector*. New York: Routledge, 2016. p. 155-160.
[177] Cf.: KLIJN, Erik Hans; KOPPENJAN, Joop. *Governance Networks in the Public Sector*. New York: Routledge, 2016. p. 155.

Essa forma de organização, apesar de sua relevância, ainda não foi analisada com a finalidade de compreender sua expressão jurídica. Já se reconhece a existência da adoção desses meios de ação pública, mas sua descrição da perspectiva do Direito ainda carece de elaboração. Com a finalidade de identificar e descrever os elementos jurídicos da governança em redes interorganizacionais, o tópico a seguir é dedicado a introduzir esta questão e a investigar os fundamentos apresentados em obras jurídicas que analisaram as repercussões jurídicas do arranjo em redes de negócios e da concertação interorgânica.

2.3 Institucionalidade jurídica das redes

A governança em redes se constitui como um novo paradigma da administração pública, o qual concebe que unidades administrativas (órgãos ou entidades) deixam de atuar de forma autônoma para concepção, implementação e monitoramento de uma determinada ação pública, e passam a conceber e arranjar uma estrutura na qual a atuação se concretize de modo colaborativo, com um conjunto de atores públicos e privados organizados para o atingimento de um determinado objetivo público, que é determinado de forma negociada entre os atores que integram essa rede.

Nessa concepção, a rede é focalizada enquanto um todo, na qualidade de uma estrutura, um arranjo, e objetiva-se compreender os processos que a ordenam. Em regra, essa perspectiva pode ser adotada quando se tratar de uma rede formalmente estabelecida, governada e direcionada a um objetivo.[178]

A ideia de uma rede formalmente estabelecida se opõe à de redes informais, que são aquelas relações entre atores que ocorrem de maneira espontânea ou, ainda que planejada por ambos, sem regras que orientem este relacionamento.[179] Trata-se, por exemplo, de um encontro entre autoridades ou representantes de instituições para dialogar sobre um tema comum, seja este encontro oficial, inserido na agenda institucional, ou não oficial, como um encontro em um evento ou até

---

[178] PROVAN, K. G.; FISH, A.; SYDOW, J. Interorganizational networks at the network level: A review of the empirical literature on whole networks. *Journal of Management*, Índia, v. 33, n. 3, p. 479-516, 2007.

[179] ROCHA, Leonino Gomes. *Redes interorganizacionais no enfrentamento à corrupção*: um estudo da Estratégia Nacional de Combate à Corrupção e à Lavagem de Dinheiro – ENCCLA. 316f. Tese (Doutorado) – Curso de Direito, Universidade de Salamanca, Salamanca, 2020. p. 114.

mesmo uma ligação ou envio de um e-mail.[180] A consolidação do contato entre atores nestas circunstâncias cristaliza um relacionamento apto a influenciar reciprocamente as instituições.

Esses relacionamentos não são necessariamente paritários, mas podem representar relações de poder assimétricas e costumam preceder a institucionalização de uma determinada rede, tornando-a, então, formal. Por vezes, esses contatos também resultam em transações formais, regidas por contratos propriamente ditos, embora o relacionamento em si seja formalmente desregulado – o que mantém sua caracterização como rede informal.[181]

É importante destacar que as redes podem ser puramente compostas por relacionamentos informais (redes sociais), mas, em regra, nenhuma rede formal prescinde da existência de redes informais. Há sempre, portanto, a existência de contatos informais que ocorrem entre os participantes que eventualmente compõem uma rede do tipo formal.

O elemento central que caracteriza uma rede como informal é a ausência de regras que definam as interações e competências dos agentes inseridos nesta relação. É irrelevante, sob essa perspectiva, ser o ambiente e o comportamento adotado pelas partes que compõem a rede cerimonioso ou descontraído.

Numa rede do tipo formal, por outro lado, o relacionamento entre as partes é mediado por um conjunto de regras definidas que prevê o funcionamento daquela rede e estipula, dentre outros critérios possíveis, as competências e normas para deliberação. Os atores que integram a rede passam a conhecer antecipadamente como é sua operacionalização, evitando a multiplicidade de interpretações sobre a forma de atuação da rede e, por consequência, evitando tensão entre os atores.[182]

Para Calmon e Costa, redes bem estruturadas devem ser institucionalizadas, o que exige definição de normas e procedimentos que estabeleçam antecipadamente arenas decisórias, divisão de competências

---

[180] Cf.: GEST, Nathaniel; GRIGORESCU, Alexandru. Interactions among intergovernmental organizations in the anti-corruption realm. *The Review of International Organizations*, [S.L.], v. 5, n. 1, p. 67-68, 27 out. 2009. Springer Science and Business Media LLC. Disponível em: http://dx.doi.org/10.1007/s11558-009-9070-9. Acesso em 10 fev. 2023.
[181] GRANDORI, Anna; SODA, Giuseppe. Inter-Firm Network: antecedents, Mechanisms and Forms. *Organization Studies*, v. 16, n. 2, p. 183-214, 1995.
[182] WEGNER, Douglas; DURAYSKI, Juliana; VERSCHOORE FILHO, Jorge Renato de Souza. Governança e Eficácia de Redes Interorganizacionais: comparação entre iniciativas brasileiras de redes de cooperação. *Desenvolvimento em Questão*, [S.L.], v. 15, n. 41, p. 275-302, 21 out. 2017. p. 283. Editora Unijui. Disponível em: http://dx.doi.org/10.21527/2237-6453.2017.41.275-302. Acesso em 1 out. 2022.

e atribuições aos atores. Eles reconhecem que, para formalizar a rede, usa-se de diferentes estratégias, como a definição de um marco regulatório ou a constituição de fóruns para debate e tomada de decisão.[183]

O grau de formalização das redes pode variar e nunca é completo. Quanto maior o grau de previsibilidade em relação às rotinas que envolvem aquela rede, maior seu grau de formalização. Dentre os aspectos analisados para avaliação do nível de formalidade da rede, inclui-se a existência de um regime interno, de cronogramas de metas com prazos conhecidos por todos, confecção de atas dos encontros e reuniões periódicas entre os atores.[184]

Nesse sentido, uma rede com maior densidade em termos de previsibilidade das regras que a orientam é uma rede com maior grau de formalidade, enquanto outra que não tenha qualquer previsibilidade sobre as regras que orientam a tomada de decisões, competências, periodicidade de encontros, clareza sobre os integrantes que dela participam e requisitos para participação, por exemplo, é uma rede com baixo grau de formalidade, podendo chegar ao patamar de ausência total de regras, o que configura uma rede estritamente social, composta somente pelo relacionamento interinstitucional dos integrantes que a compõem.

Ocorre que, embora seja possível caracterizar uma rede como formal, a partir da existência de documentos que consolidem suas regras de funcionamento, considerando que o elemento distintivo de uma rede formal consiste na *existência* de regras ou diretrizes que balizem os procedimentos que serão adotados naquela rede, é prescindível que eles sejam escritos (por exemplo, num estatuto), sendo suficiente que eles sejam conhecidos, compartilhados e seguidos pelos atores que a integram, ainda que por costume ou tradição.

Desta perspectiva, para que seja possível identificar a existência de uma rede formal, é preciso que haja arquitetura de um arranjo que integre atores formalmente independentes e autônomos, cuja participação neste arranjo não comprometa sua independência, para que, a partir de regras estabelecidas e compartilhadas (ou seja, respeitadas por

---

[183] CALMON, P; COSTA, A.T.M., Redes e governança das políticas públicas. *Revista de Pesquisa em Políticas Públicas*, n. 1, p. 1-29, 2013. p. 26.

[184] Cf.: WEGNER, Douglas; DURAYSKI, Juliana; VERSCHOORE FILHO, Jorge Renato de Souza. Governança e Eficácia de Redes Interorganizacionais: comparação entre iniciativas brasileiras de redes de cooperação. *Desenvolvimento em Questão*, [S.L.], v. 15, n. 41, p. 275-302, 21 out. 2017. p. 293. Editora Unijui. Disponível em: http://dx.doi.org/10.21527/2237-6453.2017.41.275-302. Acesso em 1 out. 2022.

estes atores), sejam estruturados os relacionamentos entre as partes em instâncias (onde), bem como definidas as regras de competência (quem faz o quê) e de deliberação (como se decide). Essas regras podem ser consolidadas a partir de diferentes fontes normativas. É possível que, em se tratando de uma iniciativa pública, sejam formalizadas por meio da promulgação de uma norma positivada de natureza legal (por lei ordinária, por exemplo), a qual já consolide a arquitetura da rede. É possível que, tratando-se de uma rede com origem no Executivo, seja editado um decreto ou até mesmo uma portaria, estabelecendo regras gerais sobre o funcionamento da rede (normas infralegais). Ainda, é possível que essa rede seja estruturada a partir de acordos ou contratos multilaterais que definam as regras de funcionamento daquela estrutura.

Além dessas mencionadas fontes jurídicas, que podem ser adotadas para conferir juricidade ao arranjo arquitetado para determinada rede, as regras de funcionamento de uma rede podem ser consolidadas a partir de uma prática administrativa, ensejando a dúvida sobre a validade jurídica dessas regras. Em outros termos, é questionável se o costume (aqui compreendido como prática administrativa institucionalizada) pode ser considerado uma fonte normativa sobre os arranjos engendrados no âmbito da atuação da Administração Pública.

Carlos Ari Sundfeld, Rodrigo Pagani de Souza e Guilherme Jardim Jurksaitis reconhecem que, ao longo da história do direito administrativo brasileiro, as práticas administrativas foram prestigiadas como fonte do direito, predominando naquele tempo, sobre o estudo desta área do direito, uma perspectiva histórica ou empirista. No entanto, a partir dos anos 1980, especialmente a partir da obra de Celso Antônio Bandeira de Mello, o direito administrativo passou a ser estudado e descrito como um sistema fundado em princípios fundamentais (regime jurídico-administrativo), que eram tratados como fontes do direito, embora não fossem previstos como tais. Esta segunda forma de descrever o direito administrativo é denominada pelos autores como perspectiva sistêmica ou racionalizante.

Para os autores, esta mudança de perspectiva da empirista para a racionalizante é dotada de riscos, que os levam a preferir a primeira. Os riscos apontados são de se "subestimar o valor das práticas administrativas na edificação do direito administrativo", deixando-se de reconhecer que "as práticas se formam um tanto a partir da lida concreta das pessoas com o direito", ou seja, "a partir da experiência jurídica concreta", bem como de que a valorização excessiva dos princípios conduzem ao equivocado entendimento de que eles bastariam para exprimir todo o direito administrativo, tendo como resultado uma simplificação inadequada do direito administrativo que nega "um trabalho prático quotidiano de construção de sentido a partir de um emaranho de normas oriundas de múltiplas fontes".

Nesta circunstância, eles defendem a recuperação da perspectiva empirista da compreensão do direito administrativo, com o objetivo de que se aprofunde a compreensão sobre como as práticas administrativas podem completar normas de conteúdo aberto, possibilitando uma aproximação do "real processo de formação do direito administrativo brasileiro".[185]

Por sua vez, Thiago Marrara defende que dada a especificidade da atuação estatal no Estado Democrático de Direito, a conduta da Administração deve ser respaldada numa norma aprovada pelo Legislativo, em respeito à democracia e, por consequência, sua atividade deve ser vinculada à manifestação dessa vontade, o que conduz à legalidade. Deste modo, o costume não pode ser fonte que ultrapasse ou contrarie as normas escritas, mas se restringe à especificação do direito ou, nas palavras do autor, "detém (...) mero poder de orientação/ indicação da ação estatal":[186]

> Em síntese, o costume administrativo não constitui fonte de normas primárias e vinculantes para o direito administrativo. Uma vez cumpridos os requisitos apontados anteriormente, a conduta reiterada pelo Estado ou no âmbito de suas instituições pode até gerar normas principalmente em razão do princípio da moralidade e da boa-fé, mas tais normas serão sempre subordinadas à Constituição e à Lei (normas de especificação) e indicativas (não vinculantes). O papel do costume administrativo no rol das fontes do direito administrativo é, assim, extremamente restrito e tímido.[187]

---

[185] SUNDFELD, Carlos Ari; JURKSAITIS, Guilherme Jardim; SOUZA, Rodrigo Pagani de. Interpretações administrativas aderem à lei? *Revista de Direito Administrativo*, Rio de Janeiro, v. 260, p. 97-132, mai./ago. 2012.

[186] MARRARA, Thiago. As fontes do direito administrativo e o princípio da legalidade. *Revista Digital de Direito Administrativo*, Ribeirão Preto, v. 1, n. 1, p. 23-51, jan. 2014. p. 43. Disponível em: https://www.revistas.usp.br/rdda/article/view/73561/77253. Acesso em 25 mai. 2022.

[187] Cf.: MARRARA, Thiago. As fontes do direito administrativo e o princípio da legalidade. *Revista Digital de Direito Administrativo*, Ribeirão Preto, v. 1, n. 1, p. 23-51, jan. 2014. p. 43. Disponível em: https://www.revistas.usp.br/rdda/article/view/73561/77253. Acesso em 25 mai. 2022.

Di Pietro, referenciando Marrara, entende que o costume no direito administrativo tem aplicação praticamente nula, em decorrência da constitucionalização da matéria e da legalidade em sentido amplo, que contempla, para a autora, as leis, os atos normativos e os valores e princípios constitucionais. Neste contexto, ela argumenta que o administrador deve buscar no ordenamento jurídico o fundamento para suas decisões.[188]

Considerando estas reflexões, é possível concluir, em primeiro lugar, que a prática administrativa contrária a uma norma escrita, constitucional ou legal, não derroga a norma anterior e não constitui um costume juridicamente válido, pois é vedado à Administração que atue em oposição às leis, embora se admita, como indicam Sundfeld, Jurksaitis e Souza, que uma interpretação reiterada sobre previsões normativas constitua um costume juridicamente válido, que deve ser respeitado. Para afastá-lo, os autores argumentam que há um ônus suplementar de fundamentação, de modo que "é vedado ao interpretador oficial da lei argumentar apenas em abstrato, como se a experiência administrativa inexistisse".[189]

Também parece possível concluir que o costume adotado para especificação da lei (*secundum legem*) é válido, ainda que se questione o grau de vinculação jurídica dessas práticas. Para Marrara, como mencionado, os costumes são meramente indicativos, enquanto Sundfeld, Jurksaitis e Souza entendem que o costume é fonte de direito, ainda que possa ser afastado no controle exercido pelo Judiciário ou pela própria Administração, desde que apresentado fundamento concreto para tanto.

A grande sensibilidade da questão da validade jurídica dos costumes no direito administrativo se apresenta nas situações em que há uma atuação conforme o Direito (ou seja, não é *contra legem*), mas sem amparo em uma norma específica (*praeter legem*). E, para a finalidade desta pesquisa, a questão se coloca nos casos em que se cria um arranjo administrativo sem amparo específico em norma jurídica escrita, tendo tal arranjo o objetivo promover a eficácia de uma norma de estatura constitucional ou legal, ou seja, sua finalidade é concretizar um direito positivado (por exemplo, à saúde, à educação ou, de modo mais específico a esta pesquisa, à preservação da ordem financeira, do erário

---

[188] PIETRO, Maria Sylvia Zanella di. *Direito administrativo*. 33. ed. Rio de Janeiro: Forense, 2020.
[189] Cf.: SUNDFELD, Carlos Ari; JURKSAITIS, Guilherme Jardim; SOUZA, Rodrigo Pagani de. Interpretações administrativas aderem à lei? *Revista de Direito Administrativo*, Rio de Janeiro, v. 260, p. 97-132, mai./ago. 2012. p. 115.

e da moralidade administrativa). Nessa hipótese, a dúvida é se esse arranjo administrativo é dotado de juridicidade ou vinculação, tendo como fundamento os costumes.

Bitencourt Neto entende que sim. Para o autor,

> (...) à Administração Pública não é dado, na ausência de instrumentos jurídicos institucionalizados de atuação, manter-se inerte perante determinadas situações enquadráveis em seu campo de competências. A consagração genérica de uma atribuição, sem indicar os meios, pode habilitar uma atuação administrativa informal. Balizada por princípios constitucionais dirigidos à função administrativa, é imperativo que atue, ainda que fora dos trilhos procedimentais formalizados, sempre no sentido da prossecução dos interesses públicos que se lhe impõem.[190]

Para Bitencourt Neto, embora confira o nome de "informal" a essa atuação, ela é dotada de vinculações de juridicidade, o que significa que importa para o Direito e que se enquadra num regime de vinculações gerais, ou seja, do dever de prossecução do interesse público, da boa-fé, da proporcionalidade, da igualdade e da proteção à confiança legítima.[191]

É coerente o reconhecimento da juridicidade de uma atuação administrativa reiterada e cuja finalidade é a conferência de eficácia a uma previsão legal, reconhecendo que é competência geral da Administração Pública promover o cumprimento das normas jurídicas, dentro dos limites da lei. Não se pretende afirmar que é jurídico qualquer arranjo adotado pela Administração para promover o cumprimento das leis, mas que o critério para verificação da juridicidade da atuação administrativa está não na existência de uma norma específica que a autorize, mas na sua conformidade ao ordenamento jurídico e na anuência geral a essa prática, ou seja, na sua legitimidade.

Para que se compreenda melhor a questão, Tércio Sampaio Ferraz Junior explica que, como fonte normativa, o costume detém em sua estrutura um elemento substancial, que consiste no uso reiterado do tempo (ou seja, uma prática consolidada), e um elemento relacional, que se constitui como processo de institucionalização apto a explicar o

---

[190] Cf.: BITENCOURT NETO, Eurico. *Concertação administrativa interorgânica*: direito administrativo e organização no século XXI. São Paulo: Almedina, 2017. p. 333-334.
[191] Cf.: BITENCOURT NETO, Eurico. *Concertação administrativa interorgânica*: direito administrativo e organização no século XXI. São Paulo: Almedina, 2017. p. 335.

sentido de obrigatoriedade daquela prática, o que é reconhecido pelos procedimentos, rituais ou silêncios (omissão) que demonstram deferência àquela prática (ainda que implícita).[192]

Para o autor, é reconhecida a juridicidade do costume a partir do seu grau de institucionalização, ou seja, "pela garantia do consenso geral presumido de terceiros que a elas confere prevalência" em relação às demais normas não jurídicas. Esse consenso presumido, que é global e anônimo, é o responsável por atribuir o caráter normativo a uma determinada regra.[193]

No caso da atuação estatal, a presença dos elementos substancial e relacional são consequência do reconhecimento da legitimidade daquela forma de atuação pública ou, em outros termos, da deferência àquela prática e do reconhecimento da correção dos valores nela presentes. E a legitimidade "designa, ao mesmo tempo, uma situação e um valor de convivência social",[194] ou seja, ela decorre da conjugação do seu elemento axiológico (da sua conformidade a um determinado conjunto de valores) e do seu elemento social (anuência àquela prática), sendo que as razões para o respeito a esta prática são proeminentemente de ordem política e devem ser mapeadas na investigação sobre uma prática administrativa.

Em suma, a governança em redes, conforme aqui trabalhada, é resultado de um processo intencional de organização de uma pluralidade de atores reconhecidos como relevantes para a geração de um determinado bem público almejado. Com a finalidade de que estas relações entre os atores sejam mais fluidas, a autoridade que ativa a rede pode, sendo o caso, propor regras que medeiem tais relações, podendo também as regras ser criadas pelos próprios integrantes da rede.

Tratam, essas regras, do arranjo: quais as competências, estruturas e formas de deliberação na rede. Essas regras, quando identificadas, conferem grau de formalidade à rede e podem ser reconhecidas como jurídicas por serem postas por uma autoridade competente por meio de normas escritas (lei, decreto, portaria, estatuto) ou por um costume,

---

[192] FERRAZ JÚNIOR, Tércio Sampaio. *Introdução ao Estudo do Direito*: técnica, decisão, dominação. 4. ed. São Paulo: Atlas, 2003. p. 241-242.

[193] Cf.: FERRAZ JÚNIOR, Tércio Sampaio. *Introdução ao Estudo do Direito*: técnica, decisão, dominação. 4. ed. São Paulo: Atlas, 2003. p. 109.

[194] BOBBIO, Norberto; MATTEUCCI, Nicola; PASQUINO, Gianfranco. *Dicionário de Política*. 11. ed. Brasília: UnB, 1998. p. 678.

cuja institucionalidade é conferida pelo reconhecimento de que é legítimo (razões de ordem social e axiológica) e reiterado.

O costume como prática administrativa é institucionalizado em decorrência da sua conformidade de valores com a ordem jurídica vigente, ou seja, de que tenha como fundamento último o atendimento a um dever geral do Estado e que não seja contrário a uma previsão legal, associado à anuência social àquelas regras e a sua reiteração no tempo.

Uma vez apresentados preliminarmente os mecanismos de institucionalização jurídica do arranjo adotado para a composição das redes, nos tópicos a seguir serão apresentadas as ideias de dois autores que investigaram especificamente esta forma inovadora de organização: Teubner e Bitencourt Neto.

Na obra do autor alemão, as redes investigadas são aquelas adotadas com a finalidade de desenvolvimento de uma atividade econômica (redes de negócios), que representam uma forma inovadora de organização empresarial e cujos efeitos concretos demandam a sua compreensão na esfera jurídica, a fim de evitar a adoção de soluções incompatíveis com seu arranjo e lógica. A obra do administrativista brasileiro, por sua vez, contribui para a compreensão dos dilemas jurídicos dessa composição entre uma pluralidade de órgãos para viabilizar a atuação administrativa, denominada concertação administrativa. Tal concertação é analisada pelo autor à luz do direito pátrio, conferindo bases jurídicas para esta forma de atuação, o que contribui para a investigação da expressão jurídica da ENCCLA enquanto uma rede.

2.3.1 Redes como contratos conectados

O estudo de redes, da perspectiva jurídica, tem sido realizado com destaque por Gunther Teubner, pesquisador alemão autor da obra *"Networks as Connected Contracts"*. Nesta obra, Teubner descreve o fenômeno das redes de negócios, que consiste em uma nova forma da organização da atividade econômica localizada entre a composição de uma organização singular (como uma empresa) e a relação contratual estrita.

O autor identifica que o Direito se estabeleceu para reger essas duas formas de organização da atividade econômica, sendo a primeira regulada pelo direito societário e a segunda pelo direito contratual. Assim, da perspectiva tradicional, foram juridicamente previstos dois comportamentos possíveis para uma companhia que necessite de determinado produto ou serviço: ou ela internaliza aquela produção (seja criando uma unidade interna, seja fundindo com uma empresa especializada), ou ela adquire aquele determinado produto ou serviço de um terceiro, por meio de um contrato. Quando esta atividade é incorporada internamente à companhia, os integrantes desta unidade (como os empregados) detêm um *dever jurídico de lealdade ao interesse da companhia* – ou seja, as decisões que tomarem devem ter como norte o atendimento ao interesse da empresa (como o lucro). Por outro lado, se esse determinado produto ou serviço é adquirido por meio de um terceiro (por contrato), ele tem dever jurídico de cumprir o contrato, mas as demais decisões que lhe concernem devem ser tomadas visando ao seu interesse próprio (ou seja, a lealdade é devida à própria companhia), e não ao interesse de quem integra essa relação contratual.

Ocorre que a essas duas formas tradicionais de organização da atividade econômica foi acrescida uma nova: é o que ele intitula rede de negócios, o que já esclarece que, para ele, redes não são um conceito jurídico, mas têm implicações jurídicas, motivo pelo qual ela deve ser objeto de estudo para o Direito.

Para Teubner, as redes de negócio são uma forma intermediária entre o mercado (contrato) e a organização empresarial (societário), e são caracterizadas por combinar elementos desses dois polos, sendo compostas por interesses contraditórios, chegando ao ponto de o autor caracterizar essas redes como "contradição institucionalizada". Essa contradição deriva do eventual conflito entre o interesse próprio da entidade que integra a rede e o interesse da rede em si, ou seja, há um objetivo individual de integrar essa rede, mas há também um interesse coletivo que é da própria rede, e eles podem se colidir.

A fim de que se reconheça a existência de contratos conectados (que são a estrutura jurídica da rede de negócios), o autor elabora três critérios que deverão estar presentes, além do reconhecimento da existência de contratos bilaterais: (i) a multidimensionalidade, que consiste em referências mútuas identificadas nos contratos bilaterais, sejam elas explícitas ou por meio de práticas contratuais implícitas; (ii) a existência de um propósito da rede, de um projeto comum compartilhado pelas partes; e (iii) a unidade econômica, que se refere a um relacionamento juridicamente eficaz e cooperativo entre as partes que integram a rede.[195]

---

[195] Cf.: TEUBNER, Gunther. *Networks as connected contracts*. Oxford: Hart, 2011. p. 158.

A partir dessa distinção, o autor elabora critérios para se examinar este fenômeno sob a perspectiva jurídica, notadamente em relação à alocação de riscos e de responsabilidade. É que, sem reconhecer as redes de negócios como contratos conectados e, portanto, sem analisá-las considerando suas contradições, utilizando-se somente o ferramental jurídico-doutrinário já existente (ou seja, o direito societário e o direito contratual), há o risco de se promover a "irresponsabilidade organizada", ou o abuso das formas jurídicas, que deve ser rechaçado pelo Direito.

Isso ocorre, por exemplo, em redes para apoio a investimento, organizadas por uma empresa central que contrata outras empresas para prestar o serviço de orientação de investimento e aquisição de produtos ou serviços, o que é realizado em conformidade com as orientações transmitidas pela empresa central. Numa situação hipotética de má administração de um determinado investimento de longo prazo para um cliente direto desta firma intermédia, na qual o cliente sofre graves prejuízos financeiros, o desempenho inadequado do analista de investimentos não poderia ser diretamente atribuído a ele, pois a causa dessa falha na prestação do serviço decorreu de uma diretiva dada pelo "centro da rede" (empresa central). Por sua vez, o conteúdo dessa diretiva foi o resultado de erros de coordenação entre o centro da rede e o eventual grupo de trabalho responsável pela condução desse investimento.[196]

Como resposta a isso, o autor sugere diferentes soluções, a depender do grau de centralização da rede (ou seja, da existência de um ator que atue com maior ou menor preponderância em relação aos demais). Se a rede for altamente controlada por um ator central, então a alocação de riscos deveria ser atribuída a este ator central nas mesmas hipóteses em que há desconsideração da personalidade jurídica para empresas controladoras.[197] Em redes menos centralizadas, outros inte-

---

[196] O exemplo é fidedignamente extraído da obra e, quando interpretado segundo o direito do consumidor brasileiro, não representa fielmente uma situação de irresponsabilidade, pois já se prevê a responsabilidade da falha na prestação do serviço, ainda que a causa não seja diretamente atribuível à empresa final. Situação semelhante ocorre na venda de um produto quebrado – ainda que a causa da disfuncionalidade do produto possa ser atribuível a quem o produziu (e não a quem o vendeu), toda a cadeira (ou rede) é responsável. TEUBNER, Gunther. *Networks as connected contracts*. Oxford: Hart, 2011. p. 235.

[197] O termo adotado é "parent company", o que, a rigor, seria traduzido como "matriz". No entanto, matriz e filiais são, para o direito brasileiro, a mesma pessoa jurídica, de modo que se perderia o sentido da frase, motivo pelo qual se optou pelo uso do termo "empresa controladora", tradução menos usual. Cf.: TEUBNER, Gunther. *Networks as connected contracts*. Oxford: Hart, 2011. p. 229-232.

grantes devem ser responsabilizados por danos a terceiros, na medida e extensão em que se envolveram naquela determinada transação.[198] Assim, a compreensão do arranjo de redes de negócios tem sua utilidade jurídica na medida em que se presta a explicar e a justificar a diferente (em relação ao direito societário e contratual) alocação de riscos e responsabilidades para as pessoas jurídicas autônomas que a integram.

No entanto, como a presente pesquisa não tem como objeto de estudo as redes de negócios, e não tem como finalidade a identificação e alocação dos riscos dessa forma de organização da atividade econômica, mas visa investigar os arranjos jurídicos adotados para formação e estruturação das redes ativadas para alcançar fins públicos, envolvendo uma pluralidade de atores, o conceito de redes como contratos conectados tem potencial explicativo limitado para o fenômeno aqui observado. Isso não significa, porém, que a teoria elaborada por Teubner não tenha utilidade para os fins desta pesquisa, mas tão somente que é preciso pontuar e considerar a diferença entre os fenômenos observados, para se evitar que sejam traçados paralelos e formuladas conclusões incompatíveis.

Como mencionado, o primeiro critério incorporado por Teubner para aferir se há uma rede de negócios propriamente dita (e que, portanto, deverá ser analisada da perspectiva jurídica como um fenômeno distinto dos contratos ou das sociedades), é a "multidimensionalidade". Por este critério, o autor indica que é necessário, para se caracterizar uma rede, que haja contratos [geralmente bilaterais] que se referenciem entre si, ainda que de forma implícita ou somente pelas práticas usualmente adotadas.

Deve-se considerar assim que, em geral, as redes de negócio não são compostas pela assinatura de um único contrato subscrito por todas as partes que a integram. A regra geral é que haja contratos bilaterais firmados entre as partes, sejam eles assinados reiteradamente com um ator central, quando se tratar de uma rede centralizada (por exemplo, num caso de franquia), sejam eles assinados de modo disperso entre as diversas partes que a compõem, quando se tratar de uma rede dispersa (por exemplo, numa cadeia de suprimentos). O elemento essencial que caracteriza a existência da multidimensionalidade é que cada um desses contratos distintos contemple, explícita ou implicitamente, até mesmo pela prática, uma referência mútua.

---

[198] Cf.: TEUBNER, Gunther. *Networks as connected contracts*. Oxford: Hart, 2011. p. 243-246.

Nesse sentido, a adoção desse critério para aferir a existência de uma estrutura de governança em rede pode ser considerada quando a estrutura ou o arranjo adotado for do tipo contratual,[199] devendo-se aferir se esses múltiplos contratos também detêm referências recíprocas – ou seja, se há previsão ou prática contratual que permita identificar a existência de outros contratos que também estejam conectados àquela determinada prática. Caso a estrutura de governança em rede sob análise não seja composta por relações contratuais, ainda assim é possível avaliar se há multidimensionalidade, verificando se nas relações existentes, seja qual for o arranjo, há a perspectiva da referência recíproca entre as múltiplas relações que integram aquela estrutura.

O segundo critério para aferir se há, de fato, uma rede de negócios consiste na avaliação da existência de um propósito específico, compartilhado pelas partes. Os atores que integram essa rede devem, portanto, ter um projeto comum. Esse projeto comum pode ser compartilhado pelos atores e cada qual ter outros projetos, sejam eles individuais ou também coletivos. Nesse sentido, é suficiente que haja um projeto em comum entre as partes, sendo prescindível que aquele seja o único projeto de cada um dos atores.

Da perspectiva da identificação da governança em redes, a existência de um projeto comum é um critério aplicável. A conjugação de esforços entre diversos atores, públicos ou privados, deve ter uma finalidade compartilhada, ainda que esta finalidade não seja objetiva e originalmente dada, mas construída pelas partes.

Ademais, o terceiro e último critério adotado por Teubner consiste na existência de uma *unidade econômica*, a qual é caracterizada pela existência de uma relação de cooperação acentuada e juridicamente eficaz entre as partes integrantes da rede. Este conceito expressa a contradição intrínseca às redes de negócios, pois manifesta a noção de unidade, associada à lógica de que há uma pluralidade de contratos direcionados a um objetivo econômico comum e que só se concretiza pela execução de todos os contratos envolvidos nesta rede, mas que, ao mesmo tempo, depende desta natureza independente e individual de cada um deles.[200]

---

[199] Como mencionado em tópicos anteriores, a composição por contrato é uma das formas de arranjo da governança em rede, mas não a única.

[200] Cf.: TEUBNER, Gunther. *Networks as connected contracts*. Oxford: Hart, 2011. p. 147.

A verificação da existência dessa unidade, assim como o autor alemão indicou, demanda que se reconheça a existência de uma multiplicidade de relações formadas por uma pluralidade de conexões (que, no caso das redes de negócios, decorrem de contratos bi ou multilaterais) e que formam um conjunto único, uma vez que só atingem adequadamente os seus objetivos se todas essas relações alcançarem o seu propósito (ou seja, o propósito elencado no contrato). Não basta que um contrato seja executado integralmente para que se atinja o objetivo final compartilhado, que é alcançar o êxito econômico.

Por outro lado, ainda que atuem de forma conjunta para alcançar esse propósito partilhado, é necessário também que todas as partes se mantenham independentes, preservando suas próprias estruturas. É com a finalidade de manutenção da estrutura societária que se opta por firmar contratos para atingir determinados objetivos – em vez de ampliar a própria empresa.

Esses elementos que compõem o conceito de unidade econômica estão associados à lógica de uma rede de negócios. No entanto, considerando que nesta pesquisa se analisa a governança em redes de políticas públicas, entende-se que o uso do termo "unidade econômica" induz o leitor a considerar o aspecto financeiro da atividade, que é lateral em relação ao objeto de estudo desta pesquisa. Por isso, objetivando dar maior clareza ao conceito na compreensão sobre o tema analisado, em vez de "unidade econômica" será adotada nesta obra a expressão "unidade política", prestigiando a perspectiva de que o objetivo dessa rede não é de alcançar o lucro, mas de atingir um propósito politicamente determinado (no caso da ENCCLA, de combate à corrupção e à lavagem de dinheiro).

Da perspectiva da governança em redes, a exigência de cooperação próxima entre as partes é pressuposta, é a própria razão de ser dessa forma de organização. O objetivo de atores distintos se relacionarem em rede é justamente conseguirem alcançar resultados melhores a partir da atuação colaborativa. No que se refere à existência de uma relação juridicamente eficaz, isso deve ser identificado no arranjo, verificando, no caso sob análise, qual a forma adotada para atribuir juridicidade àquela relação, passando, os integrantes da rede, a compor essa unidade.

O sentido aqui atribuído à unidade política não implica, sob pena de desnaturação da própria racionalidade da rede, a redução das partes que a compõem a entes desprovidos de autonomia e independência, inclusive no sentido de que atuam fora daquela rede e não dependem dela para existir. O conceito aqui estabelecido é de que, quando se atua em razão da rede, há um elemento agregador que dá sentido à ação de cada uma das partes, e, assim como no caso das redes de negócios (unidade econômica), o propósito só será alcançado se todos os objetivos parcelares forem alcançados, viabilizando o alcance da finalidade maior, que é politicamente determinada por esse conjunto.

Sendo assim, a teoria das redes como contratos conectados desenvolvida por Teubner pode auxiliar a compreensão da governança em redes inserida no contexto das políticas públicas, desde que como ponto de partida, devendo ser considerado que o autor a elaborou com a finalidade de explicar um fenômeno particular relativo a uma nova forma de organização econômica, de natureza híbrida, que integra elementos societários e contratuais e caracterizado pela existência de uma contradição intrínseca e institucionalizada.

2.3.2 Concertação administrativa

A concertação consiste num "instrumento de coordenação econômica e social" que prestigia a participação de diferentes atores, tanto na concepção quanto na implementação das políticas públicas e, adotada no âmbito da Administração Pública (ou seja, a concertação *administrativa*), configura um modo de atuação administrativo baseado no consenso e na produção de acordos.[201]

Esta atuação concertada se concretiza numa "tríplice dimensão": (i) em primeiro lugar, pode se concretizar por meio de acordos entre a administração pública e particulares; (ii) em segundo lugar, ela se realiza por meio de acordos entre entidades estatais (ou seja, envolvendo ao menos uma entidade dotada de personalidade jurídica); (iii) em terceiro lugar, esta atuação se realiza por meio de acordos firmados exclusivamente por órgãos despersonalizados, o que se constitui como concertação administrativa interorgânica.[202]

Ao tratar do tema, Eurico Bitencourt Neto analisa especificamente a concertação administrativa interorgânica, ou seja, um modo de atuação consensual da Administração entre os órgãos que a compõem, cuja natureza jurídica é de entes despersonalizados. Afastando as concepções

---

[201] Cf.: BITENCOURT NETO, Eurico. *Concertação administrativa interorgânica*: direito administrativo e organização no século XXI. São Paulo: Almedina, 2017. p. 207.
[202] Cf.: BITENCOURT NETO, Eurico. *Concertação administrativa interorgânica*: direito administrativo e organização no século XXI. São Paulo: Almedina, 2017. p. 195-197.

de que este fenômeno da contratualização (em sentido amplo) entre órgãos seria desprovido de relevância jurídica, ele o caracteriza como "um modo de expressão interna da Administração concertada, de que decorrem consequências jurídicas relevantes".[203]

O autor conceitua a concertação administrativa interorgânica como "a relação entre dois ou mais órgãos administrativos despersonalizados que, no exercício de suas competências, no âmbito da função administrativa do Estado, visam a uma atuação pactuada".[204]

Além da atuação administrativa interorgânica, que pressupõe a participação exclusiva de entes despersonalizados, o autor identifica a concertação interadministrativa, que pode envolver dois entes dotados de personalidade jurídica (como União, estados, municípios e respectivas entidades da administração indireta), ou mesmo um ente despersonalizado (como determinado Tribunal de Contas Estadual ou da União ou Ministérios Públicos) e um ente dotado de personalidade jurídica, que é controlado pela entidade; e a concertação entre órgãos despersonalizados e particulares (como exemplo de concertação interadministrativa desse gênero, há os acordos de leniência firmados entre o Ministério Público e um particular), afastando ambos da definição de concertação interorgânica.[205]

Embora o autor, em sua obra, identifique as bases para a administração interorgânica, que é seu foco de investigação, entende-se que, de modo geral, são as mesmas bases que fundamentam e explicam a concertação interadministrativa, notadamente quando esta forma de atuação envolve a participação direta de órgãos públicos, ainda que junto a entes dotados de personalidade (públicos e privados).

Isso porque as principais questões identificadas por Bitencourt Neto que desafiam o uso dos instrumentais jurídicos tradicionais como fontes explicativas para o fenômeno da concertação observado (como a mitigação da hierarquia, o reconhecimento da pluralidade de interesses dos órgãos públicos, a existência de acordos informais ou mesmo da contratualização em sentido amplo, a coordenação, a cooperação e a articulação entre diferentes partes), desafiam igualmente a explicação

---

[203] Cf.: BITENCOURT NETO, Eurico. *Concertação administrativa interorgânica*: direito administrativo e organização no século XXI. São Paulo: Almedina, 2017. p. 195-197.
[204] Cf.: BITENCOURT NETO, Eurico. *Concertação administrativa interorgânica*: direito administrativo e organização no século XXI. São Paulo: Almedina, 2017. p. 195-197.
[205] Cf.: BITENCOURT NETO, Eurico. *Concertação administrativa interorgânica*: direito administrativo e organização no século XXI. São Paulo: Almedina, 2017. p. 199-201.

para a concertação interadministrativa. A mera existência de um ente dotado de personalidade jurídica nessas relações, especialmente quando envolvem entes despersonalizados, não torna menos árdua a tarefa explicativa.

Nesse sentido, ressalvando que Bitencourt Neto está tratando especificamente dos fundamentos explicativos da concertação interorgânica, entende-se que as mesmas bases podem ser adotadas para explicar a concertação interadministrativa, notadamente quando envolve a participação de entes despersonalizados.

O primeiro fundamento apontado pelo autor para a concertação administrativa interorgânica consiste na pluralidade interna da Administração Pública, que é tanto material quanto funcional. Por se tratar de um Estado de Direito democrático e social, há uma pluralidade de interesses públicos e privados tutelados, inclusive colidentes. Disso decorre uma administração composta em oposição à administração unificada, ainda que se exija uma "unidade de atuação estatal", que é obtida a cada caso a partir de procedimentos singulares.[206]

Por exemplo, para deliberar sobre a adoção de uma determinada ação governamental cujo objetivo seja o desenvolvimento do País por meio do investimento em disponibilização de energia, este tema envolveria materialmente uma pluralidade de atores públicos. Seria necessário um diálogo entre órgãos ambientais, da fazenda, eventualmente órgãos de proteção aos povos nativos (caso envolva uma região demarcada ou com população), de infraestrutura, tornando impossível, pelos valores democráticos, a atuação isolada.

Para que se alcance a decisão final com uma "exposição institucionalizada e transparente dos interesses públicos e privados", compondo esses diversos interesses, de modo a torná-la "sujeita ao escrutínio do público e dos órgãos de controle", é relevante que seja adotado um "procedimento administrativo de integração das manifestações dos diversos órgãos envolvidos".[207]

Como segundo fundamento, o autor firma como premissa que os órgãos públicos são "centros de imputação dotados de capacidade jurídica parcial", opondo-se à interpretação "radical da unidade do Estado-pessoa jurídica", do conceito antropomórfico de Estado, e da

---

[206] Cf.: BITENCOURT NETO, Eurico. *Concertação administrativa interorgânica*: direito administrativo e organização no século XXI. São Paulo: Almedina, 2017. p. 211-221.
[207] Cf.: BITENCOURT NETO, Eurico. *Concertação administrativa interorgânica*: direito administrativo e organização no século XXI. São Paulo: Almedina, 2017. p. 214-215.

percepção "reducionista da relação jurídica", reconhecendo que mesmo entes do direito privado desprovidos de personalidade jurídica detêm relações jurídicas (como condomínios e espólio).[208]

Para Bitencourt, houve modulações na "pureza de sentido" do conceito de personalidade jurídica pública, uma vez que entes despersonalizados podem deter autonomia decisória, pessoal próprio, e até mesmo dotação orçamentária (autonomia administrativa e funcional). Nessas hipóteses, fala-se em "capacidade jurídica parcial" ou "semiplena", reconhecendo-se que "os órgãos não são simples unidades inertes no interior da pessoa jurídica", mas "centro de direitos e deveres, dotados de capacidade jurídica, podendo firmar verdadeiros contratos".[209]

O terceiro fundamento apontado por Bitencourt consiste na "administração concertada", que se refere a uma forma de administrar, prestigiando o consenso e a participação, complementando "o princípio hierárquico e o princípio da legalidade, para se assegurar a legitimidade da atuação administrativa".[210]

Essa atuação concertada pode se concretizar por meio de contratos administrativos, mas não se restringe a eles, contemplando "noções de acordo, pacto, composição, ajuste". Assim, a "administração concertada é aquela que atua por acordos, que abre espaço para pactuar o sentido do exercício de suas competências, ao invés, simplesmente, de fazê-lo de modo unilateral", seja na hipótese de essa atuação concertada resultar num contrato substitutivo do ato administrativo, seja como etapa preparatória para a prática do ato unilateral. No Direito positivo brasileiro, esta atuação é prevista no §8º do artigo 37 da Constituição Federal, que prevê a possibilidade de se firmar contrato que trate da autonomia gerencial, orçamentária e financeira.[211]

Como quarto fundamento, Bitencourt referencia a "admissão de autovinculação administrativa concertada", associada à lógica de "autocontenção voluntária da Administração", interessando verificar como se concretiza o exercício da margem de livre decisão administrativa

---

[208] Cf.: BITENCOURT NETO, Eurico. *Concertação administrativa interorgânica*: direito administrativo e organização no século XXI. São Paulo: Almedina, 2017. p. 227-228.

[209] Cf.: BITENCOURT NETO, Eurico. *Concertação administrativa interorgânica*: direito administrativo e organização no século XXI. São Paulo: Almedina, 2017. p. 227-228.

[210] Cf.: BITENCOURT NETO, Eurico. *Concertação administrativa interorgânica*: direito administrativo e organização no século XXI. São Paulo: Almedina, 2017. p. 246-247.

[211] Cf.: BITENCOURT NETO, Eurico. *Concertação administrativa interorgânica*: direito administrativo e organização no século XXI. São Paulo: Almedina, 2017. p. 250-253.

uniformizado por meio de instrumentos de concertação administrativa.²¹²
Parte-se, assim, do reconhecimento da "ausência de predeterminação legal integral da ação administrativa"²¹³ e do incremento do "protagonismo do administrador na execução da legalidade".²¹⁴

É preciso considerar, porém, que a atribuição legislativa à Administração para que decida de forma discricionária, considerando as particularidades do caso concreto, exige que a autovinculação administrativa respeite alguns critérios para que preserve sua legalidade: (i) os critérios não podem ser imutáveis; (ii) a autovinculação não pode implicar a eliminação da margem de livre decisão administrativa; (iii) não se pode dispensar a análise, pelo administrador, de que se trata de um caso cujas características o torna não enquadrado nos critérios predeterminados.²¹⁵

Em suma: a autocontenção administrativa não deve eliminar integralmente a margem de discricionariedade que o legislador, pelas vias institucionais, conferiu ao administrador, ou seja, não exime o administrador de analisar o caso concreto e considerar os interesses públicos e privados envolvidos. Por outro lado, ela viabiliza que órgãos ou entidades administrativas distintas criem regras e procedimentos conjuntamente para padronizar o exercício dessa função administrativa com margem de liberdade.²¹⁶

O quinto fundamento apontado por Bitencourt para a concertação administrativa interorgânica (a qual se entende igualmente aplicável à concertação interadministrativa) consiste na "Administração em rede", considerada como uma forma de organização caracterizada pela articulação e dotada de instrumentos de concertação administrativa.²¹⁷

Para o autor, a concertação administrativa pode mitigar as fragilidades de uma organização em rede, viabilizando "ordenar capacidades e competências, instituir metas e indicadores claros e transparentes,

---

²¹² Cf.: BITENCOURT NETO, Eurico. *Concertação administrativa interorgânica*: direito administrativo e organização no século XXI. São Paulo: Almedina, 2017. p. 269.
²¹³ Cf.: BITENCOURT NETO, Eurico. *Concertação administrativa interorgânica*: direito administrativo e organização no século XXI. São Paulo: Almedina, 2017. p. 261.
²¹⁴ Cf.: BITENCOURT NETO, Eurico. *Concertação administrativa interorgânica*: direito administrativo e organização no século XXI. São Paulo: Almedina, 2017. p. 263.
²¹⁵ Cf.: BITENCOURT NETO, Eurico. *Concertação administrativa interorgânica*: direito administrativo e organização no século XXI. São Paulo: Almedina, 2017. p. 269-273.
²¹⁶ Cf.: BITENCOURT NETO, Eurico. *Concertação administrativa interorgânica*: direito administrativo e organização no século XXI. São Paulo: Almedina, 2017. p. 269-275.
²¹⁷ Cf.: BITENCOURT NETO, Eurico. *Concertação administrativa interorgânica*: direito administrativo e organização no século XXI. São Paulo: Almedina, 2017. p. 282-283.

coordenar núcleos dispersos de ação", de modo a contratualizar "a ação coordenada dos vários pontos da rede" e, por consequência, "institucionalizar a consecução de objetivos comuns".[218]

A conexão de diferentes polos que conjugam esforços para atuação coordenada e em matriz procedimental é o que forma as redes administrativas. E esta "amarração formal de tal conexão (...) pressupõe participação e definição conjunta das linhas de cooperação e dos fins a atingir, o que aponta para uma Administração concertada".[219]

Assim, Bitencourt conclui que a organização administrativa em rede contribui para uma Administração concertada, prestigiando a "coordenação e a atuação integrada", e indica que o compartilhamento de informações e a abertura para participação decisória se mostram meios para "amarração" das redes administrativas.[220]

Esta forma de organização administrativa se fundamenta constitucionalmente no princípio da eficiência, uma vez que, reconhecendo a existência de uma pluralidade de interesses públicos legítimos, protegidos por distintos órgãos e entidades públicas, a organização hierárquica pode inviabilizar o alcance da decisão final e a coordenação administrativa.[221]

Como sexto fundamento, Bitencourt se refere à "Administração procedimentalizada", que consiste, na verdade, numa condição para a concertação administrativa que, por sua vez, induz à procedimentalização. O procedimento "institucionaliza uma Administração dialógica e participativa, nas relações com os privados, a par de uma Administração colaboradora, cooperativa e coordenada, no âmbito das relações inter administrativas e interorgânicas".[222]

Nessa concepção, derroga-se a concepção de processo da perspectiva adversarial, como instrumento promotor da paz social pela resolução dos conflitos, e prestigia-se o procedimento como instrumento apto a conferir formalidade a um encadeamento de atos que envolvem

---

[218] Cf.: BITENCOURT NETO, Eurico. *Concertação administrativa interorgânica*: direito administrativo e organização no século XXI. São Paulo: Almedina, 2017. p. 282-284.
[219] Cf.: BITENCOURT NETO, Eurico. *Concertação administrativa interorgânica*: direito administrativo e organização no século XXI. São Paulo: Almedina, 2017. p. 285.
[220] Cf.: BITENCOURT NETO, Eurico. *Concertação administrativa interorgânica*: direito administrativo e organização no século XXI. São Paulo: Almedina, 2017. p. 286.
[221] Cf.: BITENCOURT NETO, Eurico. *Concertação administrativa interorgânica*: direito administrativo e organização no século XXI. São Paulo: Almedina, 2017. p. 286.
[222] Cf.: BITENCOURT NETO, Eurico. *Concertação administrativa interorgânica*: direito administrativo e organização no século XXI. São Paulo: Almedina, 2017. p. 291.

múltiplos atores, assegurando a participação e promovendo suas virtualidades, viabilizando a ponderação dos variados interesses públicos e conduzindo a uma decisão democrática.[223]

Por fim, o sétimo fundamento da concertação administrativa apontado é o a da Administração eficiente, sendo o princípio da eficiência "um dos [seus] mais vigorosos fundamentos". Nesse sentido, a própria legitimidade da Administração é compreendida também pela sua capacidade de satisfação dos interesses públicos e dos direitos fundamentais, considerando, sobre os meios empregados, sua economicidade, eficácia e celeridade.[224]

A eficiência, nesta perspectiva, impacta também a necessidade de novas formas de organização administrativa, especialmente nas situações em que há competências administrativas transversais:

> Assim, por exemplo, a proteção do meio ambiente, como competência constitucional comum dos entes federados (art. VI) e que perpassa diversas áreas de atuação administrativa, de forma horizontal e vertical, implica, na perspectiva da eficiência de tais políticas públicas, a procedimentalização e o uso de instrumentos de concertação interadministrativa e interorgânica, como meios para o atingimento satisfatório dos fins esperados de tais políticas.[225]

Identificados os fundamentos para concertação administrativa interorgânica, aqui reconhecidos como aplicáveis também à concertação interadministrativa, Bitencourt analisa, sem pretender o exaurimento, os *instrumentos* adotados para concretizar esta forma de organização.

Bitencourt identifica que a concertação administrativa interorgânica se concretiza por meio de cinco diferentes instrumentos: (i) acordos informais; (ii) contratos internos; (iii) concertação procedimental terminativa; (iv) concertação em órgãos colegiados e (v) concertação substitutiva de procedimentos sancionatórios.[226]

---

[223] Cf.: BITENCOURT NETO, Eurico. *Concertação administrativa interorgânica*: direito administrativo e organização no século XXI. São Paulo: Almedina, 2017. p. 297-301.
[224] Cf.: BITENCOURT NETO, Eurico. *Concertação administrativa interorgânica*: direito administrativo e organização no século XXI. São Paulo: Almedina, 2017. p. 301-303.
[225] Cf.: BITENCOURT NETO, Eurico. *Concertação administrativa interorgânica*: direito administrativo e organização no século XXI. São Paulo: Almedina, 2017. p. 307-308.
[226] Cf.: BITENCOURT NETO, Eurico. *Concertação administrativa interorgânica*: direito administrativo e organização no século XXI. São Paulo: Almedina, 2017. p. 330-362.

Os acordos informais podem ser identificados "como meios preparatórios ou alternativos de atuação, no meio de uma Administração consensual, harmonizando interesses e prevenindo resistências antes da decisão administrativa (...) ou atos declarativos" e, posteriormente, "dando lugar a formas de atuação administrativa não fundadas diretamente na lei".[227] Acordo informal é aquele que "não se subsume a meios de atuação institucionalizados, normativamente instituídos", desconsiderando, nesta definição, se os instrumentos (meios) adotados são compatíveis com os conceitos clássicos de ato, contrato e regulamento administrativos.[228]

Os acordos informais se concretizam, de modo geral, por meio de contatos interorgânicos e de instrumentos de concertação instituídos por normas infralegais. No que se refere à instrumentalização por normas infralegais, deve-se reconhecer que, exceto na hipótese do artigo 84, VI, a, da Constituição Federal, as formas de concertação interorgânica devem ser veiculadas por lei, de modo que, se veiculadas por normas infralegais, serão ou ilícitas (ferindo normal legal), ou haverá acordo informal.[229]

O segundo instrumento de concertação administrativa consiste nos "contratos internos", que têm como fundamento a previsão contida no artigo 37, §8º, da Constituição Federal. Por esse instrumento, a atuação administrativa verticalizada, baseada no comando e controle, é transposta por uma atuação pactuada, consensual.[230]

Por sua vez, a "concertação procedimental terminativa" se refere, em geral, à "concertação endoprocedimental ou substitutiva de um ato", que ocorre entre a Administração e particulares. Nessa hipótese, há acordos durante o trâmite de um procedimento ou, ainda, são firmados acordos substitutivos de uma decisão final unilateral.[231] Como exemplo desse caso, o autor cita as "conferências procedimentais":

---

[227] Cf.: BITENCOURT NETO, Eurico. *Concertação administrativa interorgânica*: direito administrativo e organização no século XXI. São Paulo: Almedina, 2017. p. 330.
[228] Cf.: BITENCOURT NETO, Eurico. *Concertação administrativa interorgânica*: direito administrativo e organização no século XXI. São Paulo: Almedina, 2017. p. 339.
[229] Cf.: BITENCOURT NETO, Eurico. *Concertação administrativa interorgânica*: direito administrativo e organização no século XXI. São Paulo: Almedina, 2017. p. 341-347.
[230] Cf.: BITENCOURT NETO, Eurico. *Concertação administrativa interorgânica*: direito administrativo e organização no século XXI. São Paulo: Almedina, 2017. p. 347-351.
[231] Cf.: BITENCOURT NETO, Eurico. *Concertação administrativa interorgânica*: direito administrativo e organização no século XXI. São Paulo: Almedina, 2017. p. 352-353.

As conferências procedimentais são um meio de concertação interorgânica de especial relevância na Administração contemporânea, seja na fase instrutória, em que, ao menos em tese, pode haver uma determinação conclusiva unitária quanto ao interesse prevalente, seja na fase decisória, em que o fim principal é a definição de um consenso. Num cenário de pluralidade e entrecruzamento de interesses públicos e, por consequência, de múltiplos contatos e relações interorgânicas, trata-se da possibilidade de formalização da necessária ponderação de interesses em decisões administrativas complexas.[232]

Já a "concertação em órgãos colegiados" se estrutura pela elaboração de instância na qual uma pluralidade de órgãos ou entidades que tutelam parcela do interesse público em determinado assunto, que são relacionados entre si, tomem assento para deliberar a respeito das ações que serão adotadas quanto ao tema que os conecta. Nesses casos, os representantes das entidades e entes que tomam assento no órgão colegiado estão manifestando a "vontade institucional" daqueles por eles representados.[233]

Para que esses órgãos colegiados operem, é necessário que haja deliberação consensual, mesmo que não unânime, a respeito dos procedimentos de funcionamento do órgão, especialmente como se formará uma decisão válida (se por maioria dos presentes, absoluta, qualificada ou por consenso).[234]

Enfim, há a "concertação substitutiva de procedimentos sancionatórios", que objetiva prestigiar a correção de eventual ilegalidade praticada, com a previsão de meios para reparar os danos causados e correção das condutas, em detrimento da aplicação da penalidade por si só.[235]

Da perspectiva da natureza jurídica dos instrumentos adotados para consecução dos concertos administrativos, destacam-se os contratos internos, os atos normativos conjuntos e os acordos administrativos e os atos preparatórios para produção de ato administrativo.

---

[232] Cf.: BITENCOURT NETO, Eurico. *Concertação administrativa interorgânica*: direito administrativo e organização no século XXI. São Paulo: Almedina, 2017. p. 355.

[233] Cf.: BITENCOURT NETO, Eurico. *Concertação administrativa interorgânica*: direito administrativo e organização no século XXI. São Paulo: Almedina, 2017. p. 356-359.

[234] Cf.: BITENCOURT NETO, Eurico. *Concertação administrativa interorgânica*: direito administrativo e organização no século XXI. São Paulo: Almedina, 2017. p. 358.

[235] Cf.: BITENCOURT NETO, Eurico. *Concertação administrativa interorgânica*: direito administrativo e organização no século XXI. São Paulo: Almedina, 2017. p. 359-361.

A respeito dos contratos, parte-se da definição de que seu núcleo essencial consiste na existência de um acordo lícito pactuado entre partes juridicamente capazes, resultando na criação, modificação ou extinção de uma relação jurídica.²³⁶ Com lastro neste conceito, ele reconhece que a natureza do instrumento firmado entre órgãos da Administração com base no artigo 37, §8º, da Constituição Federal, é de um contrato interno.²³⁷

Quanto à produção de atos normativos conjuntos, vale repisar que o autor apenas reconhece a formalidade da concertação com este lastro quando o ato normativo é editado com fundamento em lei – inexistindo fundamento legal que o ampare, segundo o tratamento dado, é reconhecida uma concertação informal. Na hipótese de um ato normativo elaborado em conjunto, que enseja a concertação procedimental terminativa, é regulada, em regra, a matéria relativa à distribuição de competências comuns.²³⁸

Já a respeito do acordo administrativo, Bitencourt atribui sua existência aos acordos informais dotados de vinculação jurídica, ou, em outras palavras, de "forma de ajuste organizatório não contratual".²³⁹ Como se reconhece a existência material (fática) dessas relações, o autor defende que é evidente:

> [...] a necessidade de se reconhecer uma categoria intermediária, de acordos organizatórios em que esteja explícita a conjugação de vontades com alguma autonomia, ou um acordo sobre o sentido de diversas manifestações de vontades unilaterais, dotados de vinculatividade jurídica, que não perfazem todos os requisitos necessários para que se considerem, juridicamente, contratos. E a expressão que melhor pode designar tais ajustes é a de acordos administrativos, não pelo fato de ser

---

²³⁶ Cf.: BITENCOURT NETO, Eurico. *Concertação administrativa interorgânica*: direito administrativo e organização no século XXI. São Paulo: Almedina, 2017. p. 385. Sobre o tema, o autor tece críticas à definição de contrato por parcela da doutrina que se utiliza de critérios da doutrina clássica contratual sem previsão no ordenamento positivo brasileiro, como a obrigatoriedade de conteúdo patrimonial e a contraposição de interesses.

²³⁷ Registra-se, como reconhecido pelo próprio autor, que esta é uma posição minoritária. A doutrina administrativa majoritária não reconhece, neste instrumento, natureza contratual, ainda que a Constituição se refira a ele expressamente como "contrato". Cf.: BITENCOURT NETO, Eurico. *Concertação administrativa interorgânica*: direito administrativo e organização no século XXI. São Paulo: Almedina, 2017. p. 388.

²³⁸ Cf.: BITENCOURT NETO, Eurico. *Concertação administrativa interorgânica*: direito administrativo e organização no século XXI. São Paulo: Almedina, 2017. p. 396.

²³⁹ Cf.: BITENCOURT NETO, Eurico. *Concertação administrativa interorgânica*: direito administrativo e organização no século XXI. São Paulo: Almedina, 2017. p. 406.

uma extensão acrítica de uma construção da doutrina italiana, mas por significar, com precisão, aquilo que realmente é: um acordo organizatório que disciplina relações no âmbito da função administrativa.[240]

Ademais, o autor trata dos atos preparatórios para produção de ato administrativo, seja ele simples ou complexo.[241] Nessas hipóteses, seja o ato administrativo final praticado por um único autor, seja praticado por uma pluralidade de autores, quando, em sua formação, houver um conjunto de órgãos ou entidades administrativas como partícipes, haverá concertação administrativa (interorgânica ou interadministrativa), como, por exemplo, em órgãos colegiados.[242]

Por fim, são identificados os requisitos para a concertação administrativa interorgânica,[243] verificados cada qual com base na legalidade (competência, forma e finalidade), eficiência (custos, resultados e tempo) e imparcialidade (adequada avaliação dos interesses presentes no caso).

Quanto ao preenchimento do requisito de legalidade, o primeiro aspecto analisado é o da competência, que decorre de lei ou, excepcionalmente, de regulamento. Em regra, só serão válidas as decisões concertadas tomadas dentro do âmbito de competência do órgão, ressalvadas as hipóteses de acordos informais, sobre os quais são admitidas como juridicamente válidas atuações fora dos "espaços de habilitação legal para concertação", desde que não viole lei e que estejam inseridas no âmbito geral das atribuições do órgão.[244]

O segundo aspecto se refere às formas adotadas, sendo reconhecida a imprescindibilidade do uso das formas de Direito Público (em detrimento das formas de Direito Privado), da vedação ao uso de formas distintas daquelas legalmente previstas, e da impossibilidade

---

[240] Cf.: BITENCOURT NETO, Eurico. *Concertação administrativa interorgânica*: direito administrativo e organização no século XXI. São Paulo: Almedina, 2017. p. 406.

[241] O elemento diferenciador do ato administrativo simples e complexo, para o autor, consiste em que, para o primeiro, há participação de um único órgão, enquanto, para o segundo, há uma pluralidade de órgãos que, na qualidade de coautores, praticam aquele ato. Cf.: BITENCOURT NETO, Eurico. *Concertação administrativa interorgânica*: direito administrativo e organização no século XXI. São Paulo: Almedina, 2017. p. 411.

[242] Cf.: BITENCOURT NETO, Eurico. *Concertação administrativa interorgânica*: direito administrativo e organização no século XXI. São Paulo: Almedina, 2017. p. 412.

[243] Neste ponto, como a obra objetiva analisar uma relação estrita entre atores públicos, não foram contemplados os riscos atinentes à inclusão de agentes privados na tomada de decisões que visam tutelar interesses públicos.

[244] Cf.: BITENCOURT NETO, Eurico. *Concertação administrativa interorgânica*: direito administrativo e organização no século XXI. São Paulo: Almedina, 2017. p. 417-419.

de atuação em caso de inexistência de formas legalmente instituídas, exceto nas hipóteses de acordos informais lícitos.[245]

O terceiro trata da finalidade, que deve ser observada tanto quanto aos fins perseguidos por cada órgão ou entidade que integra aquela estrutura de concertação (por exemplo, o Ministério do Meio Ambiente deve tutelar valores relativos à proteção do meio ambiente e não da agricultura, se houver contraposição desses interesses) quanto ao fim relativo ao instrumento adotado para concertação.[246]

Da perspectiva da eficiência, a escolha administrativa por uma atuação concertada deve ter um custo compatível com os objetivos que dela se espera alcançar, ser adequada aos fins que visa atingir e ser dotada de celeridade compatível com a complexidade da atuação.[247]

Por fim, quanto à imparcialidade, trata-se dela na dimensão objetiva, ou seja, sobre a "consideração e a valoração dos interesses envolvidos em suas decisões". Como decorrência do princípio da impessoalidade, a atuação conforme a imparcialidade exige que sejam considerados todos os fatos e interesses relevantes para a tomada de decisão, a fim de que haja adequada ponderação administrativa.[248]

2.4 Conclusões parciais

No capítulo antecedente, a Nova Governança Pública foi identificada como uma nova forma de organização administrativa que tem como base a ideia de governança em redes. Neste segundo capítulo, a investigação foi focalizada sobre as redes de políticas públicas e, mais especificamente, sobre a governança em redes.

Ademais, dando sequência ao objetivo desta pesquisa, que é identificar a expressão jurídica dessas redes, foram descritas duas teorias que já analisaram as redes sob a perspectiva do Direito. A primeira delas foi elaborada por Gunther Teubner, que analisa as redes de negócios, caracterizadas por serem uma estrutura intermediária

---

[245] Cf.: BITENCOURT NETO, Eurico. *Concertação administrativa interorgânica*: direito administrativo e organização no século XXI. São Paulo: Almedina, 2017. p. 421.
[246] Cf.: BITENCOURT NETO, Eurico. *Concertação administrativa interorgânica*: direito administrativo e organização no século XXI. São Paulo: Almedina, 2017. p. 421-423.
[247] Cf.: BITENCOURT NETO, Eurico. *Concertação administrativa interorgânica*: direito administrativo e organização no século XXI. São Paulo: Almedina, 2017. p. 423-425.
[248] Cf.: BITENCOURT NETO, Eurico. *Concertação administrativa interorgânica*: direito administrativo e organização no século XXI. São Paulo: Almedina, 2017. p. 425-427.

entre a associação de empresas (regida pelo direito societário) e a contratualização simples (regida pelo direito contratual). Já a segunda foi construída por um administrativista brasileiro que tratou da concertação administrativa, medida que objetiva promover eficiência e eficácia no contexto da Administração em rede.

Concluídas as bases teóricas que sedimentam o contexto da presente pesquisa, no próximo capítulo será investigado o caso em estudo, por meio da descrição da ENCCLA, desde o histórico de sua criação, passando aos objetivos elencados como prioritários e aos resultados alcançados pela Estratégia, no período de 2003 a 2021. Ademais, serão trabalhadas as estruturas arquitetadas para atingir esses objetivos e suas respectivas atribuições, buscando as bases formais que estruturam tal arranjo.

CAPÍTULO 3

A ESTRATÉGIA NACIONAL DE COMBATE À CORRUPÇÃO E À LAVAGEM DE DINHEIRO

A Estratégia Nacional de Combate à Corrupção e à Lavagem de Dinheiro é uma ação de origem governamental iniciada pelo Ministério da Justiça em 2003, que objetiva reunir os principais atores envolvidos, direta ou indiretamente, no combate à corrupção. Para isso, reúnem-se anualmente em sua principal estrutura, a Plenária, e nela deliberam, consensualmente, quais serão as metas a serem implementadas no próximo ano e por quem, definindo a instituição coordenadora da meta, os suplentes e colaboradores.[249]

Da perspectiva jurídica, não há clareza sobre o que compõe ENCCLA. Não se identifica a existência de qualquer norma que a regulamente, a exemplo do que há com a Estratégia Nacional de Educação Financeira (ENEF), regulamentada pelo Decreto nº 10.393, de 9 de junho de 2020.

De todo modo, a Estratégia pode ser reconhecida como uma iniciativa governamental, com origem no Ministério da Justiça, que reúne órgãos e entidades responsáveis pelo combate à corrupção e à lavagem de dinheiro, inclusive associações privadas. Essa pluralidade de atores delibera, de modo consensual e a cada ano, as ações que serão adotadas, sendo os próprios integrantes os responsáveis por implementá-las, utilizando-se dos seus recursos, expertise e atribuições para tanto.

---

[249] ENCCLA – Estratégia Nacional de Combate à Corrupção e à Lavagem de Dinheiro. *Quem somos*. [s.d.]. Disponível em: http://enccla.camara.leg.br/quem-somos. Acesso em 2 jan. 2021.

3.1 Origem da estratégia nacional de combate à corrupção e à lavagem de dinheiro

Originalmente, a Estratégia Nacional de Combate à Corrupção e à Lavagem de Dinheiro era somente Estratégia Nacional de Combate à Lavagem de Dinheiro (ENCLA, com um único "c"). Criada em 2003 por iniciativa do então Ministro da Justiça, Márcio Thomaz Bastos, durante o primeiro mandato do Presidente Luiz Inácio Lula da Silva, a medida tinha como principal objetivo promover a cooperação intergovernamental[250] e dar efetividade à Lei nº 9.613/1998, que criou o tipo penal da lavagem de dinheiro no Brasil.[251]

Por sua vez, a Lei nº 9.613/1998 tem como origem a assinatura do Tratado de Viena de 1998, firmado no âmbito da Convenção Contra o Tráfico Ilícito de Entorpecentes e Substâncias Psicotrópicas e incorporado ao ordenamento jurídico brasileiro em 1991, por meio do Decreto nº 154/1991. O tratado previu a obrigatoriedade de os países signatários incorporarem em seus ordenamentos jurídicos internos a previsão de que configura crime, quando praticada internacionalmente, a ocultação ou o encobrimento de bens cuja origem seja relacionada ao tráfico de drogas.

O Brasil, como mencionado, adotou esta medida por meio da promulgação da Lei nº 9.613/1998, que criou o tipo de lavagem de dinheiro. Na primeira versão da norma, o tipo penal só era caracterizado quando a prática de ocultação da natureza ou origem dos bens provenientes estivesse associada à prática de alguns crimes, como tráfico ilícito de substâncias entorpecentes ou drogas afins, terrorismo, contrabando de armas, extorsão mediante sequestro, e crimes contra a Administração Pública, contra o sistema financeiro nacional e praticado por organização criminosa.

Apesar da tipificação do crime de lavagem de dinheiro, sua implementação teve resultados bastante frágeis. Sua ineficácia demandou a adoção de novas respostas para garantir sua efetividade. É como explica Felipe Dantas de Araújo:

---

[250] LAFORGE, Gordon. *The sum of its parts*: coordinating Brazil's fight against corruption 2003-2016. 2017. p. 7. Disponível em: https://successfulsocieties.prince- ton.edu/sites/successfulsocieties/files/GLF_AC-Strategy_Brazil_FORMA TTE- D_20Feb2017.pdf. Acesso em 5 out. 2020.

[251] GAMBA, Giovanna Maísa. *A (in)existência de política pública de combate à corrupção*: o *case* da Estratégia Nacional de Combate à Corrupção e Lavagem de dinheiro – ENCCLA. 139f. TCC (Graduação) – Curso de Direito, Universidade Federal da Santa Catarina, Florianópolis, 2018. p. 74-75.

Anos após a adoção da lei antilavagem, os esperados resultados persecutórios eram ainda pífios. Mais do que a mera tipificação do crime de lavagem e da criação de normas processuais específicas, faltava ainda desenvolver uma cultura, por parte dos demais atores do sistema de justiça criminal, de se investir na persecução desse tipo de crime. A unidade de inteligência financeira brasileira, o COAF, fora criada junto com a tipificação da lavagem, em 1998, mas seus informes de pouco adiantavam se técnicas de investigação policial eram ainda rudimentares, se as estratégias processuais da acusação eram inadequadas, ou se o Judiciário ainda era resistente às medidas penais mais duras do novo regime. Apesar de os elementos jurídicos do regime da antilavagem de dinheiro terem sido instalados, faltavam ainda a cultura institucional e a determinação de conceber e executar políticas organizadas para o funcionamento desse sistema: o que havia era baixa difusão do tema até mesmo entre os órgãos persecutórios, o que resultava em quase nenhuma investigação ou processo pelo crime de lavagem.[252]

Um dos fatores explicativos desta ineficácia, conforme estudo realizado pelo Conselho da Justiça Federal, de acordo com os delegados federais, consistiu na "falta de entrosamento nas unidades da federação entre as instituições voltadas ao combate desse tipo de ilícito (PF, RF, Bacen [BCB] e CVM)" e "falta de integração entre os órgãos, tais como Banco Central, Ministério Público, Polícia Federal, Receita Federal etc.".[253]

Os Procuradores da República, ao serem entrevistados, relataram "enormes obstáculos em obter junto ao Bacen [BCB] e Coaf cópias de procedimentos administrativos que contenham indícios de crimes", bem como "burocracia no encaminhamento da quebra de sigilo bancário, falta de estrutura do Banco Central, má vontade da Receita Federal". Já os juízes federais identificaram como obstáculo à efetividade desta legislação a falta de agilidade "dos órgãos administrativos (especialmente em se tratando do Banco Central do Brasil) no fornecimento de informações eventualmente requisitadas pela Justiça".[254]

Como resposta a essas demandas, dentre as sugestões apresentadas neste estudo foi elencada a melhoria nos procedimentos de cooperação entre Polícia Federal e o Ministério Público Federal, bem como a necessidade de

---

[252] ARAUJO, Felipe Dantas de. Análise temática da estratégia nacional contra a corrupção e a lavagem de dinheiro (ENCCLA). *Revista Brasileira de Políticas Públicas*, Centro de Ensino Unificado de Brasília, [s.l.], v. 2, n. 1, p. 53-82, 23 jul. 2012. p. 64.

[253] BRASIL. Conselho da Justiça Federal. *Uma Análise Crítica da Lei dos Crimes de Lavagem de Dinheiro*. Brasília: Editora Unb, 2002. p. 122.

[254] Cf.: BRASIL. Conselho da Justiça Federal. *Uma Análise Crítica da Lei dos Crimes de Lavagem de Dinheiro*. Brasília: Editora Unb, 2002. p. 123-129.

ampliar a cooperação entre o Banco Central, a Receita Federal e os demais órgãos administrativos aptos a fornecer os dados necessários à investigação. O diagnóstico foi explícito em reconhecer a falta de entrosamento entre esses órgãos e a imprescindibilidade de aprofundá-lo.[255]

Neste contexto, surgiu a Estratégia como um meio de viabilizar o contato destes órgãos e permitir o compartilhamento das dificuldades, bem como a apresentação e implementação de propostas de solução aos problemas identificados. Na primeira reunião, realizada em dezembro de 2003, houve a participação de somente 24 atores, sendo todos integrantes da Administração Pública direta ou indireta em nível federal.[256]

Nesta oportunidade, foram já imediatamente traçadas as metas que deveriam ser implementadas no ano seguinte, como a meta nº 01/2004, que consistiu em "[i]nstalar o Gabinete de Gestão Integrada de Prevenção e Combate à Lavagem de Dinheiro (GGI-LD)", e a nº 25/2004, que objetivou "[a]presentar, após consulta aos demais membros do GGI-LD, programa de capacitação, treinamento e especialização, com cursos de pequena (seminários), média (atualização) e longa duração (especialização), para agentes públicos que atuam no combate à lavagem de dinheiro", o que resultou, posteriormente, na criação do Programa Nacional de Capacitação e Treinamento para o Combate à Corrupção e à Lavagem de Dinheiro (PNLD).[257]

Já em 2005, o Brasil aprovou, por meio do Decreto Legislativo nº 348, o texto da Convenção das Nações Unidas contra a Corrupção,

---

[255] Cf.: BRASIL. Conselho da Justiça Federal. *Uma Análise Crítica da Lei dos Crimes de Lavagem de Dinheiro*. Brasília: Editora Unb, 2002. p. 122-129.

[256] São eles: Advocacia-Geral da União – AGU, Agência Brasileira de Inteligência – ABIN, Banco Central do Brasil – BCB, Casa Civil da Presidência da República – Casa Civil, Conselho de Controle de Atividades Financeiras – COAF, Conselho da Justiça Federal – CJF, Controladoria-Geral da União – CGU, Departamento de Polícia Federal – DPF, Departamento de Polícia Rodoviária Federal – DPRF, Departamento de Recuperação de Ativos e Cooperação Jurídica Internacional – DRCI, Gabinete de Segurança Institucional da Presidência da República – GSI, Instituto Nacional do Seguro Social – INSS Ministério da Justiça – MJ, Ministério da Previdência Social – MPS, Ministério das Relações Exteriores – MRE, Ministério Público Federal – MPF, Procuradoria-Geral da Fazenda Nacional – PGFN, Secretaria da Receita Federal – SRF, Secretaria de Direito Econômico – SDE, Secretaria de Previdência Complementar – SPC, Secretaria Nacional Antidrogas – SENAD, Secretaria Nacional de Justiça – SNJ, Secretaria Nacional de Segurança Pública – SENASP e Tribunal de Contas da União – TCU. (BRASIL. Secretaria Nacional de Justiça. Departamento de Recuperação de Ativos e Cooperação Jurídica internacional (DRCI). *In*: ENCCLA – *Estratégia Nacional de Combate à Corrupção e à Lavagem de Dinheiro*: 10 anos de organização do Estado brasileiro contra o crime organizado. Brasília, Ministério da Justiça: Ed. Comemorativa, 2012. p. 17).

[257] ENCCLA – Estratégia Nacional de Combate à Corrupção e à Lavagem de Dinheiro. *Metas de 2004*. Disponível em: http://enccla.camara.leg.br/acoes/metas-de-2004. Acesso em 2 jan. 2021.

adotada pela Assembleia-Geral da Organização das Nações Unidas em outubro de 2003, e, em janeiro de 2006, por meio do Decreto nº 5.687, foi decretado o compromisso brasileiro de executar e cumprir a Convenção "tão inteiramente como nela se contém", nos termos do artigo 1º do referido decreto.

Neste contexto, ainda em 2006, o Tribunal de Contas da União, em seu Relatório e Pareceres do Tribunal de Contas da União, editado em razão da análise das Contas do Governo da República (exercício de 2005), concluiu, em seu diagnóstico, a importância do aprimoramento das interações entre os entes federais responsáveis pelo combate à corrupção. Embora tenha reconhecido a ENCLA como "um importante referencial na interação entre os órgãos governamentais que atuam no combate à lavagem de dinheiro e ao crime organizado", entendeu que, como a medida estava restrita ao combate à lavagem de dinheiro, era "necessária uma estratégia voltada especificamente para a prevenção, detecção, investigação e punição de práticas de corrupção".[258]

Ademais, nos termos do Relatório Final dos Trabalhos da Comissão Parlamentar Mista de Inquérito (CPMI) dos Correios, houve a recomendação da criação de um Sistema Nacional de Combate à Corrupção, com caráter contínuo e que envolvesse as instituições governamentais e a sociedade civil.[259]

Assim, na Plenária realizada ao final de 2006 (Quarta Plenária), que traçou objetivos para o ano de 2007, restou estabelecido que a Estratégia passaria a incluir o combate à corrupção em suas competências, passando então a acrescer um "c" em sua sigla, tornando-se ENCCLA.[260] Desde então, a Estratégia vem anualmente realizando seus encontros e reunindo dezenas de órgãos e entidades da Administração Pública, bem como entes privados (notadamente associações) para compartilhar seus obstáculos em promover medidas de combate à corrupção e à lavagem de dinheiro, bem como propor soluções para superá-los.

---

[258] Cf.: BRASIL. Tribunal de Contas da União. *Relatório e pareceres prévios sobre as contas do Governo da República*: exercício de 2005. 2005. p. 241. Disponível em: https://portal.tcu.gov.br/tcu/paginas/contas_governo/contas_2005.pdf. Acesso em 15 jul. 2020.

[259] BRASIL. Comissão Parlamentar Mista de Inquérito "Dos Correios". *Relatório Final dos Trabalhos da CPMI "Dos Correios"*. 2006. v. 3, p. 1674. Disponível em: https://www2.senado.leg.br/bdsf/bitstream/handle/id/84897/RelatorioFinalVol3.pdf?sequence=4&isAllowed=y. Acesso em 18 out. 2020.

[260] BRASIL. Secretaria Nacional de Justiça. Departamento de Recuperação de Ativos e Cooperação Jurídica internacional (DRCI). *In*: *ENCCLA – Estratégia Nacional de Combate à Corrupção e à Lavagem de Dinheiro*: 10 anos de organização do Estado brasileiro contra o crime organizado. Brasília, Ministério da Justiça: Ed. Comemorativa, 2012. p. 63.

A Estratégia é composta por 88 instituições integrantes, que representam órgãos de controle interno de diversos estados e municípios (a exemplo de São Paulo, Distrito Federal, Minas Gerais), Ministérios Públicos Estaduais (como os da Paraíba, de Goiás, Mato Grosso do Sul, Pernambuco, Piauí etc.), polícias civis estaduais (de Santa Catarina, Rio de Janeiro etc.), bem como órgãos e entidades que integram a administração federal e associações e federações nacionais de natureza privada.[261]

Vale destacar que, desde 2013, com as manifestações de "junho de 2013" e com a deflagração da Operação Lava-Jato em 2014, houve uma série de eventos no cenário político nacional, especialmente no âmbito da Presidência da República, com a potencialidade de ter causado inflexões na eficácia da ENCCLA, embora ela continue funcionando com uma estrutura bastante semelhante à original. Dentre esses eventos, além dos já mencionados, houve a deflagração do processo de impedimento da então Presidente Dilma Rousseff (2015) e sua confirmação (2016), a consequente assunção à presidência de Michel Temer (2016) e, em seguida, a eleição de Jair Bolsonaro (2018).[262]

De todo o modo, a Estratégia se mantém, em termos de estrutura, resiliente às mudanças políticas, com a manutenção das reuniões

---

[261] ENCCLA – Estratégia Nacional de Combate à Corrupção e à Lavagem de Dinheiro. *Estrutura*. [s.d.]. Disponível em: http://enccla.camara.leg.br/quem-somos/estrutura. Acesso em 11 fev. 2022.

[262] Embora o Presidente Jair Bolsonaro tenha sido associado, em sua campanha presidencial, ao combate à corrupção, tendo inclusive indicado Sérgio Moro, ex-juiz da Lava-Jato, ao posto de Ministro da Justiça e Segurança Pública, sinalizando um compromisso com o controle da corrupção, avaliações internacionais têm indicado possível retrocesso nessa seara. A OCDE, por exemplo, por intermédio do seu Grupo de Trabalho sobre Suborno, publicou uma declaração de que o "fato de que tudo o que o Brasil conseguiu alcançar nos últimos anos na luta contra a corrupção possa agora estar seriamente comprometido" causa grande preocupação. Em: OCDE – ORGANIZAÇÃO PARA A COOPERAÇÃO E DESENVOLVIMENTO ECONÔMICO. *O Brasil deve cessar imediatamente as ameaças à independência e à capacidade das autoridades públicas para combater a corrupção*. Disponível em: https://www.oecd.org/corruption/anti-bribery/o-brasil-deve-cessar-imediatamente-as-ameacas-a-independencia-e-a-capacidade-das-autoridades-publicas-para-combater-a-corrupcao.htm. Acesso em 20 dez. 2020.
Por sua vez, o Brasil alcançou, em 2019, a pior pontuação na série histórica do Índice de Percepção da Corrupção, formulado pela Transparência Internacional. A entidade afirma que "poucos avanços e retrocessos em série aconteceram no arcabouço legal e institucional anticorrupção do país" e que "viu-se ainda um aumento das tentativas de interferência política do Palácio do Planalto nos órgãos de controle, com substituições polêmicas na Polícia Federal e Receita Federal e nomeação de um Procurador-Geral da República fora da lista tríplice". Em: TRANSPARÊNCIA INTERNACIONAL BRASIL. *Brasil*: pior pelo segundo ano: em 2019, o país manteve-se no pior patamar da série histórica do índice de percepção da corrupção, com apenas 35 pontos. Em 2019, o país manteve-se no pior patamar da série histórica do Índice de Percepção da Corrupção, com apenas 35 pontos. Disponível em: https://transparenciainternacional.org.br/ipc/. Acesso em 20 dez. 2020.

Plenárias anuais, definição e implementação de metas por seus integrantes, ainda que se reconheça a redução do número de metas estabelecidas (de 32 na Primeira Plenária (2003) e 43 na Segunda Plenária (2004) para 11 na Décima Sétima (2020) e na Décima Oitava (2021) Plenárias), o que, por si só, é insuficiente para afirmar que houve redução de sua capacidade de trabalho.

Ao traçar uma análise das metas e objetivos ano a ano, é possível identificar um refluxo no número de ações a partir da Plenária 2008 (realizada ao final de 2007). No período de 2004 a 2007, a média anual de ações era de 34 ao ano. Já entre as Plenárias de 2008 e 2010, a média de ações foi reduzida para 20.[263] Neste período, houve uma substituição no Ministro da Justiça, com a saída de Márcio Thomaz Bastos, idealizador da ENCCLA, e o ingresso de Tarso Genro.

No período subsequente, na Plenária 2011, com o Ministro Luiz Paulo Barreto à frente da pasta, foram definidas 17 ações. A seguir, José Eduardo Cardozo assumiu o Ministério de janeiro de 2011 a março de 2016 (Plenárias 2012 a 2016), tendo alcançado uma média de ações anuais correspondente a 13.

De março de 2016 em diante, houve 9 distintos Ministros da Justiça e Segurança Pública, o que demonstra uma acentuada instabilidade na assunção das responsabilidades do Ministério: os períodos mais longos de estabilidade no Ministério foram de Torquato Jardim (maio de 2017 a janeiro de 2019, sendo responsável pelas Plenárias 2018 e 2019, com média de 12 ações por ano), Sergio Moro (janeiro de 2019 a abril de 2020, sendo responsável pela Plenária 2020, que definiu 11 ações) e André Mendonça (abril de 2020 a março de 2021, sendo responsável pela Plenária 2021, que definiu 11 ações).

Nesse sentido, é possível reconhecer que a permanência da ENCCLA ao longo das últimas duas décadas não foi isenta de mudanças. Sua estrutura permaneceu, mas a redução de mais de 60% no número de ações e metas estabelecidas entre o período de gestão do Ministro responsável por sua criação e a Plenária de 2021 sinaliza sua permeabilidade às alterações ministeriais.

Ainda que não se possa afirmar que essa redução seja uma mostra da perda de sua força de ação, uma vez que ela pode ter ocorrido em razão de outros fatores, como até mesmo a adoção de metas mais

---

[263] Todos os números das metas estabelecidas anualmente foram extraídos do site oficial da Estratégia. (ENCCLA – Estratégia Nacional de Combate à Corrupção e à Lavagem de Dinheiro. *Ações de 2021*. Disponível em: http://enccla.camara.leg.br/acoes/acoes-de-2021. Acesso em 10 fev. 2022).

impactantes e que exigem um esforço institucional maior para sua implementação, é possível constatar que a permanência da ENCCLA ao longo desses anos não foi isenta de alterações correlacionadas às alterações de gestão do MJSP.

3.2 Objetivos da ENCCLA

A Estratégia tem como objetivo principal dar efetividade ao combate à corrupção e à lavagem de dinheiro e, para isso, pretende melhorar a cooperação entre os órgãos e entidades que, direta ou indiretamente, atuam em áreas que tangenciam esses temas ou detêm informações e dados sensíveis relativos a ele, como as instituições financeiras.

A corrupção e a lavagem de dinheiro são problemas públicos do tipo perverso, uma vez que é difícil identificar adequadamente suas causas e mesmo as medidas que poderão reduzir sua incidência. Ademais, ainda que haja medidas políticas estabelecidas para reduzir a corrupção e a lavagem de dinheiro, dada a natureza dos problemas, é necessária uma multiplicidade de ações que devem ser adotadas por diversos atores, públicos e privados, nacionais e internacionais, para que seja possível alcançar algum grau de eficácia. Essas reformas, especialmente no que se refere ao combate à corrupção, não são adotadas para eliminá-la integralmente, medida talvez impossível e cujos benefícios não compensariam seus custos, mas para "limitar o seu alcance e reduzir os danos por ela causados", ampliando a eficiência, a correção e a legitimidade do Estado.[264]

Para enfrentá-las, a ENCCLA consolidou oito diferentes objetivos estratégicos, que consistem nos seguintes: (1) fortalecer os instrumentos de governança, de integridade e de controle no setor público; (2) aprimorar as relações do setor público com entes privados; (3) aprimorar os mecanismos de coordenação e de atuação estratégica e operacional do setor público; (4) ampliar a transparência pública e a participação social; (5) aumentar a efetividade do sistema preventivo de lavagem de dinheiro; (6) aumentar a efetividade do sistema de justiça; (7) aumentar a efetividade do sistema administrativo sancionador; e, por fim, (8) aumentar a efetividade da recuperação de ativos.[265]

---

[264] ROSE-ACKERMAN, Susan; PALIFKA, Bonnie J. *Corrupção e governo*: causas, consequências e reforma. (Trad. Eduardo Lessa). São Paulo: FGV, 2020. p. 59.
[265] ENCCLA – Estratégia Nacional de Combate à Corrupção e à Lavagem de Dinheiro. *Histórico Ações Enccla 2010-2020*. Disponível em: http://enccla.camara.leg.br/acoes/historico-acoes-enccla. Acesso em 5 jul. 2020.

Para alcançar cada um desses objetivos estratégicos, são definidas ações ou metas a serem implementadas no ano subsequente. Entre sua criação, em 2003, e 2021, foram definidas 339 ações ou metas a serem implementadas para alcançar esses oito objetivos estratégicos. Muitas dessas ações são formuladas, concluídas e efetivadas pelos próprios atores que integram a Estratégia, como a criação do Ranking Nacional da Transparência (Ação nº 4/2015), enquanto outras dependem de medidas a serem tomadas para além do escopo da Estratégia, como, por exemplo, a aprovação de projetos de lei. Neste último caso, a ação se concentra na elaboração ou proposição de melhorias relativas a alguma fragilidade normativa identificada pelo grupo.

A título exemplificativo, isso ocorreu em relação à Ação nº 4/2016, que consistia em "elaborar diagnóstico e proposição de aprimoramento do sistema brasileiro de proteção e incentivo ao denunciante e *whistleblower*" e teve como resultado a produção de um anteprojeto de lei que foi apresentado ao relator das chamadas "dez medidas de combate à corrupção", o então Deputado Federal Onyx Lorenzoni.

O anteprojeto de lei foi devidamente apresentado e discutido com o Deputado e inserido no substitutivo oferecido, em 22.11.2016, pelo próprio Relator, o Deputado Federal Onyx Lorenzoni (SBT 3 PL485016). No substitutivo, há expressa referência ao trabalho realizado pela ENCCLA, que, nas palavras do Deputado, identificou a "oportunidade de implantação da (sic) um amplo Programa Nacional de Incentivo e Proteção de Relatos de Interesse Público". No entanto, o texto produzido pela Estratégia não foi incluído na versão aprovada pelo Senado Federal e encaminhada à Câmara dos Deputados (PL nº 3.855/2019, nº anterior: PL nº 4.850/2016).[266]

Assim, o objetivo da Estratégia consiste em reunir os principais órgãos e entidades envolvidos no combate à corrupção e à lavagem de dinheiro, aprofundar o diálogo entre eles e viabilizar que medidas consensualmente definidas pelos próprios participantes sejam

---

[266] BRASIL. Câmara dos Deputados. *PL nº 3855/2019 (Nº Anterior: PL 4850/2016)*. Estabelece medidas de combate à impunidade, à corrupção; altera os Decretos-Leis nºs 2.848, de 7 de dezembro de 1940 – Código Penal, e 3.689, de 3 de outubro de 1941 – Código de Processo Penal; as Leis nºs 4.717, de 29 de junho de 1965, 4.737, de 15 de julho de 1965, 8.072, de 25 de julho de 1990, 8.112, de 11 de dezembro de 1990, 8.429, de 2 de junho de 1992, 8.906, de 4 de julho de 1994, 9.096, de 19 de setembro de 1995, 9.504, de 30 de setembro de 1997, 9.613, de 3 de março de 1998, e 7.347, de 24 de julho de 1985; revoga dispositivos do Decreto-Lei nº 201, de 27 de fevereiro de 1967, e da Lei nº 8.137, de 27 de dezembro de 1990; e dá outras providências. Disponível em: https://www.camara.leg.br/propostas-legislativas/2080604. Acesso em 5 dez. 2020.

implementadas com o intuito de fortalecer o combate a essas práticas, seja de forma preventiva ou repressiva.

3.3 Atribuições e estrutura da ENCCLA

Para alcançar os objetivos elencados no tópico anterior, a Estratégia consolidou uma organização interna com a finalidade de promover um diálogo estruturado, com a apresentação de propostas relativas ao combate à corrupção e à lavagem de dinheiro, bem como a implementação daquelas aprovadas.

Esta estrutura de organização é composta por cinco instâncias: a Plenária, o Gabinete de Gestão Integrada (GGI), os Grupos de Trabalho Anual, os Grupos de Trabalho de Combate à Corrupção e de Combate à Lavagem de Dinheiro e a Secretaria Executiva. A seguir, cada uma dessas estruturas, suas atribuições e regras de funcionamento serão detalhadas.

3.3.1 Plenária

A Plenária é a instância com a participação do maior número de atores que integram a Estratégia e consiste numa reunião anual, realizada em formato de imersão, na qual todos os atores têm a oportunidade de avaliar as propostas de ações apresentadas pelos Grupos de Trabalho de Combate à Corrupção e à Lavagem de Dinheiro e, por consenso, deliberar a respeito de sua implementação, bem como aprovar recomendações e declarações em nome da ENCCLA.

Os representantes das instituições recebem um "manual do participante" com informações gerais que incluem uma introdução a respeito do trabalho desenvolvido pela ENCCLA, de sua estrutura relativa ao período compreendido entre a última Plenária e a que se está realizando, números com classificações dos órgãos participantes conforme a esfera federativa, separada em municipal, nacional, estadual e federal, natureza dos membros segundo o Poder ao qual estão vinculados, sendo agrupados em Executivo, Ministério Público, Legislativo, Judiciário e Associações, percentual de frequência nas reuniões, índice de participação por instituição e dados sobre cada uma das ações.[267]

No manual, há um relatório de cada uma das ações implementadas ao longo do último ano, com indicativo de quais eram os produtos

---

[267] BRASIL. Sistema Eletrônico de Informação ao Cidadão (e-SIC). Ministério da Justiça e Segurança Pública. *Pedido nº 08198.034914/2021-59*. 2021. Disponível em: https://buscalai.cgu.gov.br/PedidosLai/DetalhePedido?id=3705807. Acesso em 05 nov. 2021.

originalmente esperados para aquela ação, o que houve em termos de desenvolvimento ao longo daquele último ano, os resultados alcançados e os encaminhamentos dados.

São indicadas ainda, neste manual, as propostas que serão debatidas entre os atores e que, se aprovadas, serão promovidas a ações a serem implementadas ao longo do ano subsequente. As propostas de metas são agrupadas em "Combate à Corrupção" e "Lavagem de Dinheiro" e incluem informações sobre quem é o autor da proposta (proponente), a nomenclatura sugerida da ação, o eixo ao qual pertence (por exemplo, prevenção, detecção, punição), a qual objetivo estratégico está vinculada, os resultados esperados e as atividades previstas para que se concretizem.

Por fim, o documento apresenta um cronograma para as atividades que serão desenvolvidas ao longo do período de imersão. Em geral, a Plenária se inicia com o credenciamento dos participantes e, em seguida, ainda no primeiro dia, é prevista uma reunião de avaliação dos relatórios finais das atividades desenvolvidas no último ano. Já no dia seguinte, são realizadas reuniões entre o Grupo de Trabalho de Combate à Corrupção e o Grupo de Trabalho de Lavagem de Dinheiro, ocasião em que serão discutidas as ações e definidas as redações finais das propostas para o próximo ano. Por fim, o último evento conjunto consiste na Plenária de Encerramento, na qual são enfim aprovadas as ações do ano subsequente.

A Plenária tem uma composição que varia a cada ano de sua realização. No primeiro ano da ENCCLA, havia 24 participantes, todos órgãos ou entidades públicas, e 4 (quatro) convidados especiais.[268] Já no ano seguinte, o número total de participantes foi elevado a 30, tendo incorporado os convidados do ano anterior como membros da Plenária, além de contar com a participação do Escritório das Nações Unidas sobre Drogas e Crime para o Brasil e Cone Sul (UNODC) e da Fundação Getulio Vargas.[269]

---

[268] Os convidados especiais são: Banco do Brasil (BB) Caixa Econômica Federal (CAIXA), Ministério Público do Estado de São Paulo (MP/SP), Secretaria da Fazenda do Estado de São Paulo (SEFAZ/SP).

[269] BRASIL. Secretaria Nacional de Justiça. Departamento de Recuperação de Ativos e Cooperação Jurídica internacional (DRCI). In: ENCCLA – Estratégia Nacional de Combate à Corrupção e à Lavagem de Dinheiro: 10 anos de organização do Estado brasileiro contra o crime organizado. Brasília, Ministério da Justiça: Ed. Comemorativa, 2012. p. 17 e 37.

Em 2022, a Plenária era composta por 88 integrantes,[270] sendo 12 integrantes de natureza privada e 76 órgãos ou entidades da administração direta ou indireta. Para melhor compreender a composição da Estratégia, foi elaborada a tabela a seguir, agrupando os atores em categorias:

Tabela 1: Composição da Plenária

(continua)

Categoria	Atores	Percentual em relação ao total da Plenária[271]
Órgãos que integram o Executivo Federal (administração direta)	1. Agência Brasileira de Inteligência – ABIN 2. Advocacia-Geral da União – AGU 3. Casa Civil da Presidência da República – CC/PR 4. Comissão de Ética Pública da Presidência da República (CEP/PR) 5. Comissão de Valores Mobiliários – CVM 6. Controladoria-Geral da União (CGU) 7. Departamento de Registro Empresarial e Integração – DREI 8. Gabinete de Segurança Institucional – Presidência da República – GSI/PR 9. Ministério da Defesa – MD 10. Ministério da Economia 11. Ministério da Justiça e Segurança Pública – MJSP (AEAL, CONJUR, SENAJUS, DRCI, Rede-LAB, SENAD, SENASP, DEPEN) 12. Ministério do Trabalho e Previdência – MTP 13. Ministério das Relações Exteriores – MRE 14. Polícia Federal – PF 15. Procuradoria-Geral da Fazenda Nacional – PGFN 16. Secretaria da Receita Federal do Brasil – RFB 17. Secretaria de Governo da Presidência da República – SEGOV/PR	19,3%

---

[270] ENCCLA – Estratégia Nacional de Combate à Corrupção e à Lavagem de Dinheiro. *Estrutura*. [s.d.]. Disponível em: http://enccla.camara.leg.br/quem-somos/estrutura. Acesso em 11 fev. 2022.

[271] O percentual total somado é de 99,4% em decorrência das aproximações apresentadas em relação a cada categoria.

(continua)

Categoria	Atores	Percentual em relação ao total da Plenária[271]
Entidades que integram o Executivo Federal (administração indireta)	1. Banco Central do Brasil – BCB 2. Banco do Brasil – BB 3. Banco Nacional de Desenvolvimento Econômico e Social – BNDES 4. Conselho Administrativo de Defesa Econômica – CADE 5. Conselho de Controle de Atividades Financeiras – COAF 6. Caixa Econômica Federal – CAIXA 7. Instituto do Patrimônio Histórico e Artístico Nacional (Iphan) 8. Instituto Nacional do Seguro Social – INSS 9. Superintendência Nacional de Previdência Complementar – PREVIC 10. Superintendência de Seguros Privados – SUSEP	11,3%
Órgãos que integram o Legislativo Federal	1. Câmara dos Deputados – CD 2. Senado Federal – SF	2,2%
Órgãos que integram o Judiciário Federal	1. Conselho da Justiça Federal – CJF 2. Conselho Nacional de Justiça – CNJ 3. Conselho Superior da Justiça do Trabalho – CSJT 4. Tribunal Superior do Trabalho – TST 5. Tribunal Superior Eleitoral – TSE	5,6%
Órgãos que integram o Ministério Público da União	1. Ministério Público Federal – MPF 2. Ministério Público Militar – MPM 3. Ministério Público do Trabalho – MPT 4. Conselho Nacional do Ministério Público – CNMP 5. Ministério Público do Distrito Federal e Territórios – MPDFT	5,6%
Órgãos que integram o Tribunal de Contas da União	1. Tribunal de Contas da União – TCU	1,1%

(continua)

Categoria	Atores	Percentual em relação ao total da Plenária[271]
Órgãos que integram Executivos Estaduais e Municipais (administração direta)	1. Casa Civil do Estado do Rio Grande do Sul – CC-RS 2. Controladoria-Geral do Distrito Federal – CG-DF 3. Controladoria-Geral do Estado de Minas Gerais – CGE-MG 4. Controladoria-Geral do Município de Guarulhos – CGM-GRU 5. Controladoria-Geral do Município de São Paulo – CGM-SP 6. Corregedoria-Geral da Administração do Estado de São Paulo – CGA-SP 7. Polícia Civil do Distrito Federal – PCDF 8. Polícia Civil do Estado do Maranhão – PCMA 9. Polícia Civil do Estado de Minas Gerais – PCMG 10. Polícia Civil do Estado do Rio de Janeiro – PCRJ 11. Polícia Civil do Estado do Rio Grande do Sul – PCRS 12. Polícia Civil do Estado de Santa Catarina – PCSC 13. Polícia Civil do Estado de São Paulo – PCSP 14. Procuradoria-Geral do Distrito Federal – PG-DF 15. Procuradoria-Geral do Estado da Bahia – PGE-BA 16. Procuradoria-Geral do Estado de São Paulo – PGE-SP 17. Procuradoria-Geral do Estado do Rio Grande do Sul – PGE-RS 18. Procuradoria-Geral do Município de São Paulo – PGM-SP 19. Secretaria de Estado de Controle e Transparência do Estado do Espírito Santo – SECONT-ES	21,5%

(continua)

Categoria	Atores	Percentual em relação ao total da Plenária[271]
Ministério Públicos Estaduais	1. Ministério Público de Contas do Estado do Rio Grande do Sul – MPC-RS 2. Ministério Público do Estado da Paraíba – MPPB 3. Ministério Público do Estado de Goiás – MPGO 4. Ministério Público do Estado do Maranhão – MPMA 5. Ministério Público do Estado de Minas Gerais – MPMG 6. Ministério Público do Estado do Mato Grosso do Sul – MPMS 7. Ministério Público do Estado do Paraná – MPPR 8. Ministério Público do Estado de Pernambuco – MPPE 9. Ministério Público do Estado do Piauí – MPPI 10. Ministério Público do Estado do Rio de Janeiro – MPRJ 11. Ministério Público do Estado do Rio Grande do Norte – MPRN 12. Ministério Público do Estado do Rio Grande do Sul – MPRS 13. Ministério Público do Estado de Santa Catarina – MPSC 14. Ministério Público do Estado de São Paulo – MPSP 15. Ministério Público do Estado de Sergipe – MPSE	17%
Órgãos que integram Tribunais de Contas Estaduais e Municipais	1. Tribunal de Contas do Estado do Rio Grande do Sul – TCE-RS	1,1%

(conclusão)

Categoria	Atores	Percentual em relação ao total da Plenária[271]
Associações privadas	1. Associação Nacional dos Delegados de Polícia Federal – ADPF 2. Associação dos Juízes Federais do Brasil – AJUFE 3. Associação dos Magistrados Brasileiros – AMB 4. Associação dos Membros de Tribunais de Contas do Brasil – ATRICON 5. Associação Nacional do Ministério Público de Contas – AMPCON 6. Associação Nacional dos Procuradores dos Estados e do Distrito Federal – ANAPE 7. Associação Nacional dos Procuradores da República – ANPR 8. Conselho Nacional de Controle Interno – CONACI 9. Conselho Nacional dos Chefes de Polícia Civil – CONCPC 10. Conselho Nacional dos Procuradores-Gerais do Ministério Público dos Estados e da União – CNPG 11. Federação Brasileira de Bancos – FEBRABAN 12. Grupo Nacional de Combate à Organizações Criminosas – GNCOC	13,6%
Outros	1. Rede Nacional de Controle	1,1%

Fonte: autoria própria.

Como se verifica da tabela apresentada, existe um predomínio, em termos de composição, de órgãos que integram a administração direta, seja federal (19,3%), sejam estaduais e municipais (21,5%), de modo que a Plenária da ENCCLA é composta, em quase metade, por órgãos da administração direta. Outro dado que pode ser extraído é que há uma participação importante de representantes oriundos de diversos estados da federação: cerca de 40% da composição da Plenária é integrada por representantes não vinculados à União, havendo manifesto predomínio dos estados em detrimento de municípios, que são representados apenas por São Paulo e Guarulhos.

Por sua vez, a participação de associações privadas (13,6%) está associada, em ampla maioria (91%), por entidades que são vinculadas a carreiras públicas, ou seja, associações privadas cuja composição e finalidade institucional estão estatutariamente vinculadas a uma carreira de agentes públicos efetivos. Somente a FEBRABAN, dentre os 88 participantes da Plenária, é desvinculada direta e indireta de carreiras ou instituições públicas.

Dessa análise pode-se constatar um predomínio, na Plenária, de participação de instituições que estão vinculadas à administração direta e indireta da União e de estados, e associações privadas que sejam compostas por agentes públicos, com baixa permeabilidade, em termos de participação de organizações da sociedade civil associadas ao combate à corrupção.

Essa defasagem já havia sido observada por Justino e Accioli, que, ao analisarem a composição da ENCCLA, reconheceram a baixa participação da sociedade civil nas ações anuais (no período por eles analisado, de 2003 a 2016, a sociedade civil havia participado apenas duas vezes):

> O custo desta década de exclusão da sociedade civil é o anonimato da Estratégia na percepção dos cidadãos e, consequentemente, o desconhecimento dos resultados por ela atingidos ao longo dos anos. Afastando-se dos princípios do governo aberto, a Estratégia pouco se esforça para buscar legitimidade pelo apoio popular dos brasileiros e notoriedade nacional com amparo da mídia para pressionar a implementação de seus projetos. Isso acaba por ofuscar a natureza articulada e democrática da ENCCLA.[272]

Se naquele período da Plenária 2016 existia um ambiente voltado à inclusão de organizações privadas, nas últimas edições da ENCCLA não houve participação, como integrante efetivo, de organizações desta natureza. De 2017 em diante, a participação dessas entidades foi pontual e somente por meio da abertura de edital para apresentação de propostas a serem analisadas pela Estratégia, a integrar um grupo de trabalho

---

[272] OLIVEIRA, Gustavo Henrique Justino de; BARROS FILHO, Wilson Accioli de. A Estratégia Nacional de Combate à Corrupção e à Lavagem de Dinheiro (ENCCLA) como Experiência Cooperativa Interinstitucional de Governo Aberto no Brasil. *In*: CUNHA FILHO, Alexandre Jorge Carneiro da et al. (Coords.). *48 visões sobre corrupção*. São Paulo: Quartier Latin, 2016. p. 325.

para implementação de metas[273] e para discussão com as instituições da ENCCLA na Plenária, tendo-se reservado no cronograma um evento para debate com a sociedade civil e as redes estaduais de controle.[274]

Disso se conclui que as deliberações tomadas no âmbito da Plenária da ENCCLA, por consenso, contam com uma ampla representação de integrantes do Executivo Federal e estadual, de entidades da administração indireta federal, de representantes do Ministério Público da União e estaduais e do Poder Judiciário de ordem nacional, e tem uma baixa participação de representantes do Legislativo e nenhuma participação interna de organizações da sociedade civil, o que pode comprometer, como apontado, sua legitimidade, capacidade de implementar seus objetivos e visão completa dos problemas perversos enfrentados.

Por outro lado, como mencionado, com o objetivo de ampliar a participação social na ENCCLA, tem-se permitido, por meio de chamadas públicas, que associações civis e a academia apresentem propostas de ações para serem consideradas, primeiro, pelos Grupos de Trabalho e, somente se aprovadas, são avaliadas em Plenária. Estas chamadas foram abertas para a Plenária 2021[275] e para a Plenária 2022.[276]

Esta medida contribui para a abertura da Estratégia, permitindo que novas ideias sejam consideradas, mas não infirma a constatação de que a ENCCLA continua fechada em sua estrutura. Isso porque, embora se permita atualmente que as associações civis e a universidade contribuam com ideias para a Estratégia, ainda não há permissão para que representantes dessas entidades participem ativamente das discussões

---

[273] Como exemplo, na Plenária 2021 foi aprovada a Ação 09/2021, para "Consolidar e difundir o Programa Nacional de Prevenção à Fraude e à Corrupção", que contou com a participação, na qualidade de convidados, da Alliance For Integrity, Observatório Social do Brasil e Pacto Global. Em: ENCCLA – Estratégia Nacional de Combate à Corrupção e à Lavagem de Dinheiro. *Ações de 2021*. Disponível em: http://enccla.camara.leg.br/acoes/acoes-de-2021. Acesso em 13 fev. 2022.

[274] Isso foi observado nas Plenárias de 2017, 2018, 2019 e 2020. (BRASIL. Sistema Eletrônico de Informação ao Cidadão (e-SIC). Ministério da Justiça e Segurança Pública. *Pedido nº 08198.034914/2021-59*. 2021). https://buscalai.cgu.gov.br/PedidosLai/DetalhePedido?id=3705807. Acesso em 05 de novembro de 2021.

[275] ENCCLA – Estratégia Nacional de Combate à Corrupção e à Lavagem de Dinheiro. **Últimos dias para enviar propostas de Ações para desenvolvimento na ENCCLA 2021**. Disponível em: http://enccla.camara.leg.br/noticias/enccla-recebe-propostas-de-acoes-para-desenvolvimento-em-2021. Acesso em 21 fev. 2022.

[276] ENCCLA – Estratégia Nacional de Combate à Corrupção e à Lavagem de Dinheiro. *Aberta chamada para recebimento de propostas para Ações da Estratégia Nacional de Combate à Corrupção e à Lavagem de Dinheiro 2022*. Disponível em: http://enccla.camara.leg.br/noticias/aberta-chamada-para-recebimento-de-propostas-para-acoes-da-estrategia-nacional-de-combate-a-corrupcao-e-a-lavagem-de-dinheiro-2022-1. Acesso em 21 fev. 2022.

internas à ENCCLA, restringindo-se somente a um influxo unilateral de informações que serão consideradas e, se estiverem alinhadas com o que os integrantes da Estratégia já reconhecem, poderão ser aprovadas. Assim, é possível reconhecer um aumento à abertura de participação na ENCCLA, embora seja uma abertura parcial e controlada.

3.3.2 Gabinete de Gestão Integrada

O Gabinete de Gestão Integrada (GGI) foi criado na Primeira Plenária da Estratégia, ocorrida em 2003. A criação desta instância foi a primeira meta estabelecida pela então ENCLA (Meta nº 1/2004), que propôs "[i]nstalar o Gabinete de Gestão Integrada de Prevenção e Combate à Lavagem de Dinheiro (GGI-LD), secretariado pelo DRCI/MJ, composto pelos órgãos do Executivo, Judiciário e Ministério Público participantes da ENCLA, encarregado de coordenar e articular permanentemente a atuação do Estado na prevenção e combate à lavagem de dinheiro".[277]

A responsabilidade pela criação desta instância foi atribuída ao Departamento de Recuperação de Ativos e Cooperação Jurídica Internacional (DRCI), que integra o Ministério da Justiça. Originalmente, o GGI tratava exclusivamente do combate à lavagem de dinheiro (GGI-LD) e era composto por 24 membros efetivos[278] e 9 convidados especiais.[279] Esta instância tinha como objetivo acompanhar o andamento dos objetivos e metas definidos na Plenária, reunindo os "principais

---

[277] ENCCLA – Estratégia Nacional de Combate à Corrupção e à Lavagem de Dinheiro. *Metas de 2004*. Disponível em: http://enccla.camara.leg.br/acoes/metas-de-2004. Acesso em 18 out. 2020.

[278] Eram eles: Agência Brasileira de Inteligência, Advocacia-Geral da União, Banco Central do Brasil, Casa Civil da Presidência da República, Controladoria-Geral da União, Conselho de Controle de Atividades Financeiras, Conselho da Justiça Federal, Departamento de Polícia Federal, Departamento de Polícia Rodoviária Federal, Departamento de Recuperação de Ativos e Cooperação Jurídica Internacional, Gabinete de Segurança Institucional da Presidência da República, Instituto Nacional do Seguro Social, Ministério Público Federal, Ministério da Justiça, Ministério da Previdência Social, Ministério das Relações Exteriores, Procuradoria-Geral da Fazenda Nacional, Secretaria de Direito Econômico, Secretaria de Previdência Complementar, Secretaria Nacional Antidrogas, Secretaria Nacional de Justiça, Secretaria Nacional de Segurança Pública, Secretaria da Receita Federal e Tribunal de Contas da União. Em: GABINETE DE GESTÃO INTEGRADA DE PREVENÇÃO E COMBATE À LAVAGEM DE DINHEIRO. *Relatório 2004*. [S. L.]: [S. E.], 2005. p. 4.

[279] Eles são: Banco do Brasil, Caixa Econômica Federal, Ministério Público do Estado de São Paulo, Secretaria da Fazenda do Estado de São Paulo, Ordem dos Advogados do Brasil, Colégio de Diretores das Escolas do Ministério Público, Associação dos Magistrados Brasileiros, Associação dos Juízes Federais e CONAMP.

órgãos públicos federais e estaduais do Governo, Poder Judiciário e Ministério Público".[280]

No Relatório 2004, elaborado pelo próprio GGI-LD, consta que "[a] principal deficiência apontada no sistema brasileiro de combate à lavagem de dinheiro naquela reunião de Pirenópolis, em dezembro de 2003, foi a falta de articulação e de atuação estratégica coordenada do Estado" e que a ENCLA representa um plano estratégico "baseado no princípio da articulação permanente dos órgãos públicos", a fim de viabilizar o enfrentamento do combate à corrupção da perspectiva estratégica, operacional e de inteligência. Nessa tríade, o GGI-LD foi designado como unidade de atuação estratégica, "responsável pela definição das políticas públicas e dos macro-objetivos da área", atuando como "núcleo funcional desta notável experiência de transversalidade".[281]

O GGI é composto por um grupo reduzido de participantes (21 ao todo), que se reúne trimestralmente para avaliar o desenvolvimento e cumprimento das metas estabelecidas na Plenária do ano anterior, bem como para preparar a Plenária do próximo ano. Caso alguma meta esteja sendo negligenciada por algum coordenador, cabe ao GGI tomar as medidas necessárias para assegurar o seu cumprimento.[282] Além disso, o GGI é subdivido em dois grupos, um de corrupção e outro de lavagem de dinheiro, que têm como competência definir quais serão as proposições a serem apresentadas na Plenária do ano seguinte, compondo os Grupos de Trabalho que serão detalhados em tópico a seguir.[283]

Dentre suas atribuições, compete ao GGI deliberar a respeito do ingresso de novos membros na ENCCLA (ou seja, permitir sua participação na Plenária), de modo que esta instância é quem exerce o controle sobre a possibilidade de ingresso de novos integrantes na rede, que só efetivamente irão dela participar se, ao serem convidados, decidirem voluntariamente por integrar a ENCCLA – a voluntariedade

---

[280] GABINETE DE GESTÃO INTEGRADA DE PREVENÇÃO E COMBATE À LAVAGEM DE DINHEIRO. *Relatório 2004*. [S. L.]: [S. E.], 2005. p. 5.

[281] GABINETE DE GESTÃO INTEGRADA DE PREVENÇÃO E COMBATE À LAVAGEM DE DINHEIRO. *Relatório 2004*. [S. L.]: [S. E.], 2005. p. 5.

[282] Cf.: ROCHA, Leonino Gomes. *Redes interorganizacionais no enfrentamento à corrupção*: um estudo da Estratégia Nacional de Combate à Corrupção e à Lavagem de Dinheiro – ENCCLA. 316f. Tese (Doutorado) – Curso de Direito, Universidade de Salamanca, Salamanca, 2020. p. 170.

[283] ENCCLA – Estratégia Nacional de Combate à Corrupção e à Lavagem de Dinheiro. *Estrutura*. [s.d.]. Disponível em: http://enccla.camara.leg.br/quem-somos/estrutura. Acesso em 18 out. 2020.

na participação é um ponto central da Estratégia.[284] A instituição pode, também, solicitar seu ingresso na ENCCLA, apresentando um pedido ao GGI acompanhado do motivo para querer participar e indicando no que pode contribuir e, identificando-se que há pertinência na participação daquele ator, usando como critério apenas a viabilidade de contribuição para os fins da ENCCLA, o pedido deverá ser deferido, razão pela qual a ENCCLA se considera uma "comunidade aberta".[285]

O GGI consiste no núcleo duro da Estratégia,[286] pois é uma estrutura reduzida, composta por apenas 25% dos participantes da Plenária, e que engloba os atores com participação mais estável e permanente.[287] Todos os integrantes que compõem o GGI pertencem à administração direta ou indireta vinculadas à União, subdivididas em seis categorias: representantes do Executivo Federal (48%),[288] representantes de autarquias em regime especial (29%),[289] representantes do Judiciário (9%),[290] do Ministério Público (9%)[291] e do Tribunal de Contas (5%).[292]

---

[284] Cf.: ROCHA, Leonino Gomes. *Redes interorganizacionais no enfrentamento à corrupção*: um estudo da Estratégia Nacional de Combate à Corrupção e à Lavagem de Dinheiro – ENCCLA. 316f. Tese (Doutorado) – Curso de Direito, Universidade de Salamanca, Salamanca, 2020. p. 170.

[285] JAKOB, André. A experiência da ENCCLA: organizações e governança. *In*: COSTA, Arthur Trindade Maranhão; MACHADO, Bruno Amaral; ZACKSESKI, Cristina (Org.). *A investigação e a persecução penal da corrupção e dos delitos econômicos*: uma pesquisa empírica no sistema de justiça federal. Brasília: ESMPU, 2016. t. 2, p. 361.

[286] Cf.: ROCHA, Leonino Gomes. *Redes interorganizacionais no enfrentamento à corrupção*: um estudo da Estratégia Nacional de Combate à Corrupção e à Lavagem de Dinheiro – ENCCLA. 316f. Tese (Doutorado) – Curso de Direito, Universidade de Salamanca, Salamanca, 2020. p. 170.

[287] Cf.: JAKOB, André. A experiência da ENCCLA: organizações e governança. *In*: COSTA, Arthur Trindade Maranhão; MACHADO, Bruno Amaral; ZACKSESKI, Cristina (Org.). *A investigação e a persecução penal da corrupção e dos delitos econômicos*: uma pesquisa empírica no sistema de justiça federal. Brasília: ESMPU, 2016. t. 2, p. 363.

[288] São eles: DRCI, ABIN, AGU, CGU, MJSP, ME (Ministério da Economia), MTP, PF, PGFN e RFB.

[289] São eles: BCB, CVM, CADE, COAF, PREVIC e SUSEP.

[290] São eles: CJF e CNJ.

[291] São eles: CNMP e MPF.

[292] Trata-se do TCU.

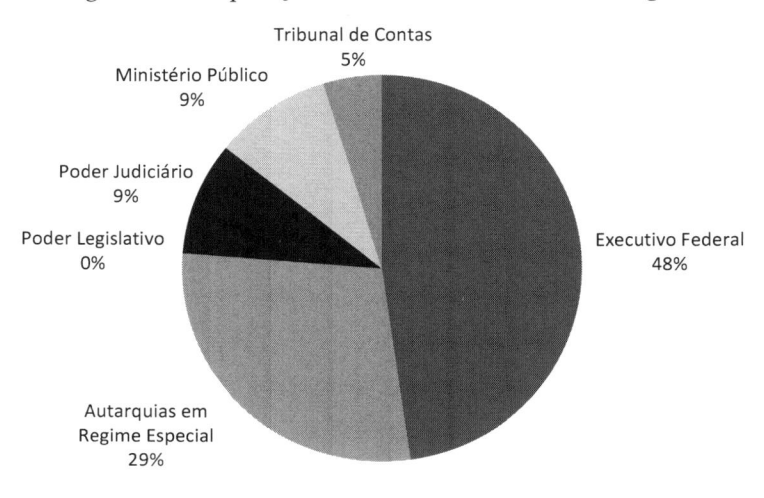

Figura 2: Composição do Gabinete de Gestão Integrada

- Tribunal de Contas 5%
- Ministério Público 9%
- Poder Judiciário 9%
- Poder Legislativo 0%
- Autarquias em Regime Especial 29%
- Executivo Federal 48%

Fonte: autoria própria.

Como se verifica da composição do GGI, há um forte predomínio de órgãos que integram o Executivo Federal, que quase alcança a metade dos atores que compõem esta instância. Inclusive, compete à Coordenação de Prevenção e Combate à Corrupção e à Lavagem de Dinheiro, que integra a Secretaria Nacional da Justiça do Ministério da Justiça e Segurança Pública, "promover a atuação do Gabinete de Gestão Integrada (GGI) da ENCCLA, no monitoramento e implementação de suas ações", como previsto no artigo 2º, II, do Regimento Interno da Secretaria Nacional de Justiça (Portaria nº 1.223, de 21 de dezembro de 2017).

Nesse sentido, como a responsabilidade por promover a atuação do GGI foi alocada a um órgão do Executivo Federal, interno ao MJSP, o monitoramento e acompanhamento das metas, bem como a organização da Plenária do ano subsequente dependem, em algum grau, desta estrutura político-administrativa, do que se denota sua permeabilidade às definições políticas do governo vigente.

3.3.3 Grupos de trabalho de combate à corrupção e de combate à lavagem de dinheiro

O Gabinete de Gestão Integrada, além de sua estrutura própria, subdivide-se em dois grupos especializados: Grupo de Trabalho de

Combate à Corrupção e Grupo de Trabalho de Combate à Lavagem de Dinheiro. Originalmente, como o combate à corrupção não consistia em atribuição da ENCCLA, não havia a subdivisão do GGI em dois grupos, sendo, então, o GGI alcunhado de GGI-LD, em referência à lavagem de dinheiro.

Posteriormente, foi elaborada esta divisão, atribuindo maior especialidade às duas instâncias. Elas são responsáveis por, a partir do segundo semestre de cada ano, reunirem-se para definir quais propostas de ações serão apresentadas na Plenária, sendo cada qual agrupada conforme sua especialidade (corrupção ou lavagem de dinheiro). Assim, o caminho para que determinada medida (ação) seja aprovada na Plenária passa, em regra, por sua propositura e aprovação no âmbito de um dos Grupos de Trabalho, seja o de lavagem de dinheiro, seja o de corrupção.

Cada qual é responsável por discutir antecipadamente as possíveis metas que serão formuladas, já indicando o eixo a que estão relacionadas, os objetivos estratégicos, os resultados esperados e as atividades a serem desenvolvidas. Todas essas informações são consolidadas no manual do participante, distribuído aos participantes da Plenária e, com base no documento, serão procedidas as deliberações a respeito da aprovação, reprovação e/ou eventual ajuste da proposta.

Além disso, desde 2020, os Grupos de Trabalho são responsáveis também por analisar e deliberar sobre a continuidade das propostas apresentadas pela academia e pela sociedade civil. Por meio de chamada pública, a ENCCLA convoca interessados a proporem medidas que entendam pertinentes para o combate à corrupção e à lavagem de dinheiro e essas medidas são selecionadas para serem apresentadas em Plenária. Para a Plenária 2021, foram apresentadas 62 propostas por meio desta chamada pública.[293]

Ademais, confrontando as informações disponibilizadas no Manual do Participante relativas às ações propostas para discussão com as ações efetivamente aprovadas em Plenária, concluiu-se que o fato de ter sido aprovada no Grupo de Trabalho não é garantia de que se tornará ação da Estratégia. Tomando por exemplo a Plenária 2020, foram propostas 6 ações pelo Grupo de Trabalho de Combate à Corrupção e 9 ações relativas à lavagem de dinheiro. Destas, 4 relativas ao combate à

---

[293] GABINETE DE GESTÃO INTEGRADA DE PREVENÇÃO E COMBATE À LAVAGEM DE DINHEIRO. *Relatório XVIII Reunião Plenária*. [S.L.]: [S. E.], 2020. p. 4.

corrupção foram aprovadas,[294] com algumas modificações de redação, e 7 relativas à lavagem de dinheiro.

Situação semelhante ocorreu na Plenária 2019. Foram propostas 7 (sete) ações de combate à corrupção, tendo 6 (seis) sido aprovadas, ainda que com modificações de redação, e 1 (uma) reformulada.[295] Em relação à lavagem de dinheiro, foram 11 propostas, e 7 (sete) foram aprovadas, totalizando, ao todo, 14 ações aprovadas para aquele ano.

Assim, embora se reconheça que a aprovação de uma proposta de ação nos Grupos de Trabalho não garanta a sua incorporação na ENCCLA, o percentual de aprovação das medidas propostas no âmbito da Plenária é significativo, o que demonstra um grau de alinhamento da Plenária aos Grupos de Trabalho.

3.3.4 Secretaria Executiva

Para que a ENCCLA funcione adequadamente, é necessário que haja uma estrutura que se responsabilize pelo desempenho das atividades administrativas: elabore e envie convites para os participantes, reserve hotel para realização da Plenária, organize a alimentação durante o evento e a logística para que os agentes cheguem até o local determinado, elabore os manuais do participante e distribua a todos, bem como elabore os Relatórios da Plenária, ofícios e atas. A responsabilidade pelo desempenho dessas atividades é da Secretaria Executiva da ENCCLA.[296]

---

[294] As sugestões reprovadas foram a Proposta CC 1 "Diagnóstico sobre o tempo de apuração e/ou instrução dos órgãos de controle", proposta pela AGU, a Proposta CC 4, de autoria do Instituto Ethos, a Proposta LD 5, da AGU, de "Big Data e Inteligência Artificial: manual de boas práticas voltadas ao combate à lavagem de dinheiro e à corrupção", e Proposta LD 9 "Examinar os riscos do uso de arranjos de pagamento na lavagem de dinheiro (LD)", da Polícia Federal.

[295] A proposta original foi apresentada pelo Banco do Brasil e consistia na "Concessão de acesso *online* às instituições de controle, fiscalização e persecução penal dos extratos que envolvam recursos públicos", conforme indicado no Manual do Participante 2019. Foi aprovada, porém, a Ação 05/2019, proposta pelo MPF, que consiste na ação de "padronizar procedimentos para acesso das instituições de controle, fiscalização e persecução aos bancos de dados e aos extratos bancários que envolvam recursos públicos". (ENCCLA – Estratégia Nacional de Combate à Corrupção e à Lavagem de Dinheiro. *Ações 2019*. Disponível em: http://enccla.camara.leg.br/acoes/acoes-de-2019. Acesso em 21 fev. 2022).

[296] Cf.: JAKOB, André. A experiência da ENCCLA: organizações e governança. *In*: COSTA, Arthur Trindade Maranhão; MACHADO, Bruno Amaral; ZACKSESKI, Cristina (Org.). *A investigação e a persecução penal da corrupção e dos delitos econômicos*: uma pesquisa empírica no sistema de justiça federal. Brasília: ESMPU, 2016. t. 2, p. 365.

A Secretaria Executiva da ENCCLA é exercida pelo Departamento de Recuperação de Ativos e Cooperação Internacional (DRCI), estrutura que integra a Secretaria Nacional de Justiça e Cidadania, que, por sua vez, integra o Ministério da Justiça. Conforme previsto no Decreto nº 11.103/2022, que regulamenta o funcionamento do MJSP, ao DRCI é conferida a atribuição de desempenho das funções da Secretaria Executiva da ENCCLA.

Internamente ao DRCI, esta atribuição fica ao encargo da Coordenação-Geral de Articulação Institucional (CGAI/DRCI/SENAJUS/MJSP), nos termos do inciso II do artigo 18 do Regimento Interno da Secretaria Nacional de Justiça (Portaria nº 1.223, de 21 de dezembro de 2017).

Ao analisar o funcionamento da Secretaria Executiva em 2013, Tatiana Braz Ribeiral constatou que, embora esta instância tivesse importância crucial para o funcionamento da Estratégia, pois operacionalizava o seu funcionamento, a "excessiva concentração de funções e atribuições aos servidores da Secretaria Executiva impacta em dificuldades de institucionalização dos resultados da ENCCLA", o que é marcado especialmente pela redução significativa de agentes públicos desempenhando essas funções na ENCCLA: em 2010, eram 10 e, em 2013, apenas 4, o que demonstra que uma ação singela do Executivo em alterar a composição do Ministério da Justiça pode refrear significativamente a capacidade da Estratégia em executar satisfatoriamente suas atividades.[297]

Em 2021, com a edição do Decreto nº 10.785/2021, houve a definição de que a Coordenação-Geral de Articulação Institucional, interna ao DRCI, é composta por quatro agentes, sendo um Coordenador-Geral, cujo cargo tem natureza de Função Comissionada do Poder Executivo (FCPE), sendo privativo a servidores efetivos, dois coordenadores, cujo cargo é de Direção e Assessoramento Superior (DAS), podendo ser ocupados por profissionais que não são servidores efetivos, e um cargo de coordenação de natureza FCPE, ou seja, que só pode ser ocupado por servidor efetivo. Há, portanto, somente quatro servidores

---

[297] RIBEIRAL, Tatiana Braz. *Produto 1*: relatório técnico de análise crítica da estrutura e metodologia de trabalho da ENCCLA. Brasília: Ministério da Justiça/UNODC, 2013. p. 4-5. Disponível em: https://www.gov.br/mj/pt-br/assuntos/sua-protecao/lavagem-de-dinheiro/institucional-2/cooperacao-tecnica/arquivos/edital-01-2013/produto-1.pdf. Acesso em 21 mar. 2022.

atuando no órgão responsável por desempenhar as funções operacionais da Estratégia.

Em conclusão, a Secretaria Executiva, exercida pela Coordenação-Geral de Articulação Institucional da Secretaria Nacional da Justiça é, portanto, a instância que desempenha a função operacional da Estratégia, com a finalidade de que a ENCCLA continue funcionando, que as Plenárias ocorram anualmente, que os integrantes do GGI se encontrem trimestralmente, e que os Grupos de Trabalho anuais, Grupos de Trabalho de Combate à Corrupção e de Combate à Lavagem de Dinheiro, desempenhem suas respectivas atribuições.

3.3.5 Grupos de trabalho anuais

A quinta estrutura que integra a ENCCLA consiste no conjunto dos Grupos de Trabalho anuais. Como se denota da denominação dessa estrutura, ela varia anualmente, conforme as metas estabelecidas e a composição dos grupos formados.

Essa estrutura gravita em torno das ações definidas em Plenária. A cada proposta de ação aprovada é formado um grupo de trabalho composto por um ou mais coordenadores e seus respectivos suplentes, bem como por entidades auxiliares que se comprometem a colaborar para a adoção daquela medida.

Eventualmente, sendo o caso, o grupo de trabalho é composto por representantes externos à ENCCLA, que são convidados a auxiliar na implementação daquela ação. É o caso, por exemplo, da Ação nº 10/2020,[298] que além dos coordenadores, suplentes e colaboradores, conta com a participação da Escola Nacional da Administração Pública, do Instituto ETHOS, do Instituto Rui Barbosa e do Observatório Social do Brasil.

Como os Grupos são formados para implementação das ações aprovadas em Plenária, o número de grupos de trabalho varia conforme o número de ações estabelecidas. Na Plenária 2021, foram 11 ações

---

[298] Ação nº 10/2020: elaboração e divulgação de um catálogo/portfólio de oportunidades de capacitação virtual e gratuita para observadores públicos, conselheiros de políticas públicas e servidores públicos, com foco em aspectos ligados à contratação pública e acompanhamento de políticas públicas, bem como adoção de outras iniciativas e instrumentos que estimulem a transparência e o fornecimento de dados abertos. Em: ENCCLA – Estratégia Nacional de Combate à Corrupção e à Lavagem de Dinheiro. *Metas de 2020*. Disponível em: http://enccla.camara.leg.br/acoes. Acesso em 18 out. 2020.

definidas, de modo que se formaram, então, 11 grupos de trabalho que, ao longo de 2021, atuaram na concretização dos objetivos traçados. Considerando o período de existência da ENCCLA (Plenárias 2004-2022, exceto 2009),[299] [300] a Coordenação foi desempenhada pelos seguintes atores, pelo respectivo número de vezes em que foi designado para esta função, sendo que, em alguns casos, foi estabelecida uma coordenação conjunta, ou seja, foram designados diversos atores para coordenarem de forma compartilhada:

Tabela 2: Número de vezes em que cada ator coordenou a implementação de ações pela ENCCLA

(continua)

Instituição	Número de ações em que desempenhou a coordenação
Departamento de Recuperação de Ativos e Cooperação Jurídica Internacional – DRCI	57
Controladoria-Geral da União – CGU	36
Ministério Público Federal – MPF	29
Conselho de Controle de Atividades Financeiras – COAF/ Unidade de Inteligência Financeira – UIF	26
Polícia Federal – PF	24
Banco Central do Brasil – BCB	22
Gabinete de Gestão Integrada – Lavagem de Dinheiro – GGI-LD e Corrupção e Lavagem de Dinheiro – GGI-CLD	22
Secretaria da Receita Federal do Brasil – RFB	19
Conselho Nacional de Justiça – CNJ	16
Tribunal de Contas da União – TCU	16
Advocacia-Geral da União – AGU	15
Associação dos Juízes Federais do Brasil – AJUFE	12

---

[299] Não houve contabilização dos órgãos responsáveis pela implementação das ações definidas na Plenária 2009, pois, naquele ano, foi adotada uma metodologia distinta.

[300] Os dados de 2004 a 2008, exceto 2005, foram extraídos de: ENCCLA – Estratégia Nacional de Combate à Corrupção e à Lavagem de Dinheiro. *Ações e metas*. [s.d.]. Disponível em: http://enccla.camara.leg.br/acoes. Acesso em 23 fev. 2022; Os dados de 2010-2022 foram extraídos de: ENCCLA – Estratégia Nacional de Combate à Corrupção e à Lavagem de Dinheiro. *Histórico de Ações Enccla 2010-2022*. Disponível em: http://enccla.camara.leg.br/acoes/arquivos/resultados-enccla-2021/historico-de-acoes-enccla-2010-2022. Acesso em 27 fev. 2022; Os dados de 2006 foram extraídos de: GABINETE DE GESTÃO INTEGRADA DE PREVENÇÃO E COMBATE À LAVAGEM DE DINHEIRO. *Relatório IV Reunião Plenária*. [S.L.]: [S.E.], 2006. p. 1-18.

(continua)

Instituição	Número de ações em que desempenhou a coordenação
Conselho da Justiça Federal – CJF	9
Comissão de Valores Mobiliários – CVM	8
Secretaria de Assuntos Legislativos do Ministério da Justiça e Segurança Pública – SAL/MJ	8
Agência Brasileira de Inteligência – ABIN	6
Conselho Nacional do Ministério Público – CNMP	6
Grupo Nacional de Combate às Organizações Criminosas – GNCOC	5
Conselho Nacional dos Procuradores-Gerais do Ministério Público dos Estados e da União – CNPG	5
Conselho Nacional de Chefes de Polícia Civil – CONCPC	4
Departamento de Justiça, Classificação, Títulos e Qualificação – DEJUS	4
Gabinete de Segurança Institucional – GSI	4
Ministério Público de São Paulo – MP/SP	4
Secretaria Nacional de Justiça – SNJ	4
Secretaria Nacional de Segurança Pública – SENASP	4
Casa Civil	3
Câmara dos Deputados – CD	3
Comitê Gestor do "Ambiente Eletrônico do Gabinete de Gestão Integrada de Prevenção e Combate à Lavagem de Dinheiro e de Recuperação de Ativos (GGI-LD)"	3
Ministério Público do Trabalho – MPT	3
Secretaria da Previdência Complementar – SPC	3
Secretaria da Reforma do Judiciário do Ministério da Justiça – SRJ/MJ	3
Superintendência de Seguros Privados – SUSEP	3
Associação Nacional dos Procuradores de Estado – ANAPE	2
Associação dos Membros dos Tribunais de Contas do Brasil – ATRICON	2
Ministério da Defesa – MD	2
Ministério Público do Rio de Janeiro – MP/RJ	2
Ministério Público do Rio Grande do Sul – MP/RS	2
Ministério da Previdência Social – MPS	2
Procuradoria-Geral da Fazenda Nacional – PGFN	2

(conclusão)

Instituição	Número de ações em que desempenhou a coordenação
Secretaria de Gestão do Ministério do Planejamento, Orçamento e Gestão – SEGES/MP	2
Secretaria de Governo da Presidência da República – SEGOV/PR	2
Secretaria de Logística e Tecnologia da Informação – SLTI, do Ministério do Planejamento, Orçamento e Gestão – SLTI/MPOG	2
Agência Nacional de Telecomunicações – ANATEL	1
Associação dos Magistrados Brasileiros – AMB	1
Associação Nacional dos Procuradores da República – ANPR	1
Colégio de Diretores de Escolas e Centros de Estudos e Aperfeiçoamento Funcional dos Ministérios Públicos do Brasil – CDEMP	1
Controladoria-Geral do Município de São Paulo – CGM/SP	1
Departamento Penitenciário Nacional – DEPEN/MJ	1
Departamento Nacional de Registro Empresarial e Integração – DREI	1
Escola Superior do Ministério Público da União – ESMPU	1
Laboratório de Tecnologia contra Lavagem de Dinheiro – LAB-LD	1
Ministério da Justiça	1
Ministério Público do Estado da Bahia – MPBA	1
Observatório Social do Brasil – OSB	1
Polícia Civil de São Paulo – PCSP	1
Rede Nacional de Laboratórios de Tecnologia contra Lavagem de Dinheiro – Rede-LAB	1
Secretaria de Direitos Humanos da Presidência da República – SDH/PR	1
Secretaria Especial de Previdência e Trabalho do Ministério da Economia – SEPRT/ME	1
Secretaria da Previdência do Ministério da Fazenda – SPREV/MF	1
Secretaria Nacional de Políticas sobre Drogas – SENAD	1
Secretaria de Direito Econômico – SDE	1
Superintendência Nacional de Previdência Complementar – PREVIC	1
Varas Federais Especializadas	1

Fonte: autoria própria

Como se verifica do levantamento realizado, é possível constatar um predomínio de atividade de coordenação por atores de nível federal e, dentre eles, órgãos do Executivo Federal. Dos 10 (dez) atores que exerceram a coordenação pelo maior número de vezes, quase metade deles (4) são órgãos do Executivo Federal (Departamento de Recuperação de Ativos e Cooperação Jurídica Internacional – DRCI, Controladoria-Geral da União – CGU, Polícia Federal – PF e Secretaria da Receita Federal do Brasil – RFB). Se considerarmos, dentre os 10 (dez) principais coordenadores,[301] o número de ações que foram desempenhadas por estes órgãos do Executivo Federal,[302] chegaremos a cerca de 50% das ações.

Ademais, este levantamento permite verificar, como mencionado anteriormente, que a participação efetiva da sociedade civil nas atividades da ENCCLA é quase irrelevante, pois somente uma única vez houve a coordenação de uma atividade por um ator desta natureza, que foi o Observatório Social do Brasil (OSB).

Por outro lado, associações civis relacionadas a alguma classe de agentes públicos atuou de modo mais frequente: dentre os 25 atores mais atuantes, 4 (quatro) foram associações civis dessa natureza (Associação dos Juízes Federais do Brasil (AJUFE), Grupo Nacional de Combate às Organizações Criminosas (GNCOC), Conselho Nacional dos Procuradores-Gerais do Ministério Público dos Estados e da União (CNPG) e Conselho Nacional de Chefes de Polícia Civil (CONCPC)), tendo coordenado ao todo 26 ações no período.

Deste modo, considerando o grupo dos 25 atores mais ativos, que foram responsáveis por 85% do total de coordenações, foi verificado que os Grupos de Trabalho da ENCCLA foram predominantemente coordenados por atores públicos (21 de 25) e que, dos atores públicos, a maioria é composta por órgãos que integram o Executivo Federal (11 de 21),[303] sendo identificado somente um representante estadual (Ministério Público do Estado de São Paulo). Os demais atores são de nível nacional e representam entidades da administração indireta (3

---

[301] O termo é aqui utilizado para identificar os atores que desempenharam a coordenação por mais vezes.
[302] Como a coordenação pode ser desempenhada por mais de um ator, é reconhecido que esta contabilidade das ações pode ocorrer em duplicidade (ou seja, uma única ação pode ter sido coordenada por DRCI e AGU e ser contabilizada duas vezes). Esta ressalva se aplica aos demais apontamentos.
[303] DRCI, CGU, PF, RFB, AGU, SAL/MJ, ABIN, DEJUS, GSI, SNJ e SENASP.

de 21),[304] estão associados ao Ministério Público da União (2 de 21),[305] ao Poder Judiciário (2 de 21),[306] ao Tribunal de Contas da União (1)[307] e, por fim, ao Gabinete de Gestão Integrada, cuja natureza é plural (composta por uma multiplicidade de atores).

3.4 Mas funciona? Resultados apresentados pela ENCCLA

Os persistentes altos níveis de percepção da corrupção no Brasil podem induzir à conclusão de que a ENCCLA não tem efetividade e que as políticas de combate à corrupção no Brasil são escassas ou inexistentes. No entanto, a Estratégia demonstra ter conquistado resultados importantes como meio de articulação dos órgãos e entidades responsáveis pelo combate à corrupção.

Os principais resultados reconhecidos pela própria Estratégia se dividem em cinco eixos: capacitação e treinamento, sistemas, produção de conhecimento, estruturação e, por fim, avanço e aperfeiçoamento das normas.[308] Estes resultados serão detalhados a seguir, considerando as informações disponibilizadas pela própria Estratégia.

Quanto ao primeiro eixo (capacitação e treinamento), foi desenvolvido o Programa Nacional de Capacitação e Treinamento para o Combate à Corrupção e à Lavagem de Dinheiro (PNLD), cuja origem consiste na meta 25/2004 da Estratégia. O programa atualmente é ofertado na modalidade presencial e a distância, em sua versão regular, bem como é disponibilizada uma modalidade "avançada", tendo capacitado mais de 18 mil servidores públicos do País. Houve, também, a criação da Plataforma IRB Conhecimento, que oferta capacitações e treinamentos voltados a agentes públicos que atuam em contratações públicas e acompanhamento de políticas públicas.[309]

---

[304] COAF, BCB e CVM.
[305] MPF e CNMP.
[306] CNJ e CJF.
[307] O próprio TCU.
[308] ENCCLA – Estratégia Nacional de Combate à Corrupção e à Lavagem de Dinheiro. *Principais Resultados*. [s.d.]. Disponível em: http://enccla.camara.leg.br/resultados. Acesso em 29 mar. 2022.
[309] ENCCLA – Estratégia Nacional de Combate à Corrupção e à Lavagem de Dinheiro. *Programa Nacional de Capacitação e Treinamento para o Combate à Corrupção e à Lavagem de Dinheiro (PNLD)*. [s.d.]. Disponível em: http://enccla.camara.leg.br/pnld. Acesso em 18 out. 2020.

Quanto aos sistemas resultantes do trabalho desenvolvido pela ENCCLA, foi criado o aplicativo "As diferentonas", que permite aos cidadãos verificarem padrões diferenciados na distribuição de recursos públicos, por meio da comparação de recursos recebidos e gastos por municípios com características semelhantes.[310] Também foi implementado o Cadastro Nacional de Clientes do Sistema Financeiro (CCS), gerido pelo Banco Central do Brasil, que permite mais agilidade nas investigações que envolvem lavagem de dinheiro.[311]

Ainda, no eixo dos sistemas, foi realizada a padronização da forma de solicitação e de resposta de quebras de sigilo bancário e respectivos rastreamentos, por meio do Sistema de Investigação de Movimentações Bancárias (SIMBA).[312] A padronização dos pedidos de quebras de sigilo bancário e das respostas foi estabelecida na Carta-Circular 3.454 do Banco Central do Brasil, direcionada a instituições financeiras.

Os dados, após o deferimento do pedido pelo Judiciário, são encaminhados por meio do SIMBA, criado pelo MPF, sistema aderido por diversas outras entidades públicas, o que tornou a circulação de informações mais ágil e segura. Uma vez recebidos os dados, órgãos como o MPF, Ministérios Públicos Estaduais e Polícias Civil e Federal precisam analisá-los, o que pode ser feito de modo muito mais eficiente e eficaz com uso de tecnologia como, por exemplo, a do LAB-LD respectivo. Mas, para seu processamento, é necessário que ela seja encaminhada de uma forma padronizada, motivo pelo qual foi editada a Carta-Circular nº 3.454 do BCB.

Foi criado, também, o Laboratório de Tecnologia contra a Lavagem de Dinheiro, modelo replicado nas demais unidades da federação,

---

[310] Não há notícia, porém, de que este aplicativo tenha sido efetivamente utilizado em qualquer circunstância para identificar um caso de corrupção, o que enseja dúvida a respeito de sua efetividade. Para mais críticas sobre o aplicativo: SILVA, Álisson et al. FiscalizaBR: um aplicativo móvel para acesso a dados abertos de convênios e contratos. In: Anais do Simpósio Brasileiro de Sistemas de Informação (SBSI), Sociedade Brasileira de Computação, Brasília, p. 285-292, 17 mai. 2017. Disponível em: http://dx.doi.org/10.5753/sbsi.2017.6054. Acesso em 10 mar. 2022.

[311] BRASIL. Conselho Nacional de Justiça. Cadastro de Clientes do Sistema Financeiro Nacional (CSS-BACEN). Disponível em: https://www.cnj.jus.br/cadastro-de-clientes-do-sistema-financeiro-nacional-css-bacen/. Acesso em 18 out. 2020.

[312] POLÍCIA FEDERAL. Simba. [s.d.]. Disponível em: http://www.pf.gov.br/servicos-pf/sigilo-bancario/simba#:~:text=O%20Sistema%20de%20Movimenta%C3%A7%C3%A3o%20Banc%C3%A1ria,Procurador%2DGeral%20da%20Rep%C3%BAblica%20do. Acesso em 18 out. 2020.

formando uma rede integrada de tecnologia.[313] Já as declarações de porte e valores, quando do ingresso e saída do País, foram informatizadas por iniciativa da ENCCLA, facilitando o controle na remessa de recursos ao exterior. A Estratégia também esteve por trás do desenvolvimento de um rol eletrônico de culpados da Justiça Federal e da recomendação, pelo CNJ, da replicação deste modelo nas Justiças Estaduais.[314]

Foi implementado, ainda, o cadastro de CNPJ dos entes públicos, conforme elaborado pela Receita Federal do Brasil, e criado o Cadastro de Entidades Inidôneas e Suspeitas (CEIS), mantido pela Controladoria-Geral da União, que permite a identificação de empresas sancionadas. Por fim, neste eixo, foi criado o Cadastro Nacional de Entidades (CNEs), sob gestão do Ministério da Justiça, que objetiva centralizar o recebimento dos relatórios de prestação de contas e emitir certificado de regularidade para as associações e fundações reconhecidas como de utilidade pública federal (UPF).

Quanto ao eixo de produção de conhecimento, houve a concepção da Métrica ENCCLA de Transparência, o que viabilizou o desenvolvimento do Ranking de Transparência pelo Ministério Público Federal, cuja atribuição foi repassada, em 2017, via convênio, ao então Ministério do Planejamento, Desenvolvimento e Gestão. Houve, ainda, a definição de diretrizes para a implementação e o funcionamento dos Sistemas Estaduais e Municipais de Controle Interno.

Por fim, neste eixo, foi elaborado o Plano de Diretrizes de Combate à Corrupção, que consiste num documento com orientações para a atuação do Estado brasileiro nos eixos de prevenção, detecção e punição de atos de corrupção.[315]

No que se refere ao eixo de estruturação, foram criadas Delegacias Especializadas em Crimes Financeiros, no âmbito do Departamento de Polícia Federal, o que permite a especialização dos responsáveis

---

[313] BRASIL. Ministério da Justiça e Segurança Pública. *LAB-LD*. 01 jul. 2021. Disponível em: https://www.justica.gov.br/sua-protecao/lavagem-de-dinheiro/LAB-LD. Acesso em 19 out. 2020.

[314] ENCCLA – Estratégia Nacional de Combate à Corrupção e à Lavagem de Dinheiro. *Principais Resultados*. [s.d.]. Disponível em: http://enccla.camara.leg.br/resultados. Acesso em 20 out. 2021.

[315] ENCCLA – Estratégia Nacional de Combate à Corrupção e à Lavagem de Dinheiro. *Plano de Diretrizes de Combate à Corrupção*. Brasília, 2018. Disponível em: http://enccla.camara.leg.br/acoes/arquivos/resultados-enccla-2018/plano-diretrizes-combate-corrupcao-completo. Acesso em 20 out. 2020.

no combate aos crimes financeiros, com treinamentos e preparação necessários para o desempenho da função.

Houve, também, a reestruturação do Grupo Nacional de Combate às Organizações Criminosas, no âmbito dos Ministérios Públicos Estaduais. O GNCOC havia sido fundado em 2002, após o assassinato de um promotor de justiça,[316] mas foi somente a partir de 2005, por iniciativa da então ENCLA (Meta nº 24/2005), que o grupo passou a promover maior profissionalização dos agentes envolvidos, por meio de treinamentos, bem como integração entre seus membros, para maior troca de informações e experiências entre os Ministérios Públicos estaduais.

Ainda no âmbito do eixo de estruturação, foi criado o Programa Nacional de Prevenção Primária à Corrupção (PNPPC), conforme estabelecido na Ação nº 6/2017. O PNPPC tem seu funcionamento baseado em três pilares: o primeiro consiste no "Todos juntos Contra a Corrupção", cujo objetivo consiste em despertar uma conscientização a respeito da importância do combate à corrupção; o segundo consiste na formação de um banco de propostas relativas à prevenção de atos de corrupção; e o terceiro consiste na formação de uma rede colaborativa integrada por universidades, associações, organizações não governamentais, empresas e entidades da Administração Pública.[317]

A ENCCLA é ainda responsável por alcançar resultados no eixo de "avanço e aperfeiçoamento das normas", nos limites de sua capacidade e competência. Neste eixo, o primeiro resultado destacado consiste na elaboração do anteprojeto de sindicância patrimonial, minutado com o fim de regulamentar a declaração de bens e valores particulares que integram o patrimônio de um agente público. Este anteprojeto, elaborado a partir da iniciativa da ENCCLA, resultou no Decreto nº 5.483/2005, que regulamentou a sindicância patrimonial.

A Estratégia também atuou na regulamentação do acesso à documentação contábil pelos órgãos de controle daqueles contratados pela administração pública, o que foi formalizado por meio da Portaria Interministerial nº 127/2018. Ademais, houve também a definição de "pessoas politicamente expostas", o que foi realizado inicialmente por meio da Resolução nº 16/2007 do Conselho de Controle de Atividades

---

[316] CONSELHO NACIONAL DOS PROCURADORES-GERAIS DE JUSTIÇA DOS MINISTÉRIOS PÚBLICOS DOS ESTADOS E DA UNIÃO. *Histórico*, 2013.
[317] CONSELHO NACIONAL DO MINISTÉRIO PÚBLICO. *Programa Nacional de Prevenção Primária à Corrupção*, 2018.

Financeiras e, atualmente, está consolidado na Resolução nº 29/2017, também do COAF.

Foi criada, também, a Autoridade Central, função atribuída ao Departamento de Recuperação de Ativos e Cooperação Jurídica Internacional por meio do Decreto nº 9.662/2019, com competência para centralizar as diligências necessárias para o cumprimento de acordos internacionais, notadamente no caso de cartas rogatórias e pedidos de assistência jurídica direta, viabilizando maior celeridade aos trâmites de cooperação.[318]

A Estratégia ainda estimulou e participou da regulamentação da aquisição de uso de cartões bancários do tipo pré-pago ou semelhantes, o que foi formalizado por meio da Circular nº 3.422, de 27 de novembro de 2008, de competência do Banco Central do Brasil. O regulamento objetiva evitar o uso indevido desses cartões para práticas de corrupção e de lavagem de dinheiro.

A ENCCLA também promoveu medidas para garantir o aproveitamento dos bens apreendidos em casos de corrupção, evitando o dispêndio de recursos pelo Estado para sua manutenção. Para isso, foi desenvolvido o Sistema Nacional e Bens Apreendidos (SNBA), sob gestão do Conselho Nacional de Justiça (CNJ), bem como houve estímulo à alienação antecipada de bens, permitindo maior agilidade no fluxo de alienação e mitigando o risco de deterioração dos bens.

Ademais, há uma série de anteprojetos de lei e de propostas de alteração de projetos de lei em andamento em diversos temas relacionados ao combate à corrupção, como, por exemplo, em relação a organizações criminosas, à lavagem de dinheiro, à extinção de domínio, em matéria de prescrição penal, de intermediação de interesses, entre outros.

Os resultados alcançados pelo Brasil no combate à lavagem de dinheiro foram analisados pelo GAFI e GAFISUD em 2010, gerando um extenso relatório a respeito dos mecanismos institucionais para implementação das medidas necessárias para promover a efetividade desse sistema e sua adequação às recomendações do próprio GAFI.[319]

---

[318] GABINETE DE GESTÃO INTEGRADA DE PREVENÇÃO E COMBATE À LAVAGEM DE DINHEIRO. *Relatório 2004*. [S. L.]: [S. E.], 2005.

[319] FATF/GAFI; GAFISUD. *Mutual Evaluation Report – Anti-Money Laundering and Combating the Financing of Terrorism*: Federative Republic of Brazil. 2010. Disponível em: https://www.fatf-gafi.org/media/fatf/documents/reports/mer/MER%20Brazil%20full.pdf. Acesso em 24 mai. 2022.

Nesse relatório, a ENCCLA é apontada como o principal mecanismo de coordenação de políticas públicas para o aprimoramento das medidas antilavagem, contra o financiamento do terrorismo e anticorrupção, sendo destacados diversos resultados alcançados a partir do seu trabalho, como a criação do PNLD e até mesmo a sua participação na elaboração e promoção do Projeto de Lei nº 3443/2008, transformado posteriormente na Lei nº 12.683/2012,[320] que promoveu modificações relativas à criminalização da lavagem de dinheiro. A Estratégia é apresentada, também, como a responsável pela elaboração das políticas nacionais antilavagem e por promover a coordenação das principais instituições governamentais e do setor privado.

Da perspectiva dos recursos à sua disposição, no relatório indica-se que, em razão da sua natureza *interagência*, não há uma equipe fixa que atue na ENCCLA, embora haja um quadro de profissionais junto à estrutura do DRCI que é dedicado exclusivamente à Estratégia, sendo responsável pelo desempenho das funções de Secretaria Executiva. De todo modo, a ENCCLA é planejada, coordenada e executada com recursos advindos da multiplicidade de atores que a integram. Por exemplo, o Ministério da Defesa, como apontado, geralmente disponibiliza o transporte aéreo de Brasília à localidade de realização da Plenária, enquanto o estado anfitrião arca com os custos de hotel e de organização da conferência. Por sua vez, as próprias instituições financiam os demais custos de participação de seus representantes e a SNJ financia os custos remanescentes da Plenária e das demais atividades da Estratégia, em parceria, inclusive, com a CGU.[321]

Já quanto à eficácia do sistema antilavagem, o GAFI e o GAFISUD reconheceram que, de modo geral, as instituições brasileiras trabalham de modo eficaz, embora ainda existissem, à época, dificuldades operacionais e de coordenação relativas às definições e sobreposições de competências entre as esferas estaduais e federal. Ademais, a ENCCLA foi destacada enquanto responsável por desempenhar uma função central na promoção da eficácia do sistema, enquanto revisora das

---

[320] BRASIL. Câmara dos Deputados. *PL nº 3443/2008*. Dá nova redação a dispositivos da Lei nº 9.613, de 3 de março de 1998, objetivando tornar mais eficiente a persecução penal dos crimes de lavagem de dinheiro. Disponível em: https://www.camara.leg.br/propostas-legislativas/395834. Acesso em 31 mai. 2022.

[321] Cf.: FATF/GAFI; GAFISUD. *Mutual Evaluation Report – Anti-Money Laundering and Combating the Financing of Terrorism*: Federative Republic of Brazil. 2010. p. 223. Disponível em: https://www.fatf-gafi.org/media/fatf/documents/reports/mer/MER%20Brazil%20full.pdf. Acesso em 24 mai. 2022.

ações implementadas, de suas fragilidades em geral e da propositora das medidas para aprimorá-lo. No entanto, a deficiência na produção de dados e estatísticas dificultava esse processo de revisão e adaptação dos objetivos da Estratégia.[322]

Com a finalidade de indicar os caminhos para aprimoramento do sistema e sua conformidade às recomendações do GAFI, o relatório contemplou o apontamento de diversas fragilidades e sugestões de medidas para o seu enfrentamento. Em muitos desses casos, houve sugestão expressa de que a ENCCLA fosse a instituição responsável pela adoção de medidas como, por exemplo, promover mudanças legislativas para viabilizar o congelamento dos recursos relacionados ao financiamento do terrorismo, institucionalizar um mecanismo que viabilizasse um *feedback* permanente entre as instituições de persecução e o COAF, para assegurar que os relatórios deste último fossem úteis para as investigações e processos, bem como implementar um sistema de registro das organizações sem fins lucrativos para todo o país, evitando o uso indevido dessas organizações para a lavagem de dinheiro.[323]

Após este relatório, o GAFI manteve o acompanhamento da implementação de suas recomendações pelo Brasil e, de 2016 até 2019, apresentou regularmente e de forma pública suas preocupações com a omissão brasileira na adoção de medidas para promover a sua conformidade em relação às deficiências identificadas em 2010. Na Reunião Plenária do GAFI de 2016, foi divulgada a profunda preocupação sobre a contínua falha do país em promover as medidas necessárias para se ajustar às recomendações do GAFI, especialmente aquelas relacionadas ao combate ao terrorismo, diante do que se promoveu uma chamada pública para que o Brasil atuasse para mitigar tais deficiências.[324]

Já na reunião seguinte, em junho de 2016, foram reconhecidos os avanços realizados pelo Brasil em relação àquelas deficiências apontadas, com destaque à promulgação da Lei nº 13.260/2016, que criminalizou

---

[322] Cf.: FATF/GAFI; GAFISUD. *Mutual Evaluation Report – Anti-Money Laundering and Combating the Financing of Terrorism*: Federative Republic of Brazil. 2010. p. 226-227. Disponível em: https://www.fatf-gafi.org/media/fatf/documents/reports/mer/MER%20Brazil%20full.pdf. Acesso em 24 mai. 2022.

[323] Cf.: FATF/GAFI; GAFISUD. *Mutual Evaluation Report – Anti-Money Laundering and Combating the Financing of Terrorism*: Federative Republic of Brazil. 2010. p. 59, 71 e 219. Disponível em: https://www.fatf-gafi.org/media/fatf/documents/reports/mer/MER%20Brazil%20full.pdf. Acesso em 24 mai. 2022.

[324] FATF. *Outcomes of the Plenary meeting of the FATF*. Paris, 17-19 February 2016. Disponível em: http://www.fatf-gafi.org/publications/fatfgeneral/documents/outcomes-plenary-february-2016.html. Acesso em 1 jun. 2022.

o terrorismo. No entanto, apesar do reconhecimento dos avanços, foi mantida a postura do GAFI de cobrar a adoção das demais medidas necessárias para que o país se conformasse às suas recomendações, especialmente em relação às medidas de combate ao financiamento do terrorismo[325] e, logo em outubro de 2016, o GAFI informou que, se não houvesse progresso significativo na adoção das medidas indicadas, seriam tomadas novas medidas, inclusive considerando emitir uma "Declaração Pública".[326]

Em junho de 2018, diante das reiteradas omissões do Brasil em avançar a agenda do GAFI, foi estabelecido que o próprio *status* do Brasil como membro da organização estava em reanálise.[327] Em fevereiro de 2019, após repetidas convocações para que o Brasil adotasse as medidas de conformidade às recomendações do GAFI, foi emitida uma Declaração Pública reconhecendo a promulgação da Lei nº 13.810/2019, que previa medidas relativas ao combate ao financiamento do terrorismo, e indicando que a legislação seria analisada à luz das recomendações do GAFI.[328]

Finalmente, em outubro de 2019, após a análise da Lei nº 13.810/2019 e do Decreto nº 9.825/2019, o GAFI manifestou que estava satisfeito com os avanços substantivos realizados pelo Brasil e informou que o Brasil não estava mais com o risco de perder seu *status* de membro[329] – e, de fato, em 2023, o País continua sendo membro do GAFI.[330]

Em síntese, a atuação da Estratégia para prevenir a corrupção e a lavagem de dinheiro apresentou produtos concretos no período analisado e, atualmente, é reconhecida como uma entidade relevante na promoção da efetividade do sistema antilavagem e anticorrupção

---

[325] FATF. *Outcomes of the Plenary meeting of the FATF*. Busan Korea, 22-24 June 2016. Disponível em: http://www.fatf-gafi.org/publications/fatfgeneral/documents/plenary-outcomes-june-2016.html. Acesso em 1 jun. 2022.

[326] FATF. *Outcomes of the Plenary meeting of the FATF*. Paris, 19-21 October 2016. Disponível em: http://www.fatf-gafi.org/publications/fatfgeneral/documents/outcomes-plenary-october-2016.html. Acesso em 1 jun. 2022.

[327] FATF. *Outcomes FATF-MENAFATF Joint Plenary*. 27-29 June 2018. Disponível em: http://www.fatf-gafi.org/publications/fatfgeneral/documents/outcomes-plenary-june-2018.html. Acesso em 1 jun. 2022.

[328] FATF. *FATF Statement on Brazil*. Disponível em: http://www.fatf-gafi.org/publications/methodsandtrends/documents/fatf-statement-brazil-feb-2019.html. Acesso em 1 jun. 2022.

[329] FATF. *Outcomes FATF Plenary*. 16-18 October 2019. Disponível em: http://www.fatf-gafi.org/publications/fatfgeneral/documents/outcomes-plenary-october-2019.html. Acesso em 1 jun. 2022.

[330] FATF. *Brazil*. Disponível em: https://www.fatf-gafi.org/countries/#Brazil. Acesso em 1 jun. 2022.

brasileiro. Esta atuação objetiva promover o aprimoramento normativo, a articulação entre as instituições, a qualificação dos agentes públicos e a promoção de uma cultura de transparência ética.

No entanto, como indica Pimenta,[331] a ENCCLA, ao atuar para promover a coordenação dos múltiplos atores que atuam no combate à corrupção e à lavagem de dinheiro, não ataca a sobreposição das funções dos órgãos em sua origem e, em razão da autonomia funcional dos agentes em algumas das instituições participantes (como, por exemplo, no MPF), as ações e "recomendações estipuladas na ENCCLA podem não ser uniformemente aplicadas por seus membros". Ademais, pela estrutura da Estratégia, não há controle da ENCCLA sobre as medidas tomadas por cada um dos integrantes da rede, de modo que ela não opera como efetiva agência de coordenação.

Além disso, apesar de sua manutenção e funcionamento, que perduram em 2023, Gordon LaForge argumenta que, desde meados de 2016, a ENCCLA reduziu sua capacidade de operar como fonte de tomada de decisões, mantendo-se como um espaço de discussão e debates entre especialistas. O autor afirma, ainda, citando uma fala de Jorge Hage, ministro-chefe da Controladoria-Geral da União entre 2006 e 2015, que a polarização política associada ao processo de impedimento de Dilma Rousseff afetou a coalizão das instituições de *accountability* brasileiras, prejudicando o espírito de parceria antes compartilhado entre as entidades.[332]

Assim, embora possam ser reconhecidos resultados importantes alcançados pela ENCCLA ao longo das suas quase duas décadas de funcionamento, sua efetividade na coordenação dos múltiplos atores que atuam no combate à corrupção é restrita, e sua eficácia na obtenção dos resultados propostos e aprovados (ações e metas) é integralmente dependente da dedicação e capacidade dos coordenadores e colaboradores.

A ENCCLA, em seu arranjo institucional, é marcada pela flexibilidade, o que pode conduzir também à dificuldade da tomada de ação interventiva quando há uma incapacidade ou inefetividade de

---

[331] PIMENTA, Raquel de Mattos. *A Construção dos Acordos de Leniência da Lei Anticorrupção*. São Paulo: Blucher, 2020. p. 60.

[332] Cf.: LAFORGE, Gordon. *The sum of its parts*: coordinating Brazil's fight against corruption 2003-2016. 2017. p. 21. Disponível em: https://successfulsocieties.prince- ton.edu/sites/successfulsocieties/files/GLF_AC-Strategy_Brazil_FORMA TTE- D_20Feb2017.pdf. Acesso em 5 out. 2020.

um Grupo de Trabalho alcançar os objetivos pactuados. As ações e objetivos passam a ser diretrizes, mas se a instituição deixar de cumpri-las no grau esperado, isso não acarreta nenhuma consequência direta além da perda de prestígio e legitimidade com as demais instituições – que, a depender da relevância que se atribua a esse valor, pode ser um mecanismo indutivo relevante.

Ademais, a exigência de consensos na tomada de decisões é relevante para promover o alinhamento de todos os atores participantes, mas multiplica as instâncias com poder de veto. Assim, é necessário um trabalho de base contínuo para que todas as instituições que integram a Plenária, por meio de seus representantes, tenham um grau de convergência que viabilize o funcionamento da Estratégia.

Ribeiral, ao analisar a ENCCLA, apontou como fragilidade no arranjo da Estratégia a ausência de regras relativas aos representantes das instituições. Como o convite é realizado diretamente para a instituição (por exemplo, ao MPF), é o próprio ente convidado que define quem irá representá-lo e, se for o caso, substituir o representante durante o ano ou a cada Plenária.[333] Essas substituições comprometem o aprofundamento de laços entre os participantes e a própria especialização nos temas e prioridades da Estratégia, dificultando o desenvolvimento de uma política coerente e sustentada ao longo dos anos e, até mesmo, da coalizão necessária para a promoção de medidas que exigem alinhamento de agentes externos, como nas mudanças normativas.

3.5 Elementos jurídicos da ENCCLA

A Estratégia, como já mencionado, não tem uma norma estruturante que preveja suas regras de funcionamento. No entanto, há uma série de referências formais à sua existência e, com o objetivo de levantar dados a respeito dessas menções, foram realizadas investigação nos próprios sites dos órgãos e entidades que integram a ENCCLA, bem como a partir da busca dos termos "ENCCLA", "ENCLA" e "Estratégia Nacional de Combate à Corrupção" no Diário Oficial da União, usando

---

[333] Cf.: RIBEIRAL, Tatiana Braz. *Produto 1*: relatório técnico de análise crítica da estrutura e metodologia de trabalho da ENCCLA. Brasília: Ministério da Justiça/UNODC, 2013. p. 7. Disponível em: https://www.gov.br/mj/pt-br/assuntos/sua-protecao/lavagem-de-dinheiro/institucional-2/cooperacao-tecnica/arquivos/edital-01-2013/produto-1.pdf. Acesso em 21 mar. 2022.

como tipo de pesquisa o resultado exato, a forma de pesquisa ato a ato, pesquisando em tudo, em qualquer período e em todos os jornais. Com o termo "ENCLA", até 27 de junho de 2022, foi identificado um único resultado, mas não referente à Estratégia. Já com o termo "ENCCLA", foram alcançados 53 resultados, sendo 25 referências a contratações públicas (extratos de contratos, avisos de inexigibilidade, aviso de licitação), 2 (duas) menções à ENCCLA em atas de reunião, 2 (duas) em relatórios de administração, 1 (uma) em acórdão do Tribunal de Contas da União e 1 (uma) em um despacho do Consultor-Geral da União. As demais menções foram previstas em normas infralegais (decretos, portarias e resoluções), classificadas e sintetizadas aos achados da pesquisa com o termo "Estratégia Nacional de Combate à Corrupção", no qual foram identificadas 44 menções à ENCCLA, sendo 20 referentes a contratações, 5 (cinco) a documentos gerais (atas, despachos, relatórios de administração) e as demais em normas infralegais.

Para melhor compreensão das referências normativas à Estratégia, foi elaborada a tabela a seguir, que congrega os achados com os termos "ENCCLA" e "Estratégia Nacional de Combate à Corrupção":

Tabela 3: Referências normativas à ENCCLA identificadas no Diário Oficial da União

(continua)

Natureza	Ato	Referências
Decreto	Decreto nº 11.103, de 24 de junho de 2022	Aprovação da Estrutura Regimental e do Quadro Demonstrativo dos Cargos em Comissão e das Funções de Confiança do Ministério da Justiça e Segurança Pública.
	Decreto nº 10.785, de 1º de setembro de 2021	Alteração do Decreto nº 9.662, de 1º de janeiro de 2019, que aprova a Estrutura Regimental e o Quadro Demonstrativo dos Cargos em Comissão e das Funções de Confiança do Ministério da Justiça e Segurança Pública.
	Decreto nº 9.755, de 11 de abril de 2019	Instituição do Comitê Interministerial de Combate à Corrupção, com referência à obrigação do Comitê de examinar as diretrizes e propostas da ENCCLA.
	Decreto nº 9.662, de 1º de janeiro de 2019	Aprovação da Estrutura Regimental e do Quadro Demonstrativo dos Cargos em Comissão e das Funções de Confiança do Ministério da Justiça e Segurança Pública
	Decreto nº 9.360, de 7 de maio de 2018	Aprovação das Estruturas Regimentais e dos Quadros Demonstrativos dos Cargos em Comissão e das Funções de Confiança do Ministério da Justiça e do Ministério Extraordinário da Segurança Pública

(continua)

Natureza	Ato	Referências
Portaria ou Resolução	Portaria MJSP nº 79, de 13 de maio de 2022	Instituição da Rede Nacional de Polícias Judiciárias no Combate à Corrupção – Renaccor e definição das regras para adesão de integrantes e para parcerias.
	Portaria PRES/INSS nº 269, de 17 de fevereiro de 2022	Designação de representantes do INSS na ENCCLA.
	Resolução CVM nº 24, de 5 de março de 2021	Aprovação do Regimento Interno da Comissão de Valores Mobiliários, com atribuição à Superintendência Geral – SGE de coordenar a atuação da CVM na ENCCLA.
	Portaria nº 1.270, de 29 de janeiro de 2021	Designação de representantes do INSS na ENCCLA.
	Portaria CVM/PTE nº 4, de 11 de janeiro de 2021	Regulamento do Programa de Gestão no âmbito da Comissão de Valores Mobiliários, com previsão de participação de representante da CVM nos trabalhos da Estratégia Nacional de Combate à Corrupção e à Lavagem de Dinheiro (ENCCLA).
	Portaria AGU nº 357, de 29 de setembro de 2020	Publicação da listagem dos atos normativos expedidos pelo Advogado-Geral da União, com referência à Portaria nº 407, de 23.03.2009, que constituiu o "Grupo Permanente de Representação da Advocacia-Geral da União na Estratégia Nacional de Combate à Corrupção e à Lavagem de Dinheiro – ENCCLA".
	Portaria nº 3.416, de 24 de dezembro de 2019	Disposição sobre o Comitê de Representantes do INSS junto à Estratégia Nacional de Combate à Corrupção e à Lavagem de Dinheiro.
	Portaria nº 221, de 21 de novembro de 2019	Instituição no âmbito da Comissão Especial de Enfrentamento da Corrupção – CEC, o Grupo de Trabalho – GT Rede Ação Íntegra, incumbido de desenvolver e propor, no prazo de um ano, a "Estratégia Nacional de Prevenção Primária à Corrupção", referenciando a Ação nº 6 da ENCCLA de 2017 e 2018.
	Portaria nº 105.173, de 24 de outubro de 2019	Alterações no Regimento Interno do Banco do Brasil, atribuindo à Segov a competência de coordenar a atuação do Banco do Brasil na ENCCLA.
	Portaria nº 111/2019	Constituição, no âmbito da Procuradoria-Geral da Fazenda Nacional – PGFN, do Grupo Permanente de Representantes junto à Estratégia Nacional de Combate à Corrupção e à Lavagem de Dinheiro do ano de 2019 – GPR-ENCCLA 2019, vinculado ao Gabinete do Procurador-Geral.

(conclusão)

Natureza	Ato	Referências
Portaria ou Resolução	Portaria nº 119, de 20 de dezembro de 2018	Divulgação do Plano de Diretrizes e Metas do Ministério da Cultura com referência a uma meta do IPHAN relativa à ENCCLA.
	Portaria nº 22, de 19 de fevereiro de 2018	Instituição, no âmbito do Ministério Público Militar, da Comissão de Pesquisas e Estudos, com o objetivo de consolidar um diagnóstico e de elaborar o Manual de Orientações acerca de Controle Interno das Forças Armadas, com referência à Ação 2 da ENCCLA.
	Portaria nº 1.223, de 21 de dezembro de 2017	Regimento Interno da Secretaria Nacional de Justiça, com detalhamento sobre as atribuições relativas à ENCCLA.
	Portaria nº 521, de 22 de abril de 2016	Aprovação do Regimento Interno da Secretaria Nacional de Justiça e Cidadania, com detalhamento sobre as atribuições relativas à ENCCLA.
	Portaria nº 101, de 9 de setembro de 2015	Dispõe sobre o Fórum Nacional de Combate à Corrupção no âmbito do Conselho Nacional do Ministério Público, com referência à ENCCLA.
	Portaria nº 718, de 10 de setembro de 2013	Constituição do grupo de representantes da PGFN na ENCCLA.
	Portaria nº 67, de 24 de janeiro de 2013	Constituição do grupo de representantes da PGFN na ENCCLA.

Fonte: elaboração própria

Com a finalidade de aprofundar os achados relativos às referências normativas, foi dado seguimento à investigação, tendo-se identificado a primeira norma jurídica que fez expressa menção à competência de organização da então Estratégia Nacional de Combate à Lavagem de Dinheiro e Recuperação de Ativos (ENCLA): a Portaria MJ nº 1.424 de 24.08.2006 (Regimento Interno da Secretaria Nacional de Justiça). Nela, é atribuída à Coordenação-Geral de Articulação Institucional a responsabilidade de implementar ações que promovam a efetividade da ENCLA, bem como é indicada a competência da Coordenação de Comunicação Institucional de preparar e organizar anualmente a ENCLA e de elaborar e atualizar os veículos e ferramentas de comunicação da Estratégia. Esta portaria foi, em seguida, substituída pela Portaria MJ nº 1.443 de 12.09.2006, sem sofrer alterações na redação que tratava da ENCLA. É relevante compreender que esta norma não cria ou institucionaliza o funcionamento da Estratégia, mas somente atribui competências a órgãos que integram o Ministério da Justiça: ou seja, a norma especifica competências do MJSP que serão desempenhadas no âmbito da ENCLA, mas não prevê as competências, atribuições, composição ou regras de funcionamento da própria ENCLA.

A mudança seguinte ocorreu dez anos depois, em 2016, por meio da Portaria nº 521, de 22 de abril de 2016, e foi assinada pelo Ministro Eugênio José Guilherme de Aragão. Neste novo regimento, há sete menções à então ENCCLA. A primeira referência indica que a Secretaria Nacional de Justiça tem como atribuição "coordenar, em parceria com os órgãos da Administração Pública, a Estratégia Nacional de Combate à Corrupção e à Lavagem de Dinheiro – ENCCLA". Nas demais, há um aprofundamento dessas competências dentro da própria SNJ. Ao DRCI é atribuída a responsabilidade de articular a implementação da ENCCLA, o que é executado por seus departamentos internos.

Por exemplo, a Coordenação-Geral de Articulação Institucional coordena a implementação da ENCCLA, enquanto a Coordenação de Prevenção e Combate à Corrupção e à Lavagem de Dinheiro deve promover a atuação do Gabinete de Gestão Integrada da Estratégia, no monitoramento e implementação de suas ações. Já a Divisão de Planejamento articula e monitora os grupos de trabalho da ENCCLA, prepara e organiza anualmente a reunião Plenária e promove e acompanha o plano de comunicação institucional da ENCCLA.

Esta Portaria foi revogada pela Portaria nº 1.223, de 21 de dezembro de 2017, que se mantém até o fechamento deste trabalho. A nova norma, no entanto, manteve substancialmente inalteradas as disposições relativas à ENCCLA. Houve somente o acréscimo de que a atribuição da Coordenação-Geral de Articulação Institucional de coordenar a implementação da ENCCLA contempla, também, o desempenho da função de Secretaria Executiva da Estratégia.

Além do Regimento Interno da Secretaria Nacional de Justiça, outras normas que fazem menções relativas a competências no âmbito da ENCCLA consistem nos decretos que estruturam o Ministério da Justiça. A primeira referência à ENCCLA na norma de estruturação do Ministério da Justiça foi o Decreto nº 8.668, de 11 de fevereiro de 2016, de autoria da Presidenta Dilma Rousseff. A norma é uma síntese das competências já previstas no âmbito do Regimento Interno da Secretaria Nacional de Justiça.

No Decreto nº 8.668/2016, há duas referências expressas à ENCCLA. A primeira atribui à Secretaria Nacional de Justiça e Cidadania a competência de coordenar, em parceria com os órgãos da administração pública, a Estratégia Nacional de Combate à Corrupção e à Lavagem de Dinheiro (ENCCLA), em referência idêntica à já estipulada no Regimento Interno da SNJ. A segunda prevê ao Departamento de Recuperação de Ativos e Cooperação Jurídica Internacional a atribuição de "articular a implementação da ENCCLA, coordenar, articular, integrar e propor ações entre os órgãos dos Poderes Executivo, Legislativo e Judiciário e o Ministério Público no enfrentamento da corrupção, da lavagem de dinheiro e do crime organizado transnacional" (artigo 10, I).

Por sua vez, o Decreto nº 9.150, de 4 de setembro de 2017, revogou o Decreto nº 8.668/2016 e manteve a redação relativa à competência da SNJ e as competências previstas ao DRCI. A mesma redação também foi mantida no Decreto nº 9.360, de 7 de maio de 2018, que revogou o Decreto nº 9.150/2017, e no Decreto nº 9.662, de 1º de janeiro de 2019.

Em 2021, foi editado o Decreto nº 10.785/2021, alterando as funções do DRCI relativas à ENCCLA. Mais especificamente, foi alterado o inciso I do artigo 14, para que se passasse a prever como atribuição do órgão "articular, integrar e propor ações entre os órgãos dos Poderes Executivo e Judiciário e o Ministério Público para o enfrentamento da corrupção, da lavagem de dinheiro e do crime organizado transnacional, por meio de coordenação de redes de articulação", substituindo a referência à ENCCLA pela menção às redes de articulação, mas houve o acréscimo do inciso II prevendo como responsabilidade do DRCI a de "coordenar e exercer a função de secretaria-executiva da ENCCLA".

Em 2022, esteve vigente o Decreto nº 11.103/2022, da Presidência da República, que retomou a redação original a respeito da ENCCLA adotada no Decreto nº 9.662/2019.

Assim, da leitura do Decreto nº 11.103/2022 é constatada a referência expressa à ENCCLA e nele se atribui à Secretaria Nacional de Justiça o dever de coordenar a Estratégia. O decreto é uma norma jurídica (ato formal) emanada por uma autoridade competente (Presidente da República), que referencia a Estratégia enquanto estrutura formal e que atribui uma competência a um órgão público (SNJ/MJSP) a seu respeito.

Mas essas normas que referenciam a ENCCLA não se restringem ao MJSP, como já identificado. O Regimento Interno do Banco Central do Brasil, alterado conforme a Portaria nº 105.173/2019 por seu Presidente, prevê expressamente que uma instância desta instituição (a SEGOV) tem como atribuição "coordenar a atuação do Banco Central e representá-lo" na ENCCLA.

O Regimento Interno da Procuradoria-Geral da Fazenda Nacional (PGFN), conforme previsto na Portaria MF nº 36/2014, instituído pelo Ministro da Fazenda, previu, em seu inciso VII do artigo 38, que compete à Coordenação-Geral de Grandes Devedores acompanhar a Estratégia Nacional de Combate à Corrupção e à Lavagem de Dinheiro. No mesmo sentido, a Resolução CSMPF nº 189/2018, que aprova o Regimento Interno da 5ª Câmara de Coordenação e Revisão do Ministério Público Federal, prevê, no inciso XIII do seu art. 5º, que compete à Câmara "deliberar sobre a indicação de membros para representação institucional na Estratégia Nacional de Combate à Corrupção e à Lavagem de Dinheiro – ENCCLA (...)".

O INSS, por sua vez, editou a Portaria PRES/INSS nº 3.416/2019, que dispõe sobre o Comitê de Representantes do INSS junto à Estratégia Nacional de Combate à Corrupção e à Lavagem de Dinheiro. Nesta norma são previstas diversas regras sobre a representação do INSS na ENCCLA, como, por exemplo, o número de representantes e quais cargos devem ser designados, a finalidade da atuação, as competências do coordenador do Comitê, orientações sobre a atuação e, inclusive, o dever de emissão de relatório de acompanhamento a cada trimestre.

Já a Comissão de Valores Imobiliários dispôs, no seu Regimento Interno, editado por meio da Resolução CVM nº 24/2021, que compete à Superintendência Geral "coordenar a atuação da CVM na Estratégia Nacional de Combate à Corrupção e à Lavagem de Dinheiro – ENCCLA", conforme previsto no seu inciso III do artigo 25.

A Advocacia-Geral da União, no âmbito de sua competência, editou a Portaria nº 407/2009, instituindo o Grupo Permanente de Representação da Advocacia-Geral da União na Estratégia Nacional de Combate à Corrupção e à Lavagem de Dinheiro (ENCCLA), composta por dois representantes da Procuradoria-Geral da União, da Consultoria-Geral da União e da Procuradoria-Geral Federal, que podem até mesmo exercer as atividades na ENCCLA com exclusividade.

Ainda, o Decreto nº 9.755/2019, que instituiu o Comitê Interministerial de Combate à Corrupção, também previu, nos termos do parágrafo único do artigo 2º, que, "[p]ara cumprir a sua finalidade, o Comitê Interministerial de Combate à Corrupção examinará as diretrizes e as propostas elaboradas no âmbito da Estratégia Nacional de Combate à Corrupção e à Lavagem de Dinheiro – ENCCLA", em reconhecimento formal à sua existência.

Trata-se, portanto, de um formal reconhecimento, em normas jurídicas, da existência da ENCCLA como meio de enfretamento à corrupção e à lavagem de dinheiro. Como se verifica das normas mencionadas, há regras jurídicas válidas e vigentes que contemplam e oficializam atribuições a serem desempenhadas no âmbito da ENCCLA. No entanto, é preciso ter clareza de que essas regras não são propriamente normas de funcionamento da Estratégia, mas regras de funcionamento de uma pluralidade de atores que integram a ENCCLA.

Já da perspectiva de atos que designam agentes a representar a instituição na ENCCLA, constatou-se que o Ministério Público Federal indicou Procuradores da República para atuar no Gabinete de Gestão Integrada, por meio de ofício assinado pelo Procurador-Geral da República.[334] Por sua vez, no Banco Central do Brasil, a designação do chefe da SEGOV, que representa a instituição na ENCCLA, é realizada pelo Presidente do Banco Central do Brasil por meio de Portaria, a exemplo da Portaria nº 102.177, de 20 de março de 2019.

No âmbito da Procuradoria-Geral da Fazenda Nacional, por seu Procurador-Geral, foi designado um Grupo Permanente de Representantes junto à Estratégia Nacional de Combate à Corrupção e à Lavagem de Dinheiro do ano de 2019 – GPR-ENCCLA 2019, vinculado ao Gabinete do Procurador-Geral. Além disso, foi atribuída a esse grupo a competência de designar representantes para participar das atividades da ENCCLA, responder os pedidos da Secretaria Executiva de designação de representante da PGFN para participar da Estratégia e, ainda, sistematizar a posição da PGFN sobre as matérias tratadas pela ENCCLA. Ainda, nesta mesma Portaria nº 111, de 30 de janeiro de 2019, foi determinado que a Coordenação-Geral de Estratégias de Recuperação de Créditos (CGR) representará a PGFN no Gabinete de Gestão Integrada (GGI) da ENCCLA. Já no âmbito do INSS, atendendo à previsão contida na Portaria PRES/INSS nº 3.416/2019, foi editada a Portaria PRES/INSS nº 269/2022, indicando quais são os agentes públicos titulares e suplentes do comitê representante do INSS na Estratégia.

E esta formalização foi identificada também fora do âmbito da União. Por meio da Portaria nº 28/2020/CGM-G/2020, o Controlador-Geral do Município de São Paulo designou "os seguintes servidores como membros titulares, com seus respectivos suplentes, para implementação das ações adotadas pela Estratégia Nacional de Combate à

---

[334] A indicação foi realizada por meio do Ofício nº 73/2020 – SUBGDP/CHEFIA/GAB/PGR.

Corrupção e à Lavagem de Dinheiro (ENCCLA), para o ano de 2020", indicando, para cada ação, um agente titular e suplente para atuar na sua consecução.

O Conselho Nacional de Justiça também se utilizou de atos formais para designação dos seus representantes na Estratégia. O primeiro ato de designação identificado foi editado em 2013, por meio da Portaria nº 209, de 12 de novembro de 2013. Neste ato, foram indicados Conselheiros para representação do "CNJ nos trabalhos a serem realizados pela Estratégia Nacional de Combate à Corrupção e à Lavagem de Dinheiro – ENCCLA" e, desde então, o Conselho vem editando novas portarias para alterar a composição de seus representantes.[335]

Foram identificados, também, contratos firmados para desenvolvimento das atividades da Estratégia. Em 2018, por exemplo, a Caixa Econômica Federal firmou contratação direta para "[p]atrocínio do projeto Reunião Plenária Anual da Estratégia Nacional de Combate à Corrupção e à Lavagem de Dinheiro ENCCLA 2019", tendo contratado o Instituto de Desenvolvimento Econômico e Social de Fronteira (IDESF)[336] e, em 2020, patrocinou o projeto "XVII Reunião Plenária da Estratégia Nacional de Combate à Corrupção e à Lavagem de Dinheiro – ENCCLA 2020", com a contratação da Associação Nacional dos Delegados de Polícia Federal.[337]

Entre órgãos públicos, para repasse de verbas, foi identificada a formalização do Termo de Execução Descentralizada (TED) nº 03/2018, que tinha por "objeto a realização da XVI Reunião Plenária da Estratégia Nacional de Combate à Corrupção e à Lavagem de Dinheiro (ENCCLA) na cidade de Foz do Iguaçu, no estado do Paraná", repassando recursos da Coordenação-Geral de Logística e Contratos do MJSP para a Coordenação de Orçamento e Finanças do Departamento de Polícia Federal.[338]

---

[335] BRASIL. Conselho Nacional de Justiça. *Documentos*. [s.d.]. Disponível em: https://www.cnj.jus.br/programas-e-acoes/combate-a-corrupcao-enccla/documentos-7/. Acesso em 9 abr. 2022.

[336] BRASIL. Extrato de contrato. *Diário Oficial da União*, 20 nov. 2018. Disponível em: https://pesquisa.in.gov.br/imprensa/jsp/visualiza/index.jsp?data=20/11/2018&jornal=530&pagina=122. Acesso em 9 abr. 2022.

[337] BRASIL. Extrato de contrato. *Diário Oficial da União*, 20 nov. 2018. Disponível em: https://pesquisa.in.gov.br/imprensa/jsp/visualiza/index.jsp?data=20/11/2018&jornal=530&pagina=122. Acesso em 9 abr. 2022.

[338] BRASIL. Extrato de termo de execução descentralizada. *Diário Oficial da União*, 27 ago. 2018. Disponível em: https://www.in.gov.br/web/dou/-/extrato-de-termo-de-execucao-descentralizada-38362089. Acesso em 15 abr. 2022.

Ademais, em pesquisa pública no Sistema Eletrônico de Informação (SEI) do Ministério da Justiça e Segurança Pública, utilizando-se o termo "ENCCLA", foram identificadas 19.136 referências, demonstrando a existência de diversos processos administrativos que mencionam a Estratégia.[339] No próprio Manual do Participante 2021, há referência ao processo SEI 08198.004329/2022-13, o que corrobora que o desenvolvimento das atividades da ENCCLA é dotado de formalidade.

No intuito de compreender como esses elementos de formalidade conferem institucionalidade jurídica à Estratégia e sua relação com seu arranjo em rede, os dados descritos neste capítulo serão devidamente analisados no capítulo 5 deste livro.

3.6 Conclusões parciais

Este capítulo foi dedicado a descrever a Estratégia Nacional de Combate à Lavagem de Dinheiro, desde a sua origem até 2022, analisando os seus objetivos e o arranjo adotado para alcançá-los, os produtos elaborados por meio do trabalho da ENCCLA e as referências formais à Estratégia.

A ENCCLA foi criada pelo Ministério da Justiça em 2003, com a finalidade de reunir os principais órgãos e entidades que poderiam, de algum modo, contribuir para a efetividade do combate à lavagem de dinheiro, dando concretude aos tratados internacionais e normas brasileiras no tema. Em 2006, a instituição incorporou o combate à corrupção dentre seus objetivos, ampliando também o universo de atores que passaram a integrá-la.

Para alcançar os seus objetivos, a Estratégia foi arquitetada de modo a promover um diálogo qualificado entre os atores, preservando sua independência e autonomia. Seu desenho institucional contempla a organização em cinco instâncias: a Plenária, o Gabinete de Gestão Integrada (GGI), os Grupos de Trabalho Anual, os Grupos de Trabalho de Combate à Corrupção e de Combate à Lavagem de Dinheiro e a Secretaria Executiva.

---

[339] Não foi possível verificar o conteúdo destes achados, uma vez que a pesquisa pública só indica a existência dos processos, mas o acesso demanda um login interno do MJSP. Em: BRASIL. Ministério da Justiça e Segurança Pública. *Sistema Eletrônico de Informações*. [s.d.]. Disponível em: https://sei.mj.gov.br/sei/modulos/pesquisa/md_pesq_processo_pesquisar. php?acao_externa=protocolo_pesquisar&acao_origem_externa=protocolo_pesquisar&id_orgao_acesso_externo=0. Acesso em 2 abr. 2022.

Quanto aos principais resultados alcançados pela ENCCLA, indicados por ela própria, eles se dividem em cinco eixos: capacitação e treinamento; sistemas; produção de conhecimento; estruturação e, por fim, avanço e aperfeiçoamento das normas. Foi possível reconhecer que, ao longo das quase duas décadas de atuação, a ENCCLA conseguiu mobilizar uma pluralidade de atores envolvidos no combate à corrupção e à lavagem de dinheiro e ser reconhecida, inclusive internacionalmente, como uma iniciativa de destaque para promover a efetividade do sistema antilavagem e anticorrupção brasileiro.

Foram apontadas, por fim, fragilidades neste arranjo e na capacidade de produção de resultados, especialmente relacionados à falta de controle e de capacidade de coerção para constranger os atores que a integram a executarem as metas aprovadas, tornando-a dependente do interesse de mobilização de seus integrantes. Ademais, a deliberação por consenso demanda uma capacidade de construção de convergências que pode impactar a agilidade na tomada de decisão e até mesmo paralisar sua atuação, especialmente nos casos em que há troca dos representantes das instituições que a integra, que pode comprometer a coesão necessária para sua efetividade.

A elaboração deste capítulo objetiva, pois, que, a partir da descrição apresentada acrescida de elementos complementares focalizados, a Estratégia seja analisada enquanto iniciativa compatível ao modelo da Nova Governança Pública, a fim de verificar se é possível compreender sua estruturação neste contexto de modificação das estruturas administrativas. Ademais, a ENCCLA será investigada da perspectiva de sua formação em rede, considerando o arranjo adotado e sua expressão e institucionalidade jurídica, analisadas a partir das teorias dos contratos conectados e da concertação administrativa. É o que será realizado nos capítulos seguintes.

CAPÍTULO 4

ARQUITETURA DA ENCCLA SOB O MODELO DA NOVA GOVERNANÇA PÚBLICA

A Nova Governança Pública, como indicado no primeiro capítulo deste livro, foi originalmente apresentada por Osborne como uma ferramenta conceitual, originada a partir do conceito de governança pública, para melhor compreender os desafios e mecanismos de produção e implementação das políticas públicas.[340] Posteriormente, Torfing e Triantafillou reconheceram que, apesar de ainda não haver uma teorização clara sobre a Nova Governança Pública, era possível verificar princípios a ela associados, como o enfoque dado aos processos, resultados, coordenação, participação e coprodução das políticas. Já reconhecendo se tratar de um modelo, os autores indicam que ele se baseia na cooperação entre os atores, o que envolve, também, o encorajamento à participação e ao desenvolvimento de mecanismos de negociação entre as partes.[341]

A NPG é caracterizada por primar "pela relação de múltiplos atores para a prestação dos serviços através de redes ou *networks*", o que advém do reconhecimento de que há uma multiplicidade de organizações atuando para alcançar a prestação daquele serviço público e da percepção de que é mais produtivo enfatizar a cooperação entre esses

---

[340] Cf.: OSBORNE, Stephen P. (Ed.). *The new public governance?*: emerging perspectives on the theory and practice of public governance. New York: Routledge, 2010.
[341] Cf.: TORFING, Jacob; TRIANTAFILLOU, Peter. What's in a Name? Grasping New Public Governance as a Political-Administrative System. *International Review Of Public Administration*, [S.L.], v. 18, n. 2, p. 9-25, ago. 2013. Informa UK Limited. http://dx.doi.org/10.1080/122946 59.2013.10805250. Acesso em 20 mar. 2022.

atores, em vez da competição típica da NPM.[342] As redes são, portanto, a base da atuação no modelo da NPG.

Para melhor descrever a dinâmica e as características da NPG, Torfing e Triantafillou elaboraram uma adaptação do modelo de sistema político de David Easton, separando o processo de decisão em quatro etapas, que são: (i) os *inputs* da política, relacionados aqui à participação; (ii) o processamento da decisão, associado à colaboração; (iii) os produtos obtidos; e (iv) a retroalimentação da política por meio dos feedbacks relacionados ao *accountability*. Cada uma dessas etapas tem suas características próprias no modelo de NPG, como detalhado nos tópicos anteriores deste livro.

Reconhecendo, como indicado no capítulo precedente, que a ENCCLA se qualifica como uma iniciativa governamental que atua por meio de uma pluralidade de atores para alcançar objetivos comuns estabelecidos por meio de decisões consensuais tomadas por esses próprios atores de modo cooperativo, e que este desenho institucional é singular em relação às formas típicas de atuação do Estado adotadas sob o modelo da Administração Tradicional e mesmo da NPM, o objetivo deste capítulo é, reconhecendo tais elementos da ENCCLA, compreender a Estratégia a partir do modelo de Nova Governança Pública, tendo sido analisado o seu modelo pela lógica de participação, colaboração, bem como seus produtos, ferramentas utilizadas e *accountability*.

4.1 Participação

O modelo de Nova Governança Pública reconhece a participação como um elemento de construção ativa da cidadania, que deixa de ser reconhecida como restrita aos limites da votação regular e avaliações de satisfação (esta visão típica da NPM, que caracteriza o cidadão como cliente), e a expande para conceber formas diretas de participação.

Nesta concepção, o agente público se configura como mais um ator apto a participar da deliberação sobre as decisões de implementação da política, e não como único responsável por elas. Os cidadãos, por sua vez, não apenas informam o que desejam, mas constroem efetivamente as ações a serem adotadas, formulando e apresentando suas percepções, contribuindo com ideias e até mesmo participando do processo deliberativo.

---

[342] Cf.: SILVESTRE, Hugo Consciência. *A (Nova) Governança Pública*. Brasília: Enap, 2019. p. 17.

Seguindo este ideal, Skelcher e Torfing desenharam uma tipologia que contempla quatro diferentes modelos de participação da NPG: (i) levantamento de dados para reconhecimento da opinião pública; (ii) verificação da opinião pública por meio de consultas públicas; (iii) desenvolvimento de fóruns deliberativos; e (iv) desenvolvimento de diálogo interativo pela governança em redes.[343]

O último – diálogo interativo pela governança em redes – é caracterizado por promover intercâmbio de informações entre os diversos atores públicos e privados envolvidos naquela determinada temática, que sejam autônomos, mas interdependentes. As decisões, neste modelo, são tomadas por meio de negociações realizadas num ambiente autorregulado (ou seja, por meio de regras estabelecidas pelos próprios atores) com a finalidade de apontar os problemas, propor soluções e implementá-las conjuntamente. Ademais, os atores indicam que geralmente é encontrado, nesse modelo, um comitê de monitoramento e consultoria com participação de cidadãos.

A ENCCLA se assemelha a esse modelo por se tratar, em linhas gerais, de uma estrutura em que há incentivo à participação e ao diálogo, seja por meio do convite do GGI a entidades que atuam no combate à corrupção, seja por solicitação direta dos interessados.

Os atores que a integram constroem os problemas (ou seja, identificam quais são as fragilidades que devem ser atacadas), discutem e definem as prioridades e aprovam as metas (soluções). Em seguida, após a definição das ações a serem tomadas, os atores se agrupam, atribuindo responsabilidades (coordenação e colaboração, podendo, também, haver convidados), para que implementem aquela medida estabelecida. Todos esses processos ocorrem de forma ordenada, a partir de regras compartilhadas, aceitas e respeitadas pelos integrantes da Estratégia.

Os atores são, também, operacionalmente autônomos entre si, sendo que a participação deles na ENCCLA não compromete sua independência. No entanto, esta independência é insuficiente para que esses atores atinjam, de forma isolada, suas finalidades institucionais, exigindo que eles componham com outros atores para que atuem satisfatoriamente (ou seja, há interdependência).

---

[343] Cf.: SKELCHER, Chris; TORFING, Jacob. Improving democratic governance through institutional design: civic participation and democratic ownership in Europe. *Regulation & Governance*, [S.L.], v. 4, n. 1, p. 71-91, mar. 2010. Disponível em: http://dx.doi.org/10.1111/j.1748-5991.2010.01072.x. Acesso em 20 mar. 2022.

Esta interdependência é um dos fundamentos da criação da ENCCLA e foi apontada pelos agentes públicos quando perguntados sobre as razões da ineficácia do combate à lavagem de dinheiro, em estudo realizado pelo Conselho da Justiça Federal. Procuradores da República, integrantes do MPF, instituição constitucionalmente autônoma, relataram sua dificuldade em desempenhar satisfatoriamente suas funções no combate à lavagem de dinheiro pelo embaraço em obter cópias de procedimentos administrativos com o COAF e o Banco Central. Mesmo quando determinado pelo Poder Judiciário que as informações fossem disponibilizadas, o relato é de que havia uma lentidão na sua entrega que dificultava a conclusão do procedimento.

A mesma reclamação se dava em relação à Receita Federal do Brasil, cujas informações eram reconhecidas como essenciais para a consecução do combate à lavagem de dinheiro e, portanto, a demora impedia a eficácia da atuação dos atores do sistema de justiça responsáveis pela investigação.

Possivelmente, essa demora decorria de um desalinhamento de prioridades entre os atores. Enquanto os órgãos de investigação atuando no combate à lavagem de dinheiro priorizavam este tema, tanto a Receita Federal do Brasil quanto o próprio Banco Central do Brasil poderiam ter entre suas prioridades outros fatores, como a identificação de inadimplências tributárias, no caso da RFB, e a política monetária nacional, como controle de inflação, valor do câmbio etc. Nesse sentido, esses atores poderiam não se perceber como essenciais para a efetividade da persecução da lavagem de dinheiro (e, posteriormente, da corrupção) ou, ainda que identificassem esta importância, direcionavam sua atuação e recursos para atingir as próprias missões institucionais.

Por isso, ao inseri-los em ambiente de discussão sobre o combate à corrupção e à lavagem de dinheiro, este distanciamento institucional foi reduzido, aprofundando o diálogo entre as partes. Por meio desse relacionamento interinstitucional, foi viabilizado que as partes compartilhassem suas principais dificuldades e, com isso, discutissem e formulassem, de forma conjunta, soluções a serem implementadas.

No entanto, ao analisar a composição da Plenária da ENCCLA e de todas as suas demais estruturas, foi possível constatar uma baixa permeabilidade à participação de atores privados. O único ator privado que atuou de modo estável e permanente na ENCCLA, e que não é associado a uma corporação de agentes públicos, é a Federação Brasileira de Bancos – FEBRABAN, que reúne, entre seus associados, os principais bancos públicos e privados do Brasil.

A participação da FEBRABAN é notável, tanto por sua excepcionalidade, como único agente eminentemente privado a integrar a ENCCLA, quanto por sua importância estratégica, uma vez que representa as instituições financeiras detentoras das informações essenciais para o reconhecimento da lavagem de dinheiro e corrupção. A FEBRABAN participou da Estratégia pela primeira vez na Plenária 2005[344] e, desde então, vem participando ativamente de suas atividades, seja comparecendo nas Plenárias, seja atuando como colaborador das ações instituídas – embora nunca tenha sido alocada como responsável pela coordenação.

Outras instituições de destaque no combate à corrupção permanecem excluídas da qualidade de integrantes da ENCCLA, com destaque à ausência de participação da sociedade civil, como a Transparência Brasil e o Instituto Ethos. Ocasionalmente, há soluços de aumento da abertura da Estratégia a organizações não governamentais. Em 2014, por exemplo, foi realizada a primeira reunião do GGI com integrantes desse setor, estando presentes Transparência Brasil, Contas Abertas, Instituto de Fiscalização e Controle (IFC), Instituto de Estudos Socioeconômicos (INESC), Observatório Social do Brasil, Artigo19 e Ame a Verdade – Coletivo.[345]

Essa participação não perdurou ao longo dos anos seguintes e tais atores jamais foram efetivamente incluídos como integrantes da ENCCLA. Porém, ao menos desde 2015 (Plenária 2016),[346] foi reservado, nas Plenárias, um período na programação dedicado ao debate com a sociedade civil. Há, assim, um tempo reservado para que sejam apresentadas suas perspectivas e contribuições sobre o combate à corrupção e à lavagem de dinheiro, a fim de sensibilizar os atores integrantes da ENCCLA a considerarem seus argumentos e percepções sobre esses temas.

---

[344] BRASIL. Secretaria Nacional de Justiça. Departamento de Recuperação de Ativos e Cooperação Jurídica internacional (DRCI). In: ENCCLA – Estratégia Nacional de Combate à Corrupção e à Lavagem de Dinheiro: 10 anos de organização do Estado brasileiro contra o crime organizado. Brasília, Ministério da Justiça: Ed. Comemorativa, 2012. p. 37.

[345] Cf.: QUEIROZ, Fabiana Vieira de. Enfrentamento à corrupção: participação social na estratégia nacional de combate à corrupção e à lavagem de dinheiro (enccla). 2019. 158p. Dissertação (Mestrado) - Curso de Administração Pública, Instituto Brasiliense de Direito Público, Brasília, 2019. p. 61-62.

[346] É possível que esta inclusão tenha ocorrido anteriormente. No entanto, como não foi possível obter os relatórios da Plenárias 2014, 2013 e 2012, e não tendo sido identificada a participação desses atores na Plenária 2011, é possível concluir que houve a integração pelo menos a partir de 2015.

Outra ausência marcante é a da academia, embora também haja atuações esporádicas dessa natureza. Em 2004, a Fundação Getulio Vargas (FGV) atuou como integrante da Plenária, cuja participação esteve vinculada ao cumprimento da Meta nº 26/2004, que objetivava "promover a inclusão nos currículos acadêmicos de graduação e pós-graduação do estudo da criminalidade transnacional e, especialmente, do combate à lavagem de dinheiro e da cooperação jurídica internacional".[347]

Desde então, a participação de pesquisadores e professores ocorre majoritariamente por meio dos seminários realizados como parte do cumprimento das metas: ou seja, não há representantes de instituições acadêmicas que integrem a Plenária, embora, por outros caminhos (via seminários), haja a construção de relacionamentos entre a academia e integrantes da ENCCLA.[348]

Ao longo dessas décadas, identificou-se que, embora a sociedade civil e a academia não tenham sido, em regra, internalizados à ENCCLA, houve medidas para promover a atuação desses setores, como quando da criação do Programa Nacional de Prevenção Primária à Corrupção (PNPPC) (Ação nº 6/2017) e do desenvolvimento do Plano Nacional de Combate à Corrupção (Ação nº 1/2018).

Quanto ao primeiro, o PNPPC tinha como objetivo três ações: (i) realizar a campanha nacional de comunicação com o mote #todosjuntoscontracorrupcao, com a finalidade de promover uma reflexão sobre o combate à corrupção; (ii) desenvolver e manter um banco de propostas de prevenção primária à corrupção, formado a partir de propostas encaminhadas por um edital de chamamento público e da seleção daquelas associadas à prevenção primária, para que fossem divulgadas e replicadas no país; e (iii) formação de uma rede Colaborativa composta por empresas, órgãos governamentais, ONGs e instituições de ensino superior, para expandir, apoiar e fortalecer as propostas de prevenção primária à corrupção.[349]

Já quanto à elaboração e aprovação de um "Plano Nacional de combate a corrupção", constata-se, na íntegra do documento em que restou consolidado o produto desta ação, que a Secretaria Executiva

---

[347] GABINETE DE GESTÃO INTEGRADA DE PREVENÇÃO E COMBATE À LAVAGEM DE DINHEIRO. *Relatório 2004*. [S. L.]: [S. E.], 2005. p. 70.
[348] Há referências à participação de professores em seminários organizados pela ENCCLA em alguns relatórios, como o da Plenária 2008 e 2019.
[349] BRASIL. Ministério da Gestão e da Inovação em Serviços. *Programa Nacional de Prevenção Primária à Corrupção*. 02 out. 2017. Disponível em: https://www.gov.br/plataformamaisbrasil/pt-br/noticias-e-eventos/noticias/2017/programa-nacional-de-prevencao-primaria-a-corrupcao. Acesso em 28 mar. 2022.

da ENCCLA havia sido procurada por entidades do terceiro setor para que participasse da construção conjunta de um plano nacional no tema.

No entanto, segundo consta, a construção conjunta desse plano foi "hipótese [...] afastada na XV Reunião Plenária da ENCCLA", denotando desinteresse da Estratégia em integrar ação proposta fora de seu domínio. A ENCCLA deliberou, na oportunidade, por construir um plano próprio, "considerando a natureza dos atores que compõem a Estratégia, majoritariamente composta por órgãos de estado", que se destacasse a importância da participação da sociedade para o sucesso do plano.[350] Na sua construção, foi lançado um edital para viabilizar a apresentação de propostas por "cidadãos, entidades ou instituições [que] poderão enviar contribuições que servirão como base para a elaboração do Plano".[351]

Ademais, para as Plenárias 2021 e 2022, foi lançado edital para chamada pública de propostas de ações a serem analisadas pelo Gabinete de Gestão Integridade e, se aprovadas, apresentadas na Plenária da ENCCLA, para, sendo consensualmente chanceladas, tornem-se ações a serem implementadas pelos atores da Estratégia. Esta iniciativa tinha como foco atingir justamente entidades da sociedade civil e a academia, além de instituições públicas, criando um canal de participação dessas entidades e estimulando sua atuação junto à Estratégia.

Também, em termos de participação, observou-se que em algumas ações aprovadas, inclusive propostas originalmente por entidades não integrantes da Estratégia, foram convidados atores externos, públicos ou privados. Dentre eles, é frequente a convocação de representantes da sociedade civil para participarem de sua implementação na qualidade de "colaboradores".

Já quanto aos entes que efetivamente integram a Estratégia, seja na Plenária, seja nas demais instâncias, foi observado o reconhecimento do Estado enquanto organização plural, em oposição à ideia monolítica de Administração. Há uma diversidade de atores públicos de naturezas diversas, que integram esferas federativas e poderes distintos.

Mesmo ao se reconhecer o predomínio de órgãos que integram o Poder Executivo, eles devem ser percebidos como atores distintos e

---

[350] ENCCLA – Estratégia Nacional de Combate à Corrupção e à Lavagem de Dinheiro. *Plano de Diretrizes de Combate à Corrupção*. Brasília, 2018. Disponível em: http://enccla.camara.leg.br/acoes/arquivos/resultados-enccla-2018/plano-diretrizes-combate-corrupcao-completo. Acesso em 28 mar. 2022.

[351] BRASIL. Assessoria de Comunicação Social do Ministério da Justiça e Segurança Pública. *Participe da elaboração do Plano Nacional de Combate à Corrupção*. Brasília, 19 jul. 2018. Disponível em: https://www.justica.gov.br/news/collective-nitf-content-93. Acesso em 28 mar. 2022.

heterogêneos, com valores próprios a serem defendidos e prestigiados. Se fosse diferente, ou seja, caso existisse homogeneidade entre todos os órgãos que representam uma esfera de Poder, bastaria um único representante com poder de voto e veto, com os demais sendo apenas articulados para desempenhar as funções necessárias para implementação de uma meta.

No entanto, cada ator que representa sua esfera estatal é detentor de uma concepção própria de como se deve atuar para enfrentar a corrupção e a lavagem de dinheiro, de quais são as prioridades institucionais, os limites éticos e constitucionais das medidas que devem ser tomadas e até mesmo os limites quanto aos recursos públicos que devem ser investidos nessas ações. Assim, a análise da composição da Estratégia permite constatar a fragmentação administrativa, bem como a dispersão de competências e do próprio conhecimento entre órgãos e entidades no Estado.

Inclusive, a estruturação da Estratégia nas diversas instâncias, segregando os atores que dela participam, especialmente em relação ao GGI, denota essa pluralidade estatal: há atores públicos que integram o núcleo duro da Estratégia, participando das decisões sobre quem pode integrar a ENCCLA e do que será discutido em Plenária, e outros são excluídos dessa apreciação. A própria segregação dos atores em instâncias distintas altera a capacidade de participação de cada um na Estratégia.

O que se constata, assim, é que a ENCCLA se caracteriza parcialmente como um fórum interativo por meio da governança em redes. É reconhecido, de um lado, que a Estratégia detém, da perspectiva de sua estrutura interna, um desenho institucional que viabiliza e promove a negociação entre diferentes atores para formulação e implementação de políticas, por meio de um processo acordado entre as partes, que se instrumentaliza respeitando uma série de regras procedimentais, como a exigência de consenso para aprovação de uma ação. Uma vez aprovadas e designadas as ações, há um comitê permanente de monitoramento de sua implementação, elemento também apontado na tipologia.

Por outro lado, a baixa permeabilidade à participação de atores privados a nível deliberativo e, no caso de organizações da sociedade civil, a ocorrência de participações pontuais e geralmente externa à Estratégia (ou seja, não como membros efetivos) compromete sua conformidade à perspectiva da participação da NPG, que reconhece os agentes privados como imprescindíveis para se alcançar os resultados almejados, sendo necessária sua participação em todas as etapas da produção da política, da definição do problema à implementação, incluindo a retroalimentação por *feedbacks* – especialmente no caso de problemas perversos, como a corrupção.

4.2 Colaboração

A forma de atuação colaborativa é compreendida como aquela em que os atores atuam em conjunto e sem imposições unilaterais, mas por meio de negociações, com cada parte cedendo em algum ponto para alcançar consensos. Ela é uma característica essencial da NPG. Nesse sentido, em vez de uma regulação de cima para baixo realizada pelo Estado sobre os privados, estes são convocados a participar da construção das normas a que irão se submeter. O intuito dessa forma de atuação é permitir que sejam elaboradas regras mais aderentes à realidade, com maior legitimidade e mesmo eficácia, em termos de cumprimento.

Analisando a ENCCLA da perspectiva de colaboração, como explicitado anteriormente nesta obra, deve ser destacado que um elemento central do funcionamento da Estratégia é que as decisões são tomadas por consenso entre os atores que a integram. Este mecanismo de deliberação equaliza, da perspectiva formal, as assimetrias de poder entre as instituições que participam da Estratégia e exige dos atores um diálogo acentuado, para que seja possível alcançar pontos de convergência aptos a viabilizar a aprovação das ações propostas.

Por outro lado, esta metodologia também implica riscos à capacidade da Estratégia de implementar ações necessárias aos seus propósitos, devido à pulverização do poder de veto. Caso um ator participante da ENCCLA tenha acentuado desalinhamento de valores e objetivos com os demais participantes, isso pode obstaculizar a aprovação das propostas que foram reconhecidas como necessárias pelos demais integrantes da Estratégia. Considerando o número expressivo de atores participantes e de sua pluralidade de origens e natureza, a construção de consensos é desafiadora. A identificação dessa divergência em situações concretas, no entanto, é inviável, pois não há registro sobre as manifestações de cada ator em Plenária.[352]

---

[352] BRASIL. Sistema Eletrônico de Informação ao Cidadão (e-SIC). Ministério da Justiça e Segurança Pública. *Pedido nº 08198.034916/2021-48*. 2021. Disponível em: https://buscalai.cgu.gov.br/PedidosLai/DetalhePedido?id=3705811. Acesso em 05 nov. 2021.

O risco de que eventuais desalinhamentos fragilizem a manutenção da ENCCLA é mitigado pela permanência da autonomia das instituições. Se eventualmente determinada ação é vetada no âmbito da Estratégia por algum ator, ainda assim, a depender de sua importância estratégica e da viabilidade técnica, ela pode ser implementada isoladamente pelo ator proponente ou até mesmo em conjunto com aqueles que reconhecem sua importância, perdendo a chancela da Estratégia, mas preservando a capacidade de ação.

Ademais, a própria formação de consensos passa a ser um objetivo em si mesmo, como instrumento de qualificação do debate a respeito das medidas a serem adotadas e de promoção de maior alinhamento entre os atores que atuam no combate à corrupção e à lavagem de dinheiro, com a disseminação de informações estratégicas, da troca de experiências e compartilhamento das dificuldades, por meio de um processo de diálogo continuado.

Para que isso seja gerado, é imprescindível a "assiduidade e participação efetiva dos membros", seja da perspectiva institucional (ou seja, que aquele ator continue comparecendo à Estratégia), seja da perspectiva do representante institucional, que, ao participar reiteradamente da Estratégia, cria vínculos e acúmulo sobre o tema (capital social), sendo estes interrompidos se houver alta rotatividade. Nesse sentido, um fator de sucesso para o aprofundamento da colaboração entre as partes é que o ator da Estratégia designe um representante com conhecimento nos temas discutidos e que ele seja preservado nesta função.[353]

Ao analisar os perfis de atores que atuaram na Estratégia, Ribeiral identificou a existência de três: os participativos, os colaboradores eventuais e os observadores.[354] Os atores participativos são aqueles que formulam as políticas e as propostas e, em regra, atuam também na coordenação dos Grupos de Trabalho, disponibilizando recursos

---

[353] Cf.: RIBEIRAL, Tatiana Braz. *Produto 1*: relatório técnico de análise crítica da estrutura e metodologia de trabalho da ENCCLA. Brasília: Ministério da Justiça/UNODC, 2013. p. 21-23. Disponível em: https://www.gov.br/mj/pt-br/assuntos/sua-protecao/lavagem-de-dinheiro/institucional-2/cooperacao-tecnica/arquivos/edital-01-2013/produto-1.pdf. Acesso em 21 mar. 2022.

[354] Cf.: RIBEIRAL, Tatiana Braz. *Produto 1*: relatório técnico de análise crítica da estrutura e metodologia de trabalho da ENCCLA. Brasília: Ministério da Justiça/UNODC, 2013. p. 24. Disponível em: https://www.gov.br/mj/pt-br/assuntos/sua-protecao/lavagem-de-dinheiro/institucional-2/cooperacao-tecnica/arquivos/edital-01-2013/produto-1.pdf. Acesso em 21 mar. 2022.

para que sejam implementadas as ações. Os colaboradores eventuais são aqueles que têm metas compartilhadas com outros atores e que atuam pontualmente em Grupos de Trabalho e com compartilhamento de informações. Por sua vez, os observadores se subdividem em assíduos e ausentes, sendo os primeiros aqueles que estão presentes, mas pouco contribuem com as atividades desenvolvidas ou mesmo com as discussões; e os últimos são aqueles que se restringem a comparecer em reuniões do GGI ou em Plenárias, e passam o resto do ano distantes da ENCCLA.

No caso dos observadores, especialmente dos ausentes, há risco de desalinhamento institucional decorrente da assimetria informacional. A participação adequada no processo deliberativo, especialmente num tema de alta complexidade, demanda a especialização e troca de informações. Assim, a preservação de um membro ausente, especialmente se o representante for frequentemente substituído, pode contribuir para enfraquecer a "colaboração entre os membros, a descontinuidade das ações e, além disso, estimular o veto desqualificado das propostas".[355]

Como medida de mitigação a estes riscos, a ENCCLA passou a desempenhar maior controle na verificação da presença das instituições. Por exemplo, nos Manuais do Participante, há informação do total de reuniões realizadas, das médias de reuniões dos Grupos de Trabalho, dos atores mais presentes e do número de reuniões realizadas por Grupo de Trabalho. Desde o Manual do Participante de 2018, há também informações detalhadas sobre a participação de cada ator, considerando o número de ações em que se engajou e o percentual de comparecimento a essas reuniões.

No Manual do Participante de 2022, a ENCCLA divulgou um gráfico consolidando as informações sobre a participação das instituições durante o ano de 2021, em relação às ações implementadas ao longo do ano. O gráfico contém o "percentual de frequência dos membros que participaram da ENCCLA 2021, conforme número de ações que integrou", que estão identificadas na coluna da esquerda. Os dados apresentados são os seguintes:

---

[355] Cf.: RIBEIRAL, Tatiana Braz. *Produto 1*: relatório técnico de análise crítica da estrutura e metodologia de trabalho da ENCCLA. Brasília: Ministério da Justiça/UNODC, 2013. p. 24. Disponível em: https://www.gov.br/mj/pt-br/assuntos/sua-protecao/lavagem-de-dinheiro/institucional-2/cooperacao-tecnica/arquivos/edital-01-2013/produto-1.pdf. Acesso em 21 mar. 2022.

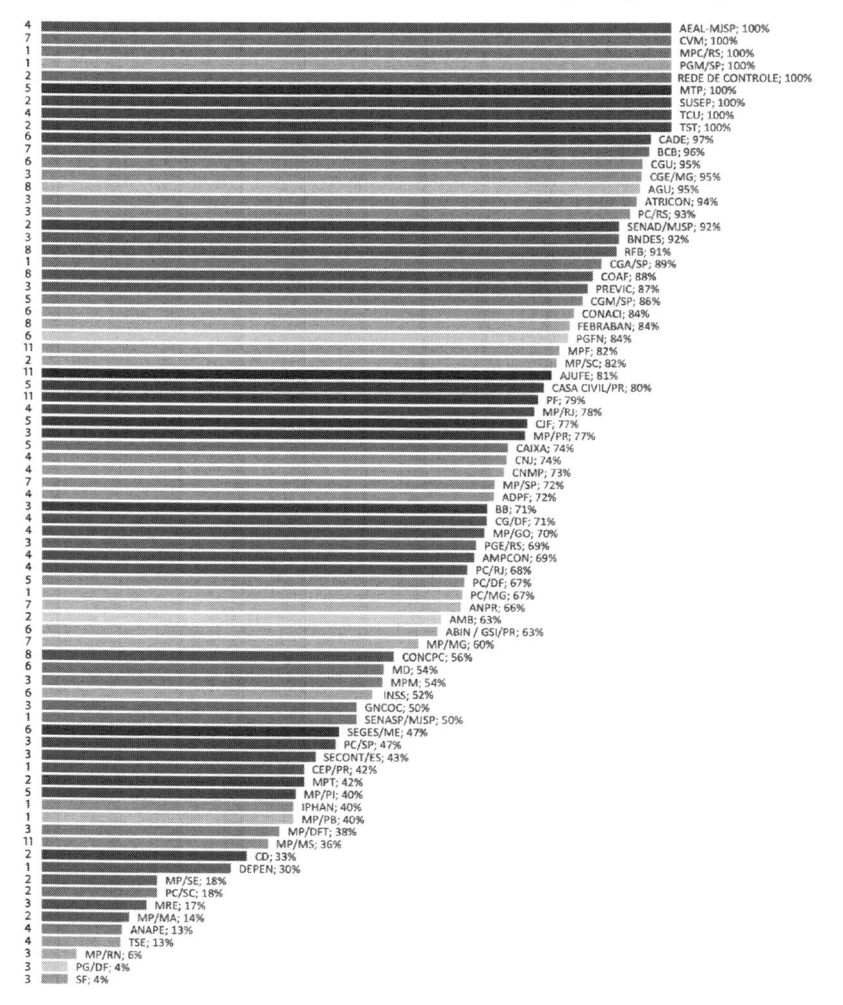

Figura 3: Percentual de frequência dos membros que participaram da ENCCLA 2021, conforme número de ações que integrou

Nº	Instituição	%
4	AEAL-MJSP	100%
7	CVM	100%
1	MPC/RS	100%
1	PGM/SP	100%
2	REDE DE CONTROLE	100%
5	MTP	100%
2	SUSEP	100%
4	TCU	100%
2	TST	100%
6	CADE	97%
7	BCB	96%
3	CGU	95%
6	CGE/MG	95%
8	AGU	95%
3	ATRICON	94%
2	PC/RS	93%
3	SENAD/MJSP	92%
2	BNDES	92%
8	RFB	91%
1	CGA/SP	89%
8	COAF	88%
3	PREVIC	87%
5	CGM/SP	86%
6	CONACI	84%
8	FEBRABAN	84%
6	PGFN	84%
11	MPF	82%
2	MP/SC	82%
11	AJUFE	81%
5	CASA CIVIL/PR	80%
11	PF	79%
4	MP/RJ	78%
5	CJF	77%
3	MP/PR	77%
5	CAIXA	74%
4	CNJ	74%
4	CNMP	73%
7	MP/SP	72%
4	ADPF	72%
3	BB	71%
4	CG/DF	71%
4	MP/GO	70%
3	PGE/RS	69%
4	AMPCON	69%
5	PC/RJ	68%
1	PC/DF	67%
7	PC/MG	67%
2	ANPR	66%
6	AMB	63%
7	ABIN / GSI/PR	63%
8	MP/MG	60%
6	CONCPC	56%
3	MD	54%
6	MPM	54%
1	INSS	52%
6	GNCOC	50%
3	SENASP/MJSP	50%
3	SEGES/ME	47%
1	PC/SP	47%
5	SECONT/ES	43%
1	CEP/PR	42%
1	MPT	42%
3	MP/PI	40%
11	IPHAN	40%
2	MP/PB	40%
1	MP/DFT	38%
2	MP/MS	36%
3	CD	33%
2	DEPEN	30%
4	MP/SE	18%
4	PC/SC	18%
3	MRE	17%
3	MP/MA	14%
3	ANAPE	13%
3	TSE	13%
	MP/RN	6%
	PG/DF	4%
	SF	4%

Fonte: Estratégia Nacional de Combate à Corrupção e à Lavagem de Dinheiro.[356]

O que se constata, por este gráfico, é que o grau de engajamento das instituições na ENCCLA é bastante variado e, por consequência,

---

[356] ENCCLA – Estratégia Nacional de Combate à Corrupção e à Lavagem de Dinheiro. *Manual do Participante 2022*. Brasília: [S.I.], 2021.

é possível inferir que o grau de colaboração entre os diferentes atores também varia significativamente. É notável, aliás, a baixa colaboração de representantes do Legislativo na ENCCLA: os dois atores desse Poder têm participação ínfima, seja no número de ações, seja no grau de comparecimento às reuniões.

Quanto à participação de agentes privados, até se constata a presença de representantes, especialmente da FEBRABAN. Pela estatística apresentada, a instituição é bastante presente. No entanto, a participação de um único integrante entre outros 87 públicos ou representantes de corporações públicas demonstra que o arranjo adotado pela Estratégia prestigia o aprofundamento das relações entre atores públicos, permitindo a participação de agentes privados que tenham sido considerados essenciais para promover a efetividade do sistema antilavagem e anticorrupção. Da perspectiva do GAFI e GAFISUD, a ENCCLA funciona como um mecanismo de consulta entre o setor privado e as autoridades competentes.[357]

Sobre o tema, Justino de Oliveira e Accioli argumentaram que haveria uma deficiência da ENCCLA em relação à abertura para participação da sociedade civil:

> Por ter sido criada dentro do Poder Executivo, percebe-se na ENCCLA uma centralização das discussões nos órgãos, entidades e instituições do governo. A compreensão que fica é que a ENCCLA se revela como um modelo anticorrupção projetado e mantido dentro da administração. E isso pode resultar na equivocada conclusão da autossuficiência pública para a efetivação de políticas anticorrupção. Em outras palavras, por que de certa forma exitoso nos avanços contra o crime econômico-organizado, o governo poderia dispensar a colaboração de outros agentes privados.[358]

Como contraponto, a abertura à maior participação de representantes da sociedade civil como membros efetivos da ENCCLA, incluindo a possibilidade de exercerem o veto sobre ações propostas

---

[357] Cf.: FATF/GAFI; GAFISUD. *Mutual Evaluation Report – Anti-Money Laundering and Combating the Financing of Terrorism*: Federative Republic of Brazil. 2010. p. 223. Disponível em: https://www.fatf-gafi.org/media/fatf/documents/reports/mer/MER%20Brazil%20full.pdf. Acesso em 24 mai. 2022.

[358] Cf.: OLIVEIRA, Gustavo Henrique Justino de; BARROS FILHO, Wilson Accioli de. A Estratégia Nacional de Combate à Corrupção e à Lavagem de Dinheiro (ENCCLA) como Experiência Cooperativa Interinstitucional de Governo Aberto no Brasil. *In*: CUNHA FILHO, Alexandre Jorge Carneiro da *et al.* (Coords.). *48 visões sobre corrupção*. São Paulo: Quartier Latin, 2016. p. 324-325.

na Plenária, poderia representar a criação de um canal para viabilizar a reação dos grupos regulados contra a efetividade do sistema antilavagem e anticorrupção: ou seja, os agentes privados poderiam atuar por intermédio das associações privadas para fragilizar a ENCCLA e, com isso, enfraquecer os mecanismos de fortalecimento do sistema antilavagem e anticorrupção.

Além da Plenária, a colaboração no âmbito da ENCCLA se verifica nos Grupos de Trabalho, que se formam para atuar ao longo de todo o ano, de modo conjunto, na implementação de uma determinada ação. Esta metodologia de trabalho viabiliza que se dê continuidade ao relacionamento entre as partes por um período superior ao da imersão, ampliando os espaços de diálogo.

Desde 2021, as informações elencadas no Manual do Participante incluem a sugestão de potenciais colaboradores para auxiliarem na implementação daquela ação proposta, que serão justamente aqueles que comporão o Grupo de Trabalho, caso aceitem a incumbência.[359] Ademais, os Grupos de Trabalho passaram a propor a continuidade de uma *ação* no ano seguinte, quando ainda não haviam sido alcançados os resultados planejados.

Por exemplo, a Ação 1/2022 foi aprovada para dar continuidade à Ação nº 1/2021. Nela, são coordenadores o CNJ e o CONCPC e 61 diferentes atores atuam como colaboradores.[360] Dentre as dificuldades enfrentadas para implementação das ações, foram elencadas três: (i) a existência de níveis de maturidade distintos dos órgãos; (ii) uma cultura de resistência na disponibilização dos dados; e (iii) a ausência de engajamento de parte dos colaboradores,[361] o que demonstra o desafio da atuação colaborativa nos Grupos de Trabalho, mas a imprescindibilidade de composição entre os atores para que seja possível produzir resultados, demandando uma aproximação e modo de atuação cooperativo.

---

[359] ENCCLA – Estratégia Nacional de Combate à Corrupção e à Lavagem de Dinheiro. *Manual do Participante 2021*. Brasília: [S.I.], 2020.

[360] São eles: ABIN, ADPF, AGU, AJUFE, AMPCON, ANAPE, ANPR, BCB, CC/RS, CGE/MG, CEP/PR, CG/DF, CGU, CJF, CADE, CSJT, CNJ, CNMP, CNPG, CONACI, CONCPC, DRCI, GNCOC, MD, MP/GO, MP/MG, MP/PB, MP/PE, MP/PI, MP/PR, MP/RN, MP/RS, MP/SC, MP/SE, MP/SP, MPM, MP/MA, MPT, MPF, MTP, PCDF, PCMA, PCMG, PCRJ, PCRS, PCSC, PCSP, PF, PG/DF, PGE/BA, PGE/RS, PGFN, REDE-LAB, SECONT/ES, SEGES, SEGOV/PR, SENAD, SENASP, TCU, TSE, TST. Em: ENCCLA – Estratégia Nacional de Combate à Corrupção e à Lavagem de Dinheiro. *Ações e metas*. Disponível em: http://enccla.camara.leg.br/acoes. Acesso em 29 mar. 2022.

[361] ENCCLA – Estratégia Nacional de Combate à Corrupção e à Lavagem de Dinheiro. *Manual do Participante 2022*. Brasília: [S.I.], 2021.

Por outro lado, não há notícia de que a ENCCLA tenha alcançado resultados efetivos para propiciar soluções colaborativas entre os atores legitimados (ou que se legitimaram) para atuar no combate à corrupção por meio da condução e assinatura de acordos de leniência. Como explica Raquel Pimenta, o contexto da Lava Jato aumentou a tensão entre os órgãos de controle e o instituto da leniência gerou recursos inéditos aos atores que dele se utilizam, não apenas da perspectiva financeira, mas também de exposição e do prestígio institucional.[362]

Neste cenário, a Estratégia, enquanto *locus* de diálogo entre as instituições que atuam no combate à corrupção, deveria ter desempenhado função de viabilizar a atuação concertada entre aqueles que a integram e participaram dessa disputa (com destaque, no âmbito federal, ao TCU, CGU, MPF e AGU). Embora todos esses atores integrem não apenas a Plenária, mas também o GGI da Estratégia, não há registro de que tenha sido firmado qualquer acordo entre as instituições para definir as competências, os procedimentos ou o alcance dos efeitos de acordos firmados com um dos legitimados.[363]

A ENCCLA se caracteriza, portanto, por manter um processo de tomada de decisão de natureza colaborativa, tendo em vista definir como mecanismo decisório a deliberação por consenso, exigindo que os atores negociem para alcançar resultados conjuntos. Ademais, a Estratégia se estrutura para que as ações sejam implementadas pelos Grupos de Trabalho, o que também reforça a atuação colaborativa,

---

[362] Cf.: PIMENTA, Raquel de Mattos. *A Construção dos Acordos de Leniência da Lei Anticorrupção*. São Paulo: Blucher, 2020. p. 179.

[363] Na Plenária 2017, foi aprovada a Ação nº 3, que previa como objetivo "Estabelecer diretrizes para atuação coordenada da Advocacia Pública e das estatais com o Ministério Público, os órgãos de controle interno e externo e a Polícia, com vistas à prevenção e ao combate à corrupção", mas como produto para esta ação se restringiu a desenvolver um quadro com orientações gerais que incluiu, sobre o tema da leniência, a recomendação de "Estabelecer, entre as instituições legalmente legitimadas e nos âmbitos regionais e locais, via Termos de Cooperação ou outras normas regulamentares, fluxos, rotinas e detalhamentos de atribuições fixadas para efetivação das competências normativas (estabelecidas em leis) que tratam dos processos de responsabilização administrativa decorrentes da lei anticorrupção e respectivos 'Acordos de Leniência', com fins de implementar o trato necessário ao exercício regular das atribuições legais definidas no referido normativo", sem que efetivamente tenha se promovido a realização desse Termo de Cooperação por atuação no âmbito da Estratégia. Em: ENCCLA – Estratégia Nacional de Combate à Corrupção e à Lavagem de Dinheiro. *Tabela/Quadro com sugestões de cláusulas de colaboração*. [s.d.]. Disponível em: http://enccla.camara.leg.br/acoes/arquivos/resultados-enccla-2017/tabela-quadro-com-sugestoes-de-clausulas-de-colaboracao/view. Acesso em 6 jun. 2022; ENCCLA – Estratégia Nacional de Combate à Corrupção e à Lavagem de Dinheiro. *Ações de 2017*. Disponível em: http://enccla.camara.leg.br/acoes/acoes-de-2017. Acesso em 6 jun. 2022.

demandando das partes que negociem para definir os produtos que serão priorizados, como serão produzidos, e aprovar, em seu grupo, o resultado final, como, por exemplo, um anteprojeto de lei. Por incluir uma pluralidade de atores públicos de diversas esferas federativas e de Poderes e incluí-los na tomada de decisão, há, também, o reforço à atuação colaborativa.

No entanto, em termos de colaboração da perspectiva da NPG, a ENCCLA promove a quase exclusão de agentes privados na tomada de decisões, construção e implementação das políticas, divergindo do modelo. Ademais, como o GGI contempla apenas uma parte dos membros da Estratégia, há exclusão de uma parcela importante dos atores na decisão de quem irá integrar a Plenária, bem como das ações que serão consideradas na Plenária. Foi identificado, ainda, que a Estratégia nem sempre conseguiu promover uma atuação colaborativa entre as instituições, fragilidade notável em relação à definição das competências relativas a acordos de leniência.

4.3 Produtos e novas ferramentas de governança

Analisada a participação na Estratégia e sua estrutura quanto à colaboração, neste tópico serão considerados os principais produtos e ferramentais adotados no âmbito da Estratégia, considerando o que já foi descrito previamente. O objetivo é avaliar a característica dessas ações e sua relação com a arquitetura da ENCCLA, reconhecendo que, da perspectiva da NPG, são esperados produtos elaborados a partir da orientação à solução de problemas, extrapolando a lógica da provisão de serviços públicos e das normas de comando e controle. A ideia é que as ações da NPG contribuam para alterar a configuração política, a fim de encorajar os próprios *stakeholders* a proporem e implementarem soluções,[364] fazendo uso do experimentalismo e de medidas distintas para diferentes contextos.[365]

---

[364] Cf.: TORFING, Jacob; TRIANTAFILLOU, Peter. What's in a Name? Grasping New Public Governance as a Political-Administrative System. *International Review Of Public Administration*, [S.L.], v. 18, n. 2, p. 9-25, ago. 2013. Informa UK Limited. http://dx.doi.org/10.1080/122946 59.2013.10805250. Acesso em 20 mar. 2022.

[365] Cf.: TORFING, Jacob; TRIANTAFILLOU, Peter. What's in a Name? Grasping New Public Governance as a Political-Administrative System. *International Review Of Public Administration*, [S.L.], v. 18, n. 2, p. 9-25, ago. 2013. Informa UK Limited. http://dx.doi.org/10.1080/122946 59.2013.10805250. Acesso em 20 mar. 2022.

Como mencionado, a ENCCLA produziu, desde 2003, uma série de resultados decorrentes das mais de 300 metas/ações aprovadas em Plenária. Devido a este volume e ao escopo deste trabalho, para viabilizar a pesquisa serão considerados especialmente os principais resultados alcançados pela Estratégia, como já descrito nesta obra, que abrangem (i) capacitação e treinamento; (ii) sistemas; (iii) produção de conhecimento; (iv) estruturação; e (v) avanço e aperfeiçoamento das normas, todos inseridos nos eixos de prevenção, detecção e punição.[366]

Dos produtos elencados pela ENCCLA como mais notáveis, é possível constatar que há um predomínio de ações de cunho técnico e focalizado, em que não parece haver um conflito político proeminente. A inação das instituições, até a ação conjunta no âmbito da Estratégia, parecia decorrer mais da falta de diálogo, de priorização ou de recursos do que de franca oposição às medidas sugeridas.

Este é o caso, por exemplo, da criação da Plataforma IRB Conhecimento, da informatização das declarações de porte e valores e dos diversos cadastros criados a partir da ENCCLA, como o Cadastro Nacional de Clientes do Sistema Financeiro (CCS), Cadastro de Entidades Inidôneas e Suspeitas (CEIS) e Cadastro Nacional de Entidades (CNEs), além do rol eletrônico de culpados da Justiça Federal e recomendação do CNJ para criação nas justiças estaduais e do próprio cadastro do CNPJ dos entes públicos.

Não se pretende afirmar aqui que essas medidas seriam politicamente neutras, pois é certo que há grupos que são afetados e prejudicados por sua implementação, ou seja, sofrem custos, sejam aqueles que praticam a lavagem de dinheiro ou corrupção, sejam até mesmo as entidades públicas e privadas que passaram a ter um trabalho adicional de gestão desses cadastros. O que se afirma é que as ações mencionadas estão envoltas em cenários de baixo dissenso, que são passíveis de adoção pelos próprios atores da Estratégia, e que sequer há ampla divulgação midiática acerca da sua implementação, o que reduz a zona de conflito.

Ademais, é possível constatar dos principais produtos da Estratégia, a relevância atribuída à especialização e ao aprimoramento técnico como medidas de viabilização da eficácia do sistema antilavagem

---

[366] A seção foi elaborada com base nos dados disponíveis em: ENCCLA – Estratégia Nacional de Combate à Corrupção e à Lavagem de Dinheiro. *Principais Resultados*. Disponível em: http://enccla.camara.leg.br/resultados. Acesso em 29 mar. 2022.

e anticorrupção. Nesse gênero de medidas, destaca-se a criação do Programa Nacional de Capacitação e Treinamento para o Combate à Corrupção e à Lavagem de Dinheiro (PNLD), de grande destaque para preparação dos agentes públicos na atuação antilavagem e anticorrupção; a criação do Laboratório de Tecnologia contra a Lavagem de Dinheiro e sua replicação nos estados; a criação de Delegacias Especializadas em Crimes Financeiros e do Grupo Nacional de Combate às Organizações Criminosas, no âmbito dos Ministérios Públicos estaduais; bem como a consolidação da autoridade central para cooperação jurídica internacional e a elaboração das diretrizes aos sistemas de controle interno, com um conjunto de 29 recomendações.[367]

Deve-se reconhecer que essas ações foram promovidas com o apoio da ENCCLA, mas implementadas e mantidas por atores da Estratégia, reforçando o caráter de empoderamento das instituições por meio da rede. Este caráter também é demonstrado pelo propósito dessas ações, que consiste em viabilizar que os agentes públicos de diferentes instituições sejam capacitados, fortalecendo os demais atores que atuam no combate à corrupção e à lavagem de dinheiro.

Esse aprimoramento técnico, agora não da perspectiva profissional, mas tecnológica, é notável também quanto ao desenvolvimento da padronização da forma de solicitação e da resposta de quebras de sigilo bancário, e da criação de um sistema seguro e ágil para seu encaminhamento (SIMBA), proporcionando maior celeridade nas investigações e o processamento dos dados financeiros em softwares especializados. Inclusive, esse é um caso evidente da imprescindibilidade da atuação conjunta entre os diversos órgãos e entidades que atuam direta ou indiretamente no combate à corrupção e à lavagem de dinheiro, e demonstra porque é importante que seja promovido um ambiente com ampla participação e colaboração dos atores públicos e privados.

A Estratégia também se organizou em seus Grupos de Trabalho para elaborar minutas de norma ou para fomentar que fossem elaboradas pelos órgãos competentes, suprindo lacunas normativas e promovendo a efetividade de regras previstas. É o que houve, por exemplo, em relação à elaboração de anteprojeto de sindicância patrimonial e definição das Pessoas Politicamente Expostas (PEPs), culminando no Decreto nº

---

[367] ENCCLA – Estratégia Nacional de Combate à Corrupção e à Lavagem de Dinheiro. *Ação 3*. [s.d.]. Disponível em: http://enccla.camara.leg.br/biblioteca/produto-da-acao-3-2016-diretrizes-para-implantacao-e-efetivo-funcionamento-dos-sistemas-estadual-e-municipal-de-controle-interno. Acesso em 30 mar. 2022.

5.483/2005 e com a edição da Portaria Interministerial nº 127/08, que regulamentou o acesso dos órgãos de controle a documentos contábeis de entidades contratadas pela administração, contribuindo para facilitar a auditoria sobre elas.

Houve também o desenvolvimento de ações voltadas à promoção da transparência, com destaque ao desenvolvimento da métrica ENCCLA de transparência, utilizada pelo Ministério Público Federal para elaboração do Ranking da Transparência[368] e do aplicativo "As diferentonas", com potencial para contribuir para o fortalecimento da cidadania, ao viabilizar que a população entenda com mais clareza os gastos públicos do seu município.

Em comum, todas essas medidas denotam o caráter incremental das ações promovidas pela Estratégia, pois não há rupturas com as ações realizadas, mas somente ajustes, complementos e mudanças pontuais. Não houve, a partir da análise dos principais resultados elencados pela ENCCLA, ações que promovessem uma quebra com as políticas de combate à corrupção e à lavagem de dinheiro adotadas, mas se verifica o desenvolvimento progressivo de medidas que fortalecem esses sistemas, por meio das instituições e de seus servidores, e da promoção da eficácia das normas vigentes.

Até houve uma tentativa de promover ação de maior envergadura, com o Plano de Diretrizes de Combate à Corrupção, construído por uma pluralidade de atores e com a organização de ao menos cinco eventos públicos, realizados em todas as regiões brasileiras. Em cada um desses eventos, foram debatidas as propostas apresentadas, a fim de que integrassem o plano, tendo sido organizadas estas nos eixos de prevenção, detecção e punição. Foram identificados, também, trabalhos já realizados por diversos órgãos e entidades do Poder Público, pela sociedade civil, e no âmbito internacional, num mapeamento das ações relativas ao tema.

Nesse Plano, foram previstas ações futuras distribuídas em oito pilares: (i) fortalecer as instituições públicas; (ii) aprimorar a gestão e a governança públicas, para prevenção e detecção de desvios; (iii)

---

[368] GAMBA, Giovanna Maísa; SCHIEFLER, Eduardo André Carvalho. O valor do processo administrativo eletrônico para a eficácia do controle externo: o caso do "ranking nacional da transparência", do ministério público federal. In: DEZAN, Sandro Lúcio; CARMONA, Paulo Afonso Cavichioli; GUEDES, Jefferson Carlos Carús (Org.). *Hermenêutica do Direito e Processo Administrativo*: fundamentos do processo administrativo contemporâneo. Curitiba: CRV, 2021. p. 427-446.

aumentar a transparência na gestão pública; (iv) fortalecer o enfrentamento à lavagem de dinheiro; (v) fortalecer a articulação interinstitucional nos diversos poderes e entes federativos; (vi) fortalecer a articulação internacional; (vii) promover o engajamento da sociedade na luta contra a corrupção; e (vii) aumentar a efetividade do sistema punitivo. Para cada um dos pilares, foram definidos objetivos, cujo grau de prioridade foi estabelecido com base na exequibilidade associada ao grau de impacto. Sua implementação foi atribuída às instituições que assumirem responsabilidade sobre aquela determinada ação, sendo atribuída à ENCCLA a responsabilidade de monitorar e revisar o cumprimento do plano num prazo de dois anos. Não há notícia de que isso tenha sido realizado.

Para adoção de medidas de maior envergadura e que promovam rompimento com o estado de coisas vigentes, é necessário, além das ideias de solução, que haja apoio político que patrocine a sua implementação. Essas medidas disruptivas demandam que a decisão extrapole o âmbito da arena administrativa, para se submeter a uma arena mais ampla, com atenção do público e dos atores envolvidos, aumentando o grau de conflito e, por consequência, do grau de dificuldade para serem aprovadas e adotadas.

Por outro lado, a estrutura da ENCCLA, caracterizada pela participação predominante de agentes públicos representando suas instituições e da baixa participação de integrantes do Legislativo, parece ter favorecido o desenvolvimento de ações de aprimoramento incremental das instituições públicas, a partir da identificação e compartilhamento de informações sobre os problemas e dificuldades cotidianos para promover eficácia no combate à corrupção e à lavagem.

O mecanismo de deliberação por consenso, adotado na ENCCLA, também contribui para que sejam adotadas medidas de natureza incremental, especialmente de caráter técnico. Isso porque há uma multiplicidade de pontos de veto, dificultando a inserção de medidas controversas, que seriam normais e necessárias para promover uma ruptura com as ações em curso. As ações de natureza colaborativa foram adotadas especialmente nas hipóteses em que não se identifica efetivo desalinhamento entre os atores que a integram, mas em que havia tão somente uma ausência de diálogo. Pelo que consta, não existia oposição entre as partes – o que se denota inclusive pela deliberação consensual, mas predominava o desconhecimento das reais necessidades entre as instituições. Nessa circunstância, a criação e a manutenção da rede, com o fortalecimento de laços entre os atores, preencheram a lacuna e facilitaram o desenvolvimento dessas medidas conjuntas.

Em suma, os produtos obtidos e ferramentas adotadas pela Estratégia Nacional de Combate à Corrupção e à Lavagem de Dinheiro foram desenvolvidos com foco na solução de problemas, com caráter incremental, e desenhados para o contexto brasileiro, produzindo medidas que atacassem aquilo que os gestores públicos identificaram como obstáculo para suas ações cotidianas, não se restringindo a medidas relacionadas à provisão de serviços ou a criar novas normas de comando e controle, embora se reconheça que a finalidade de diversas ações consista em aumentar o controle para assegurar os comandos. Ademais, os produtos são produzidos por uma pluralidade de atores que atuam de forma conjunta, contribuindo para o aprofundamento das relações entre as instituições e gerando seu fortalecimento e protagonismo enquanto agentes promotores das políticas e do combate à corrupção e à lavagem de dinheiro.

4.4 *Accountability*

Sob a perspectiva da Nova Governança Pública, *accountability* contempla não só a prestação de contas pelo Estado e responsabilização eleitoral dos agentes políticos, mas também a análise da eficiência e efetividade da política, bem como a avaliação do grau de apoio popular às ações implementadas. Assim, *accountability* se torna um elemento central para a retroalimentação da política (*feedback*), sendo necessário avaliar os pontos de sucesso e de fracasso para que sejam implementadas correções de rumo e aprimoramentos da política, por meio da inserção destes dados como *inputs* do ciclo.

No caso da Estratégia, viabilizar a divulgação dos resultados é especialmente importante para o sucesso da política, tanto da perspectiva interna (para seus membros), quanto externa (para a sociedade). Isso porque no arranjo adotado na ENCCLA se prevê como mecanismo de indução para cumprimento das metas a pressão dos pares e a exposição daqueles que não desempenharam suas atividades (*naming and shaming*).[369] Nesse sentido, para que haja efetividade na metodologia, é preciso que se tenha clareza dos resultados alcançados para que seja

---

[369] Cf.: LAFORGE, Gordon. *The sum of its parts*: coordinating Brazil's fight against corruption 2003-2016. 2017. p. 11. Disponível em: https://successfulsocieties.prince-ton.edu/sites/

possível comparar com os objetivos inicialmente previstos, avaliando a qualidade da implementação daquela medida.

Como mecanismo de prestação de contas para os próprios integrantes da Estratégia, a ENCCLA se organiza para incluir, no Manual do Participante da Plenária, um resumo das ações promovidas ao longo do ano. São indicados o proponente da medida, seus coordenadores e colaboradores e o número de reuniões realizadas ao longo do ano. Em seguida, são informados quais eram os produtos esperados para aquela iniciativa, como se encaminhou seu desenvolvimento, os resultados alcançados e os encaminhamentos que o GT pretende dar. Ademais, devem ser indicados os mecanismos de monitoramento dos resultados e relatadas as dificuldades enfrentadas. Por fim, o GT deve sugerir se aquela ação deve ser continuada no ano seguinte.[370]

Este procedimento de divulgação dos resultados das ações foi desenvolvido a partir de proposta construída pela Consultoria realizada em parceria entre o então MJ e a UNODC (BRA/66) para "elaboração de proposta de metodologia para orientar a atuação da Estratégia Nacional de combate à Corrupção e à Lavagem de Dinheiro". Ao se analisar todos os relatórios de ações elaboradores entre 2003 e 2013, a Consultoria concluiu que, apesar dos esforços de sistematização, "os relatórios não são padronizados e possuem informações diversas", e que "alguns relatórios são bem escritos, amplos, sistemáticos, e outros são frágeis para o monitoramento da ENCCLA".[371]

A diferença entre a proposta elaborada e a estrutura adotada é que, na recomendação da Consultoria, deveriam ser incluídas as justificativas e a contextualização daquela medida, indicadas as datas das reuniões e dos pontos de destaque e boas práticas adotadas, que poderiam servir como referência. Ademais, não havia sido indicada na proposta a inclusão de um campo para "encaminhamentos", que foi adicionado ao modelo final.

Da perspectiva de *accountability* externo (para a sociedade), a Estratégia mantém um site em que é divulgada sua estrutura, os

---

successfulsocieties/files/GLF_AC-Strategy_Brazil_FORMA TTE- D_20Feb2017.pdf. Acesso em 5 out. 2020.

[370] ENCCLA – Estratégia Nacional de Combate à Corrupção e à Lavagem de Dinheiro. *Manual do Participante 2022*. Brasília: [S.I.], 2021.

[371] RIBEIRAL, Tatiana. *Produto final*: Relatório Técnico contendo proposta de melhoria da ENCCLA com relação à metodologia de trabalho e outros aspectos relevantes identificados. Brasília: Ministério da Justiça/UNODC, 2014. p. 16.

membros de cada uma das suas instâncias, bem como informações sobre as ações aprovadas na Plenária e, desde a Plenária 2017, uma síntese dos resultados alcançados em cada uma das ações. São indicados, também, os órgãos proponentes daquela medida, quem exerce a função de coordenação e os colaboradores. São disponibilizadas, ainda, informações sobre as reuniões que vêm sendo agendadas para consecução das ações, com uma síntese do que pretende ser discutido, bem como os órgãos que irão participar.[372]

Os demais documentos mencionados nesta pesquisa, como os relatórios das Plenárias e os manuais do participante, que contêm informações mais profundas sobre o que está sendo discutido na Estratégia, não são disponibilizados no sítio eletrônico da Estratégia. Não há como saber, a partir de mecanismos de transparência ativa, quais foram as propostas encaminhadas para a Plenária (aprovadas pelo GGI) e reprovadas. Não há como saber quais foram os órgãos que desempenharam seu poder de veto contra a adoção de uma medida proposta. Também não há divulgação sistemática de quem são os agentes que representam cada uma das instituições, nem sequer quem está atuando na Secretaria Executiva. E mesmo a divulgação dos principais resultados alcançados pela Estratégia parece estar defasada temporalmente, restringindo-se a divulgar o que foi atingido anos atrás.

Também não há divulgação ativa sobre o desempenho de cada órgão na Estratégia (como, por exemplo, informando a assiduidade nas reuniões gerais e mesmo na Plenária) ou, ainda, quem foi convidado a integrar a ENCCLA e optou por recusar o convite. Não há disponibilização de informações sobre algum pedido de participação na Estratégia indeferido e respectiva justificativa, tampouco divulgação de quais são os critérios adotados para convidar algum órgão. Inclusive, sobre esta falta de transparência, a recusa em se permitir a participação da sociedade civil como membro efetivo da ENCCLA foi uma escolha deliberada da Estratégia, mas não há transparência sobre os motivos que fundamentaram essa decisão.

A fragilidade de *accountability* à sociedade havia sido identificada na Consultoria realizada no âmbito do Projeto BRA/X66, que incluiu no seu escopo a elaboração de um "Relatório técnico contendo

---

[372] ENCCLA – Estratégia Nacional de Combate à Corrupção e à Lavagem de Dinheiro. *Reuniões da ENCCLA*. [s.d.]. Disponível em: http://enccla.camara.leg.br/reunioes. Acesso em 31 mar. 2022.

proposta de plano estratégico de comunicação para a ENCCLA", no qual se constatou que "a capacidade de a ENCCLA formular respostas ao enfrentamento dos crimes de corrupção e à lavagem de dinheiro permanece pouco dimensionada pelas instituições brasileiras e pela sociedade civil".[373]

Nesse sentido, para promover maior transparência e visibilidade das ações da Estratégia, contribuindo para aumentar sua legitimidade, foi reforçada a importância da criação do site, medida que já estava em curso, reconhecendo a necessidade de fomentar a produção de conteúdo para alimentá-lo. Nesta avaliação, foi percebida a fragilidade da Estratégia em termos de comunicação decorrente da falta de pessoal dedicado a essa finalidade, motivo pelo qual foi proposta a aproximação da Assessoria de Comunicação do Ministério da Justiça com a Estratégia.

O Plano de Comunicação para a ENCCLA foi elaborado estabelecendo as seguintes diretrizes:

Tabela 4: Relatório técnico contendo proposta de plano estratégico de comunicação para a ENCCLA

(continua)

-	Básica	Intermediária	Ampla
Objetivo	Produzir conteúdo com periodicidade para o site e implementar a política de comunicação da ENCCLA.	Funcionamento do site da ENCCLA com continuidade e qualidade de conteúdo. Fórum em funcionamento e implementação da proposta da AGU (periodicidade de produção de conteúdo, divulgação e compartilhamento de informações relativas à ENCCLA). Gestão e fluxo da informação em funcionamento.	Todos os objetivos anteriores.

---

[373] RIBEIRAL, Tatiana Braz. *Produto 2*: relatório técnico contendo proposta de plano estratégico de comunicação para a ENCCLA. Brasília: Ministério da Justiça/UNODC, 2013.

(conclusão)

-	Básica	Intermediária	Ampla
Ações antecedentes	Produção de conteúdo por parte da ASCOM/MJ e das instituições parceiras. Implementação do Fórum de Comunicadores e a gestão de informação por parte da Secretaria Executiva (banco de notícias, artigos e, imagens).	Implementação da assessoria de imprensa para a ENCCLA, bem como da produção cotidiana de pesquisas e conteúdo para o site.	Todas as metas anteriores em funcionamento.
Ferramentas	Site da ENCCLA, Portal MJ e sites das instituições parceiras.	Site da ENCCLA, Portal MJ e site das instituições parceiras, redes sociais (facebook e twitter) e portais institucionais articulados na produção de informações.	Site da ENCCLA, redes sociais, Portal MJ, portais das instituições parceiras, canal no Youtube e publicações impressas e digitais.
Público-Alvo	Interno e externo	Interno e externo	Interno e externo
Recursos necessários	Recursos humanos em comunicação e administração (ao menos um jornalista como ponto focal e um técnico administrativo para alimentação do banco de dados e controle do mailing liste, por fim, um assistente em TI).	Recursos humanos de comunicação, administração e TI. Produção de matérias e conteúdo por parte da assessoria do MJ e dos parceiros institucionais da ENCCLA.	Recursos humanos nas áreas de administração, comunicação e TI. Recursos orçamentários (possibilidade de estudos de rubrica como o SigaBrasil), e recursos disponibilizados por meio de parcerias firmadas por meio de convênios com instituições de pesquisa.
Cronograma	4 meses	6 meses	1 ano

Fonte: RIBEIRAL, Tatiana Braz.[374]

---

[374] RIBEIRAL, Tatiana Braz. *Produto 2*: relatório técnico contendo proposta de plano estratégico de comunicação para a ENCCLA. Brasília: Ministério da Justiça/UNODC, 2013.

Várias das medidas propostas foram implementadas como, por exemplo, a criação e manutenção do site da ENCCLA e a publicação de notícias, numa aba do site, com informações sobre o que tem sido desenvolvido pela Estratégia. Por outro lado, não há notícia de que o Fórum de Comunicadores tenha sido mantido ou que exista enquanto parte da estrutura da Estratégia. Ainda, não há clareza se foram alcançados bons resultados em termos de divulgação social da ENCCLA, seja por meio da imprensa, seja no meio acadêmico.

Disso se pode concluir que a *accountability* da Estratégia é realizada de modo distinto da perspectiva interna (aos próprios membros) da externa (à sociedade), sendo a primeira muito mais aprofundada, com a produção e divulgação de relatórios completos sobre as Plenárias com dados sobre os produtos esperados e obtidos, grau de assiduidade dos atores e, até mesmo, o compartilhamento das dificuldades encontradas. Ademais, há um momento dedicado à reavaliação dos resultados obtidos, permitindo a retroalimentação da política pública (*feedback*).

Da perspectiva da *accountability* externa, é constatado que a divulgação de dados sobre a ENCCLA foi aprimorada ao longo do tempo, com maior detalhamento dos resultados obtidos e das ações tomadas ao longo do ano (não se restringindo a informar a "ação" aprovada). No entanto, ainda há muitas informações sobre o funcionamento e os resultados obtidos pela Estratégia que estão indisponíveis ao público externo, o que acaba mantendo um significativo grau de opacidade sobre o seu trabalho e prejudicando, inclusive, a conquista de legitimidade social.

Essa opacidade ao público externo sobre o trabalho desempenhado pela ENCCLA e seu funcionamento é agravada pela ausência de regulamentação escrita. Várias das dúvidas apresentadas neste tópico, que permanecem sem resposta, são comumente previstas em normas infralegais, como portarias ou decretos, que preveem quais instituições integram aquela iniciativa, suas competências, instâncias e mecanismos deliberativos. O arranjo da Estratégia como rede interorganizacional, cuja institucionalidade não é conferida a partir de norma escrita, confere maior flexibilidade às definições de funcionamento da Estratégia, pois permite que os próprios atores decidam e implementem essas deliberações, sem depender da prática de um ato que altere sua regulamentação. Por outro lado, a falta de registro e de publicidade a essas escolhas e resultados fragiliza sua *accountability* à população em geral.

Nesse sentido, é possível concluir que a *accountability* da Estratégia voltada para seus próprios pares é bastante acentuada, com grau importante de transparência sobre sua estrutura, regras de funcionamento e, principalmente, sobre os resultados obtidos, viabilizando que todos acompanhem as atividades que vêm sendo desempenhadas pelos demais atores, as dificuldades enfrentadas e a necessidade de dar continuidade àquela medida – ou, até mesmo, de propor uma nova ação derivada dela. Assim, há um mecanismo de retroalimentação da política. No entanto, da perspectiva externa, há fragilidade na perspectiva de *accountability*, sendo disponibilizadas de forma ativa à sociedade apenas uma fração das informações existentes, o que prejudica a conquista de legitimidade pela ENCCLA e, inclusive, sua capacidade política de promover os resultados almejados.

4.5 Conclusões parciais

Após a descrição da Estratégia e do reconhecimento dos elementos que fundamentam a Nova Governança Pública, neste capítulo se objetivou compreender a Estratégia considerando as características da NPG e, mais especificamente, compreender seu arranjo e resultados pela lógica de participação, colaboração, dos produtos e ferramentas utilizadas e *accountability*.

Quanto à participação, sua arquitetura institucional estimula a negociação entre os atores que a integram em todas as etapas da política (da definição do problema ao feedback dos resultados), por meio de um processo acordado entre as partes, incluindo a existência de comitê de monitoramento de sua implementação. No entanto, sua caracterização como fórum interativo é incompleta em decorrência da baixa permeabilidade à participação de atores privados e, em relação a sociedades civis, da sua exclusão como membros efetivos. Como, da perspectiva da NPG, os agentes privados devem ser coprodutores da política, a ausência de entidades e empresas na ENCCLA a tornam desalinhadas à lógica desse modelo de atuação pública.

Da perspectiva da colaboração, esta falta de atuação de agentes privados também a afasta da lógica da NPG. Por outro lado, a ENCCLA se caracteriza por adotar como mecanismo decisório a deliberação por consenso, exigindo dos atores negociações constantes para se alcançar resultados. Além disso, por implementar as ações em Grupos de Trabalho, há também um reforço à atuação colaborativa, ao fomentar um diálogo contínuo entre os atores, bem como demandar a definição conjunta dos produtos que serão elaborados, como serão produzidos e a aprovação coletiva do resultado final. A natureza colaborativa da Estratégia, compatível com a lógica da NPG, também pode ser identificada na pluralidade de atores públicos de diversas esferas federativas e de Poderes incluídos na tomada de decisão.

Foi constatada, ainda, a existência de um limite à capacidade da Estratégia de promover convergências, ilustrado pelo exemplo da sua omissão em relação à definição das competências para entabulação de acordos de leniência, contexto no qual foi instaurado um ambiente de competitividade entre as instituições que se reconheceram como legítimas para participar desse processo e cuja solução foi promovida fora do âmbito da ENCCLA, embora ela parecesse vocacionada a ser o *locus* de solução para esse gênero de conflito.

Em relação aos produtos gerados pela atuação da ENCCLA, as ações foram produzidas por uma pluralidade de atores que atuaram em conjunto, favorecendo a proximidade das instituições e contribuindo para empoderá-las no combate à corrupção e à lavagem de dinheiro. Esses objetivos foram traçados com foco na solução de problemas enfrentados cotidianamente pelos atores públicos, resultando em medidas de natureza incremental. Ademais, embora as metas não criem novas medidas de comando e controle, elas são focadas em aprimorar os instrumentos e mecanismos de detecção e punição.

Por sua vez, a *accountability* da Estratégia realizada a seus próprios membros é bastante acentuada, com clareza de sua estrutura, regras de funcionamento e, principalmente, sobre os resultados obtidos. Isso permite que todos os atores que a integram acompanhem as atividades que estão sendo realizadas pelas demais instituições, as dificuldades enfrentadas e os resultados alcançados, viabilizando o exercício de pressão sobre os pares para promover maior responsabilidade na condução das medidas. Assim, há um mecanismo efetivo de retroalimentação da política.

Já da perspectiva externa (para a sociedade), há um baixo grau de *accountability*, sendo franqueado acesso ativo a uma fração das informações existentes, o que prejudica a conquista de legitimidade pela ENCCLA e, inclusive, sua capacidade política de promover os resultados almejados. Esta fragilidade está associada, também, à ausência de regulamentação escrita sobre a Estratégia (norma instituidora), que compromete a compreensão clara sobre suas regras estruturais para o público em geral.

No próximo capítulo, reconhecendo a ausência de norma instituidora escrita sobre a ENCCLA, serão investigados se há e quais são os elementos que conferem institucionalidade jurídica à ENCCLA e sua relação com o arranjo em rede.

CAPÍTULO 5

ENCCLA COMO REDE: ARRANJO E ELEMENTOS JURÍDICOS

A Estratégia Nacional de Combate à Corrupção e à Lavagem de Dinheiro é estruturada a partir de um arranjo peculiar, desprovido de regulamentação escrita. Não há norma posta, mesmo que de baixo grau hierárquico, que defina especificamente sua estrutura. Não há, também, um estatuto aprovado pelos seus membros que reja a ENCCLA. A despeito da inexistência de regulação positivada sobre o seu arranjo, nesta pesquisa se pôde verificar que a Estratégia é dotada de um desenho institucional e uma arquitetura procedimental que viabiliza seu funcionamento e operacionalização. Da indicação dos membros à implementação das ações há um arranjo bem estruturado e definido.

Esta composição não é acidental.

Em 2003, Antenor Madruga, Diretor do Departamento de Recuperação de Ativos e Cooperação Jurídica Internacional (DRCI), trabalhou para desenvolver um plano estratégico e elaborar um desenho institucional capaz de estimular a cooperação interorganizacional. O principal objetivo desta iniciativa era "criar uma rede que aproximasse certas autoridades para definirem prioridades compartilhadas, gerassem ideias de políticas públicas e avançassem uma agenda pelo governo".[375]

Antenor Madruga, em artigo sobre o tema, relata que a existência de mais de 30 ministérios e dezenas de secretarias e demais estruturas administrativas resultava num conflito de atribuições dentro do governo

---

[375] Cf.: LAFORGE, Gordon. *The sum of its parts*: coordinating Brazil's fight against corruption 2003-2016. 2017. p. 7. Disponível em: https://successfulsocieties.prince- ton.edu/sites/successfulsocieties/files/GLF_AC-Strategy_Brazil_FORMA TTE- D_20Feb2017.pdf. Acesso em 5 out. 2020.

federal, havendo uma pluralidade de órgãos atuando como responsáveis na definição de políticas antilavagem. Ademais, ele ressaltou que outros órgãos e entidades imprescindíveis para o desenvolvimento e implementação dessas políticas não estavam subordinados ao governo federal.[376] Era necessário, neste contexto, construir e implementar políticas para dar efetividade ao sistema antilavagem.

Para alcançar estes objetivos, foi desenhada a Estratégia, que adotou como referência a estrutura de *soft law* adotada pelo Grupo de Ação Financeira contra a Lavagem de Dinheiro e o Financiamento do Terrorismo (GAFI), que adota como mecanismo de indução a pressão dos pares e a divulgação pública de eventuais descumprimentos dos objetivos acordados.[377] Para Madruga, esta estrutura foi essencial para o sucesso da ENCCLA:

> A informalidade na constituição do grupo que definiria a estratégia nacional de combate à lavagem de dinheiro foi essencial para reunir numa mesma mesa órgãos e autoridades que tinham poder de fato nesse tema, mas representavam hierarquias distintas. Se seguíssemos o modelo de cooperação administrativa tradicional, com grupos de trabalho formalmente constituídos, publicados no diário oficial, prazos rígidos e zelos hierárquicos, provavelmente a ENCLA teria se perdido nos meandros da burocracia e não estaria próxima a completar uma década. As reservas que alguns tinham quanto à participação do Ministério Público e, especialmente, do Poder Judiciário na formulação de políticas públicas de combate ao crime cederam ante à constatação que apenas esses órgãos, em razão da autonomia administrativa que adquiriram com a Constituição de 1988, poderiam alocar seus recursos humanos e materiais às necessidades da estratégia.[378]

---

[376] MADRUGA, Antenor. Origens da ENCCLA. *In*: BRASIL. Secretaria Nacional de Justiça, Departamento de Recuperação de ativos e Cooperação Jurídica internacional (DRCI). *ENCCLA – Estratégia Nacional de Combate à Corrupção e à Lavagem de Dinheiro*: 10 anos de organização do Estado brasileiro contra o crime organizado. Brasília, Ministério da Justiça: Ed. Comemorativa, 2012. p. 34.

[377] Cf.: LAFORGE, Gordon. *The sum of its parts*: coordinating Brazil's fight against corruption 2003-2016. 2017. p. 7. Disponível em: https://successfulsocieties.prince- ton.edu/sites/successfulsocieties/files/GLF_AC-Strategy_Brazil_FORMA TTE- D_20Feb2017.pdf. Acesso em 5 out. 2020.

[378] Cf.: MADRUGA, Antenor. Origens da ENCCLA. *In*: BRASIL. Secretaria Nacional de Justiça, Departamento de Recuperação de ativos e Cooperação Jurídica internacional (DRCI). *ENCCLA – Estratégia Nacional de Combate à Corrupção e à Lavagem de Dinheiro*: 10 anos de organização do Estado brasileiro contra o crime organizado. Brasília, Ministério da Justiça: Ed. Comemorativa, 2012. p. 34.

Ainda sobre a estrutura adotada, Madruga relata que houve a opção de que "nenhuma meta deveria ser imposta a qualquer órgão, todas resultariam de consenso", e que, ao final das reuniões, com a aprovação das metas, a imprensa estaria aguardando a publicização das deliberações para noticiá-las, o que colocava os órgãos responsáveis por sua implementação sob holofotes.

Nesse sentido, foi estabelecido que não haveria qualquer penalidade a ser aplicada contra um órgão ou entidade que não cumprisse a meta estabelecida, mas isso seria divulgado publicamente para ser submetido ao crivo da opinião pública. Ou seja: a metodologia conscientemente adotada foi a de constranger os atores da Estratégia que escolhessem, de forma voluntária, se tornar responsáveis por implementar uma ação a cumpri-la, sob pena de virarem alvo de crítica da opinião pública e dos seus próprios pares da ENCCLA.

Da análise dos depoimentos de representantes que estiveram na Estratégia, fica evidente que o objetivo da estruturação da ENCCLA era qualificar o diálogo entre as instituições, com foco no incremento da capacidade do Estado em promover o combate à lavagem de dinheiro:

> O grande desafio era construir um novo sistema de prevenção e combate à lavagem de dinheiro, baseado no diálogo entre as instituições, no compartilhamento de informações, na capacitação dos servidores públicos e na busca da eficiência dos órgãos estatais, aumentar a capacidade do estado de enfrentar a criminalidade organizada, levando à mesma mesa todos os responsáveis e promovendo a sua integração.[379]

A Estratégia foi gestada no âmbito do Ministério da Justiça e, mais especificamente, do DRCI, com a finalidade de estimular um conjunto de instituições envolvidas direta ou indiretamente no combate à lavagem de dinheiro a dialogarem a respeito das políticas antilavagem, forjando, com intencionalidade, uma rede interorganizacional.

Esta rede interorganizacional foi estruturada a partir de uma arquitetura de baixo grau de formalidade, mas que consolidou procedimentos seguidos e respeitados pelos atores ao longo do tempo. As regras procedimentais adotadas foram elaboradas com o objetivo de

---

[379] CHAGAS, Cláudia. ENCCLA: a integração necessária. *In*: BRASIL. Secretaria Nacional de Justiça, Departamento de Recuperação de Ativos e Cooperação Jurídica internacional (DRCI). *ENCCLA – Estratégia Nacional de Combate à Corrupção e à Lavagem de Dinheiro*: 10 anos de organização do Estado brasileiro contra o crime organizado. Brasília, Ministério da Justiça: Ed. Comemorativa, 2012. p. 44.

gerar um ambiente colaborativo. A realização de reuniões em formato de imersão (Plenária), por exemplo, demanda aos representantes dos atores que participem não apenas de discussões temáticas, mas que construam um relacionamento próximo, ao longo dos dias dedicados à Plenária.

A deliberação por consenso também foi adotada com a finalidade de promover o diálogo. Como mencionado anteriormente, este mecanismo deliberativo espraia a possibilidade de vetos sobre as propostas, demandando que os interessados na sua aprovação se esforcem para a construção do consenso, o que exige a qualificação dos argumentos de debate e a negociação dos pontos controversos para que seja alcançando um denominador comum. Se uma ação é adotada pela ENCCLA, é porque todos estiveram de acordo com sua implementação.

Outro atributo da rede constituída pela Estratégia é que, por aprovar as deliberações somente por consenso, ela mitiga as assimetrias de poder institucional entre os atores. Por outro lado, esta pretensa horizontalidade é fragilizada pela existência do GGI e de sua subdivisão nos Grupos de Trabalho temáticos, uma vez que há poderes da ENCCLA que estão concentrados numa instância composta somente por uma fração dos seus membros.

A rede também foi forjada para viabilizar a distribuição das competências sobrepostas entre os diferentes atores públicos. Como mencionado por Madruga, há uma pluralidade de instituições envolvidas no combate à lavagem de dinheiro e, também, à corrupção. Esta multiplicidade institucional gera dificuldades de coordenação que podem ser abrandadas por iniciativas como a da ENCCLA.[380] Nesse sentido, avaliando a composição da Estratégia desde a sua criação até a sua edição, em 2021, é claro o intuito de priorização de atores públicos – cuja notável exceção é a participação da FEBRABAN.

Ademais, a adoção de uma estrutura flexível, que permita aos atores participarem com o intuito de serem formados pontos de convergência, é reforçada pela voluntariedade de participação da ENCCLA. A Estratégia não incorpora nenhum mecanismo que obrigue juridicamente os atores a participarem dela, nem a comparecerem nas reuniões,

---

[380] PRADO, Mariana Mota; CARSON, Lindsey D. Brazilian Anti-Corruption Legislation and Its Enforcement: potential lessons for institutional design. *SSRN Electronic Journal*, [S.L.], p. 1-40, 2014. Disponível em: http://dx.doi.org/10.2139/ssrn.2497936. Acesso em 14 mar. 2022.

tampouco a se tornarem coordenadores ou colaboradores de alguma ação.[381] O mecanismo de atuação dos atores é integralmente voluntário. Esta ausência de *dever jurídico* perante a ENCCLA também se reflete em caso de omissão no cumprimento de uma meta. Não há qualquer sanção jurídica aplicável a um descumprimento do compromisso de implementar uma ação, mas somente uma penalidade *moral* em face dos seus pares, e de risco de perda de legitimidade perante a sociedade. No entanto, o baixo grau de publicidade e divulgação das ações da Estratégia compromete a efetividade da pressão social sobre os atores.

Em suma, a ENCCLA se configura como uma rede interorganizacional forjada (intencional), de baixo grau de densidade jurídica, mas com adoção de estruturas e procedimentos claros, conhecidos e respeitados por seus membros. Sua principal finalidade é a promoção do diálogo institucional para reflexão, deliberação e implementação de propostas relacionadas à antilavagem e à anticorrupção, especialmente por atores públicos ou associados a corporações públicas. Seu mecanismo de deliberação é por consenso, o que contribui para atribuir maior horizontalidade à Estratégia, reduzindo as assimetrias de poder. No entanto, a horizontalidade não é verificada em toda a sua estrutura, na medida em que foi criada uma instância composta por uma fração dos atores que é responsável pela tomada de decisões que afetam toda a Estratégia, especialmente em relação à definição das propostas que serão passíveis de aprovação, operando como um filtro, bem como pela definição de quem poderá integrar a Estratégia.

Ocorre que este fenômeno administrativo é estranho às iniciativas tradicionais e juridicamente previstas como modo de atuação da Administração Pública: a ENCCLA, na qualidade de rede interorganizacional, não se conforma a nenhuma das espécies previstas no Decreto-Lei nº 200/1967. Ela não é um órgão que integra a Administração Direta, tampouco uma autarquia, empresa pública, sociedade de economia ou fundação pública. Por sua natureza deliberativa, seu caráter contínuo e permanente e predefinição de quem irá integrá-la não se enquadra também como uma audiência ou consulta pública.

A Estratégia também não se configura como um órgão consultivo integrante da estrutura do Executivo Federal, nos moldes do Conselho

---

[381] Esta ausência de obrigação jurídica de participação na ENCCLA se refere aos instrumentos elaborados pela própria Estratégia. Mas há normas elaboradas pelos próprios integrantes da ENCCLA que instituem essa obrigação em relação a eles próprios.

de Transparência Pública e Combate à Corrupção (artigo 1º do Decreto nº 9.468/2018), uma vez que, em seu âmbito, são tomadas decisões e implementadas ações – ou seja, suas deliberações não têm natureza meramente sugestiva, ainda que eventuais omissões no cumprimento das metas não seja passível de penalização.

Esta indefinição a respeito da qualificação da Estratégia é ainda mais acentuada em decorrência da inexistência de qualquer instrumento jurídico positivo (ou seja, escrito) que a regule, indicando, ao menos em linhas gerais, suas regras de funcionamento (instâncias, competências, meios de deliberação e de implementação) e quais atores a integram. No entanto, como já demonstrado, essas regras existem e são conhecidas e respeitadas pelos atores que a integram, bem como pelos observadores externos à Estratégia.

Por outro lado, parece inadequado afirmar que a ENCCLA se configura como uma rede desprovida de formalidade, uma vez que há uma pluralidade de atos jurídicos formais que reconhecem a sua existência. Aliás, esta juridicidade é imprescindível na configuração constitucional brasileira, pois um ator público não poderia participar institucionalmente de uma iniciativa integralmente informal: não seria legal, da perspectiva jurídica, que agentes públicos dedicassem três dias úteis inteiros para uma ação destituída de formalidade.

Inclusive, deve ser reconhecido que há uma pluralidade de atos de designação de agente público a atuar em nome da respectiva instituição na ENCCLA: fosse a ENCCLA uma rede informal (social), seria desnecessária a existência de qualquer ato que previsse a representação da instituição. A título ilustrativo, não se designa um servidor público para representar uma instituição para um mero café ou almoço.

Pela existência dos elementos indicados, é possível constatar que a Estratégia é uma rede interorganizacional reconhecida formalmente a partir de uma pluralidade de atos e normas jurídicas. Sua estruturação jurídica é singular e inovadora, não sendo explicada pelos institutos sedimentados do Direito Público. Por isso, no intuito de analisar esta iniciativa administrativa e de compreender este arranjo da perspectiva jurídica, foram identificadas duas teorias elaboradas para explicar fenômenos semelhantes, cujas bases podem ser utilizadas para melhor descrição e compreensão da ENCCLA.

Nos tópicos a seguir, o arranjo jurídico-institucional da Estratégia será analisado a partir de duas perspectivas: *das redes como contratos conectados*, elaborada por Gunther Teubner; e da concertação administrativa, a partir da construção realizada por Eurico Bitencourt Neto. O objetivo desses tópicos é avaliar a ENCCLA a partir dessas teorias, para melhor compreender sua conformação jurídica, na qualidade de rede interorganizacional forjada por iniciativa governamental.

5.1 A ENCCLA como rede de contratos conectados

Para Teubner, o termo *redes* não é dotado de um significado jurídico, mas é utilizado para descrever um fenômeno observado no mundo concreto, que deve ser analisado da perspectiva jurídica em decorrência das suas repercussões para o Direito. Para que se confirme que determinado fenômeno se configura como uma rede de contratos conectados, são apontados três critérios que devem ser preenchidos: (i) a multidimensionalidade; (ii) a existência de um propósito da rede e (iii) unidade econômica.[382]

Esses elementos foram descritos e elaborados para análise de redes de negócios, mas como se referem a uma *rede* e estão associados a uma abordagem jurídica, são profícuos para compreensão da ENCCLA. Deste modo, a Estratégia será analisada a partir de cada um desses elementos, sendo que, como já explicitado e justificado, a unidade econômica será, neste contexto, analisada como unidade política.

5.1.1 Multidimensionalidade

A análise da multidimensionalidade proposta por Teubner para avaliar a existência de uma rede de negócios, cuja lógica se aplica à verificação da existência de uma rede interorganizacional, trata da existência de contratos que se referenciam entre si, ainda que de modo implícito ou decorrente das práticas adotadas.

Para analisar a existência da multidimensionalidade sob a perspectiva da ENCCLA, é necessário, antes, verificar a própria existência de *contratos bilaterais* ou, ainda, de instrumento jurídico que se assemelhe ou equivalha para, então, aferir a existência de multidimensionalidade.

A Estratégia é formada a partir da reunião de uma série de órgãos e entidades, públicas e privadas, que se encontram para deliberar sobre propostas de ações, a fim de promover o combate à corrupção e à lavagem de dinheiro e difundir sua implementação entre os atores que dela

---

[382] Cf.: TEUBNER, Gunther. *Networks as connected contracts*. Oxford: Hart, 2011. p. 158.

fazem parte. Para participar da Estratégia, um ator (instituição) deve ser convidado, seja diretamente, a partir de iniciativa do GGI, seja após o deferimento de uma solicitação, e poderá, *voluntariamente*, aceitar este convite, passando a fazer parte da ENCCLA.[383]

Este convite a participar da Estratégia contempla direitos e obrigações implícitos. Os direitos previstos para aqueles que aceitam o convite para integrar a Estratégia incluem a possibilidade de participar da Plenária por meio de representantes, de votar para a aprovação das propostas apresentadas, de exigir que as propostas sejam aprovadas somente por consenso, de integrar os Grupos de Trabalho para implementação das ações aprovadas, de tomar conhecimento dos resultados atingidos pelos demais atores.

Como obrigações, por outro lado, aqueles que voluntariamente passam a integrar a ENCCLA deverão, ao participar das Plenárias e das reuniões dos Grupos de Trabalho que integrar, aceitar o mecanismo de deliberação por consenso; submeter-se ao monitoramento do cumprimento das ações realizado pelo GGI; atuar de modo cooperativo com os demais atores no âmbito da ENCCLA; executar as medidas necessárias para dar cumprimento às ações aprovadas quando atuar na qualidade de coordenador e colaborador e aceitar a participação dos demais atores em suas respectivas instâncias. Por escolha da Estratégia, o descumprimento dessas obrigações relacionadas à performance (como a participação em reuniões e cumprimento das ações) não implica nenhuma penalidade.

Essa metodologia de previsão de obrigações sem penalidade não é estranha ao Direito. Traçando um paralelo, ela se assemelha aos objetivos específicos traçados pelo Comitê Interministerial de Combate à Corrupção, instituído pelo Decreto nº 9.755/2019. Em sua atuação, são traçados objetivos e prazos, mas caso descumpridos, eles são renegociados. Há um constrangimento público pelo descumprimento das metas, mas não uma sanção jurídica.[384]

---

[383] BRASIL. Sistema Eletrônico de Informação ao Cidadão (e-SIC). Ministério da Justiça e Segurança Pública. *Pedido nº 08198.037844/2021-91*. 2021. Disponível em: https://buscalai.cgu.gov.br/PedidosLai/DetalhePedido?id=3799874. Acesso em 10 dez. 2021.

[384] BRASIL. Comitê Interministerial de Combate à Corrupção. *Plano Anticorrupção - diagnóstico e ações do governo federal*: boletim de acompanhamento. Brasília, dez. 2021. Disponível em: https://www.gov.br/cgu/pt-br/anticorrupcao/planoanticorrupcaoboletimdez2021.pdf. Acesso em 13 jun. 2022.

Pelo caráter de voluntariedade para participação na Estratégia e a decorrência de uma natureza de relação consensual, é possível reconhecer a existência de um acordo entre as partes, considerando acordo como uma categoria jurídica que, conforme Justino de Oliveira,

(...) visa disciplinar (i) relações entre órgãos e entidades administrativas e (ii) relações entre a Administração Pública e os particulares, empresas e organizações da sociedade civil cujo objeto é o desenvolvimento de um programa de atividade administrativa sob um regime de cooperação ou de colaboração entre os envolvidos (bilateralidade ou multilateralidade), a partir de bases previamente negociadas, podendo o ordenamento jurídico conferir efeitos vinculantes aos compromissos eventualmente firmados.[385]

Para Justino, os acordos podem ser vinculantes (acordos formais) ou não (acordos informais), a depender da previsão legal para tanto. Caso haja lei que fundamente a existência do acordo, então se trata de um acordo formal; se não houver, o acordo pode existir e é juridicamente válido, mas não detém efeitos jurídicos obrigatórios.[386]

Considerando o arranjo normativo da ENCCLA, não há uma lei que a tenha fundado ou que a regule atualmente, de modo que os acordos firmados para integração dos atores nessa rede não têm fundamento direto em uma norma positivada. Por consequência, os acordos firmados para participação dos atores na Estratégia se enquadram no conceito de acordo informal proposto por Justino e, por decorrência lógica, os acordos firmados para integração à ENCCLA não seriam vinculativos e justiciáveis.

Por outro lado, é de se observar que há uma prática institucionalizada na Estratégia. Há cerca de 20 anos, a ENCCLA vem sendo anualmente realizada, adotando substancialmente a mesma estrutura e metodologia de trabalho. Nesse sentido, embora a natureza jurídica de seus acordos seja informal, por ausência de previsão legal que os sustente, é possível constatar a cristalização de regras que vinculam os atores a determinados padrões de comportamento no âmbito da Estratégia.

---

[385] Cf.: OLIVEIRA, Gustavo Henrique Justino de. *Contrato de gestão*. São Paulo: Revista dos Tribunais, 2008. p. 252.
[386] Cf.: OLIVEIRA, Gustavo Henrique Justino de. *Contrato de gestão*. São Paulo: Revista dos Tribunais, 2008. p. 251.

Nesse sentido, embora da perspectiva do direito positivo não haja lei que preveja ou fundamente diretamente a ENCCLA, tampouco norma infralegal, é possível reconhecer a juridicidade das suas regras de funcionamento pelo seu grau de institucionalização. Assim, ao se reconhecer a existência de um arranjo institucionalizado cujas regras são consolidadas pela prática reiterada, é possível reconhecer o grau de vinculação jurídica a estes acordos informais.

Em suma, esses acordos, cuja função instrumental permite equipará-los aos *contratos* referenciados por Teubner, são dotados de multidimensionalidade, pois contemplam referências e práticas que incluem os demais acordos firmados no âmbito da Estratégia. Ao aceitarem o convite para se tornarem membros da ENCCLA, os atores passam a constituir relações com todos os demais atores que igualmente aceitaram esta condição, seja na Plenária, que contempla a participação de todos os membros, seja nos Grupos de Trabalho.

Nesse sentido, os acordos bilaterais firmados entre a Secretaria Executiva e determinada instituição atingem os demais instrumentos vigentes e firmados com os outros atores. Isso porque os membros que já integram a Estratégia (e que, portanto, são também signatários de acordos) serão afetados por este novo acordo, pois será necessário também construir consensos com o novo membro da Estratégia para aprovação das propostas encaminhadas pelo GGI, por exemplo. Assim, cada novo acordo firmado impacta toda a rede (e não só os seus signatários), de modo que se conclui pela existência de multidimensionalidade.

5.1.2 Propósito da rede

O segundo elemento analisado é a existência de um *propósito da rede*, que demanda a constatação da presença de um objetivo comum compartilhado entre os atores que integram a rede.

Este é um elemento claramente presente na ENCCLA, que reúne atores públicos e privados com o propósito comum de atuarem de modo colaborativo, no intuito de refletir, propor, discutir, deliberar, implementar, monitorar e, pelos resultados alcançados, retomar a reflexão (*feedback*) a respeito de ações a serem tomadas para combater a corrupção e a lavagem de dinheiro. Este projeto em comum (anticorrupção e antilavagem) é implementado a partir dos eixos de prevenção, detecção e punição.

Assim, a existência de um projeto compartilhado entre os atores que integram a rede é constatada como sua própria razão de existir, uma vez que a Estratégia foi ativada com esse intuito, tendo as instituições sido convidadas a participar e a contribuir com sua realização.

5.1.3 Unidade política

O terceiro elemento apontado por Teubner como necessário para o reconhecimento de uma rede de negócios é a existência de uma unidade econômica, que ele caracteriza como sendo composta por relações constituídas por meio juridicamente vinculantes e de natureza cooperativa. Como mencionado anteriormente, dada a natureza do fenômeno analisado, foi reconhecido que é pertinente perscrutar a existência de uma *unidade política* e não *econômica*.

Quanto ao primeiro aspecto analisado, remete-se ao que já foi indicado em tópico precedente, no qual se reconheceu que os acordos firmados para participação na Estratégia teriam natureza jurídica informal, da perspectiva do direito positivo, uma vez que não há lei que o fundamente. Dessa perspectiva, a decorrência lógica da informalidade dos acordos é que eles seriam, também, não vinculantes.

Por outro lado, da perspectiva teórica, é possível reconhecer a juridicidade das relações travadas no âmbito da ENCCLA quando se constata a institucionalização jurídica das suas regras operacionais, por serem compatíveis com o ordenamento jurídico vigente, instituídas para dar consecução a uma obrigação jurídica estatal legalmente prevista e por serem respeitadas pelas partes e terceiros como regras com precedência às demais normas não jurídicas.

Assim, de uma perspectiva estritamente dogmática, a existência de acordos sem fundamento em *lei* (ou, de uma perspectiva mais ampla, em norma jurídica) implicaria a ausência de vinculação jurídica das relações que a compõe. Por consequência, a partir da perspectiva de Teubner, não se poderia confirmar a existência de uma unidade política. No entanto, ao se reconhecer o costume como fonte de Direito quando institucionalizado (prática reiterada e legítima), que dá lastro aos acordos firmados no âmbito da Estratégia, é possível, por decorrência, reconhecer a vinculação dos acordos firmados e, por consequência, o preenchimento do requisito mencionado.

Quanto ao aspecto colaborativo, por adotar como mecanismo deliberativo a adoção de consenso e como mecanismo de implementação das ações o trabalho conjunto entre os atores, é possível constatar a construção de relações, no âmbito da rede, de natureza cooperativa. Os atores só conseguem atuar de modo eficaz se houver relações colaborativas. Deste modo, é possível verificar a presença do elemento de organização cooperativa entre os atores que integram a rede, mas a vinculação jurídica dos acordos que forjam e instrumentalizam essas relações só pode ser constatada se se considerar a existência de fundamento normativo decorrente da sua institucionalização pela prática reiterada, resultando, assim, no reconhecimento da unidade política da ENCCLA.

5.2 A ENCCLA como experiência de concertação administrativa

Como já detalhado, a concertação administrativa se constitui como um modo de atuação da Administração fundamentado no consenso e na produção de acordos e se concretiza, no caso da ENCCLA, pela formulação de acordos firmados entre órgãos e entidades estatais entre si e com particulares. Por isso, a Estratégia pode ser reconhecida como uma experiência de concertação interadministrativa.

Bitencourt Neto apresenta os fundamentos para a ocorrência de concertação administrativa e diferentes instrumentos que podem ser adotados para concretizá-la. Ademais, ele indica quais são os pressupostos necessários para que esta medida de concertação seja conforme ao Direito, sendo necessária a demonstração da legalidade, da eficiência e, ainda, da imparcialidade.

Nos tópicos a seguir, serão considerados cada um desses elementos (fundamentos, instrumentos e requisitos) para analisar a experiência da Estratégia Nacional de Combate à Corrupção e à Lavagem de Dinheiro, no intuito de compreender sua conformação enquanto exemplo de concertação interadministrativa.

5.2.1 Fundamentos

Os fundamentos elencados por Bitencourt Neto objetivam elucidar as bases jurídicas pelas quais um fenômeno jurídico observado (concertação administrativa interorgânica, na obra do autor) é conforme ao Direito. Como mencionado, embora estes fundamentos sejam apresentados para fundamentar a concertação interorgânica (ou seja, entre órgãos administrativos), suas bases são também extensíveis à compreensão do fenômeno da concertação interadministrativa, o qual contempla a ENCCLA.

Em primeiro lugar, com a finalidade de identificar os fundamentos jurídicos aplicáveis à Estratégia, a pluralidade interna da Administração, também descrita como fragmentação administrativa, consiste justamente na razão pela qual a Estratégia foi criada. Ao se identificar que havia uma série de órgãos e entidades públicas e privadas que deveriam atuar conjuntamente para se atingir as finalidades almejadas, ou seja, ao se reconhecer a pluralidade interna da Administração, inclusive na mesma estrutura administrativa, foi criada a Estratégia.

Quanto ao reconhecimento de que os órgãos públicos são núcleos de imputação dotados de capacidade jurídica parcial, como argumenta Bitencourt, isso pode ser verificado no âmbito da Estratégia: uma pluralidade de atores que a integram são órgãos que atuam em conjunto com outras entidades ou mesmo com outros órgãos que integram o mesmo poder do mesmo ente federativo (como, por exemplo, órgãos do Executivo da União). No desenvolvimento de suas atividades na Estratégia, eles atuam como instituições individualmente consideradas. Os órgãos submetidos a uma mesma autoridade hierárquica (por exemplo, o Ministro da Justiça ou mesmo o Presidente da República) atuam separadamente e podem, em tese, adotar posições diversas.

Por exemplo, a Agência Brasileira de Inteligência (ABIN) é um órgão que, em 2022, integrava o Gabinete de Segurança Institucional da Presidência da República, conforme previsto no artigo 1º do Decreto nº 10.445/2020, mas se constitui, no âmbito da ENCCLA, como um ator distinto do próprio Gabinete de Segurança Institucional da Presidência da República. O mesmo ocorre em relação à Polícia Federal, órgão específico e singular inserido na estrutura do Ministério da Justiça e Segurança Pública, conforme letra "h", II, do artigo 2º do Decreto nº 11.103/2022, mas que atua separadamente do MJSP.

Nesse sentido, é de se reconhecer a capacidade jurídica parcial de cada órgão da ENCCLA, que opera como ator distinto das demais estruturas em que se está inserido, tendo, no âmbito da Estratégia, representação própria e capacidade para votar enquanto ente singular.[387]

---

[387] Registra-se a ressalva de que, como a Estratégia não divulga quais as manifestações de cada ator que a integra (por exemplo, quem exerceu seu poder de veto), não foi possível verificar se, ao desempenharem esta função, os órgãos que integram determinada estrutura atuam com efetiva autonomia ou se, em regra, seguem a deliberação adotada pela instância da qual fazem parte.

Já quanto ao prestígio ao consenso e à participação, com o intuito de promover maior legitimidade, ambos, consenso e participação, ainda que predominantemente de entes públicos, estão presentes na ENCCLA, na sua forma de deliberação e, também, na sua estrutura e composição.

Quanto à viabilidade de uma escolha de autocontenção da Administração para o exercício de suas funções, respeitados os critérios de legalidade, verifica-se que na ENCCLA foi criada com uma série de regras e procedimentos para a tomada de decisão entre os órgãos e entidades que dela participam. De todo modo, esta autocontenção é mitigada na Estratégia, pois em caso de reprovação de alguma proposta discutida no âmbito da ENCCLA, ainda persiste a viabilidade de sua implementação, embora sem a chancela da Estratégia.

Por sua vez, no que se refere à organização da Administração em rede, sua relação com a concertação administrativa e sua procedimentalização, Bitencourt defende que a concertação tem o potencial de aplacar os riscos associados a uma organização em rede, como o de descoordenação entre os atores. Ele indica que a atuação concertada tem a potencialidade de organizar as capacidades e competências dos atores, bem como institucionalizar objetivos comuns, estabelecendo métricas sobre o seu alcance e ordenando os núcleos de ação dispersos.[388] Para isso, são estabelecidos procedimentos que promovem uma atuação dialógica e participativa, e que conferem formalidade a uma sequência e pluralidade de atos praticados por múltiplos atores, em conjunto ou não, consolidando um mecanismo de consideração da diversidade de interesses públicos existentes e viabilizando uma deliberação democrática.[389]

Trata-se de uma descrição precisa sobre a arquitetura e metodologia da Estratégia, a qual é composta por uma pluralidade de atores que atuavam de modo disperso. Os objetivos de cada ator não eram compartilhados e alinhados, a fim de que se tornassem comuns e que as partes envolvidas pudessem contribuir para o seu atingimento. Também não havia métodos claros de aferição do alcance das metas de cada ator compartilhadas pelos demais, fragilizando o *accountability* e a promoção de uma atuação coerente entre as instituições que atuam em ações anticorrupção e antilavagem.

---

[388] Cf.: BITENCOURT NETO, Eurico. *Concertação administrativa interorgânica*: direito administrativo e organização no século XXI. São Paulo: Almedina, 2017. p. 282-284.
[389] Cf.: BITENCOURT NETO, Eurico. *Concertação administrativa interorgânica*: direito administrativo e organização no século XXI. São Paulo: Almedina, 2017. p. 297-301.

A ENCCLA foi criada para impulsionar o estabelecimento de maior ordem nesse cenário de dispersão da atuação administrativa, por meio da promoção do diálogo e da abertura à participação dos atores com competências em áreas de pertinência temática. Por meio dos procedimentos estabelecidos, foi desenvolvido um encadeamento de práticas viabilizando a participação (com o convite aos atores) e o diálogo (na Plenária e Grupos de Trabalho), que conduzem à ponderação dos interesses públicos para que sejam tomadas deliberações (por consenso), alcançando objetivos comuns (as ações aprovadas), com alocação de competências (nas instâncias já predefinidas e por meio da voluntariedade dos atores em se tornarem colaboradores ou coordenadores de ações), e com métricas de avaliação (os resultados pretendidos e as atividades previstas), monitoradas por uma instância (o GGI) e com *accountability* entre os pares (por meio dos relatórios de plenária e manuais do participante compartilhados a todos os integrantes da Estratégia).

Todos esses mecanismos foram forjados com o intuito de promover maior eficiência na atuação administrativa, sétimo fundamento para a concertação administrativa elencado. Foi identificado que o combate à lavagem de dinheiro e, posteriormente, à corrupção eram ineficazes. Não era dado efetivo cumprimento à legislação e, embora se reconhecesse que as práticas ilícitas ainda ocorriam, elas não eram detectadas e, por consequência, não eram punidas. Nesta situação de ineficiência, a norma também não exercia função preventiva, de desencorajar essas práticas.

A ENCCLA surge, portanto, como um mecanismo de promoção de eficiência, tanto da perspectiva de dar efetividade à norma, quanto para aproximar os atores, criando convergências e facilitando a reflexão, deliberação e implementação das medidas necessárias para dar consecução de eficácia às normas, medidas que são qualificadas pela participação dessa pluralidade de atores. Ademais, a construção de uma maior proximidade entre os atores, forjando relações cooperativas, promove a confiança entre as instituições e, com isso, mitiga os custos para adoção das medidas necessárias para o combate à corrupção e à lavagem de dinheiro, o que também confere maior eficiência ao sistema.[390]

---

[390] Cf.: BITENCOURT NETO, Eurico. *Concertação administrativa interorgânica*: direito administrativo e organização no século XXI. São Paulo: Almedina, 2017. p. 339.

Nesse sentido, os fundamentos que justificam a concertação administrativa são úteis e aplicáveis, também, para explicar a ENCCLA, contribuindo para a melhor compreensão do arranjo adotado no âmbito da Estratégia para promover o combate à corrupção e à lavagem de dinheiro.

5.2.2 Instrumentos e sua natureza jurídica

Retomando a concepção de Bitencourt relativa aos instrumentos que dão forma à concertação administrativa, ele estabelece, em relação à concertação administrativa interorgânica informal (mas extensível à interadministrativa), que ela se constituiu como a que "não se subsume a meios de atuação institucionalizados, normativamente instituídos (por lei ou excepcionalmente por regulamento)", sendo irrelevante que tais meios se configurem como atos, contratos ou regulamentos, por seus conceitos clássicos.

Por este conceito, um elemento fundamental para caracterizar a concertação como informal é a ausência de uma previsão normativa que institucionalize aquela ação administrativa. Esta previsão normativa, segundo o autor, deve ser realizada por meio de lei, preferencialmente, ou por regulamento, caso seja instituída por decorrência de previsão constitucional, como na hipótese da alínea "a", VI, artigo 84 da Constituição Federal.

No caso da ENCCLA, como já dito e repisado, não há norma que a regule, seja por meio de lei, seja por regulamento. A procedimentalização da Estratégia não decorreu de uma norma instituidora, mas de uma prática administrativa reiterada que, no decurso do tempo, cristalizou regras cumpridas e seguidas por todos os atores.

Para Bitencourt, a existência desta prática administrativa pactuada e reiterada não derroga o reconhecimento de que se trata de uma atuação por meio de acordos informais – resultando numa prática de atuação concertada informal, uma vez que o elemento jurídico considerado para a definir como tal é justamente a inexistência de norma que a institucionalize.[391]

Disso não se conclui que seja desprovida de vinculação jurídica, pois o autor reconhece que, numa hipótese de concertação que envolva

---

[391] Como mencionado, as regras da ENCCLA são respeitadas por seus membros e por terceiros, de modo que há a possibilidade de se reconhecer a juridicidade de seu ordenamento a partir de uma perspectiva de institucionalização de costumes.

agentes privados, por exemplo, é possível que as deliberações originadas de acordos informais, em decorrência da confiança legítima e autovinculação administrativa, sejam dotadas de vinculação jurídica e, portanto, sejam justiciáveis.[392] Nesse sentido, a concertação administrativa informal é relevante para o Direito, indicando que "é mais adequada uma concepção de informalidade administrativa juridicamente válida como aquela sujeita à vinculação a uma programação de juridicidade, ainda que menos intensa".[393]

Esta relevância decorre também do dever de atendimento à legalidade, em sentido amplo, pela Administração Pública. Toda atuação administrativa, inclusive a informal, é relevante juridicamente, pois só se pode atuar em conformidade com as normas vigentes. Assim, toda a atuação se sujeita a vinculações de juridicidade, devendo ser respeitados os deveres de persecução dos interesses públicos, isonomia, boa-fé, imparcialidade, configurando-se como uma atuação *praeter legem*, mas não *contra legem*.[394]

Pelos objetivos e metodologias adotadas na ENCCLA, é de se concluir que a sua atuação não é *contra legem*. A adoção de procedimentos consolidados a partir de acordos informais para ordenar, ainda que parcialmente, as ações a serem implementadas para o combate à corrupção e à lavagem de dinheiro por uma pluralidade de atores, cujas atribuições se relacionam direta ou indiretamente a estes propósitos, demandando uma ampla coordenação das atividades, não contraria a Constituição Federal ou as leis previstas sobre o tema.

Na verdade, como já indicado, a Estratégia é uma iniciativa que conduz a uma maior eficiência administrativa, na medida em que promove a eficácia das normas anticorrupção e antilavagem vigentes a partir de uma ampla reflexão entre os atores envolvidos na temática. Esta reflexão conjunta conduz a uma qualificação do debate, pois contempla perspectivas e experiências variadas sobre os temas, e tem o potencial de incrementar a qualidade das propostas de solução, ao

---

[392] Em outra passagem, o autor indica que é possível admitir que a concertação informal não é juridicamente vinculante, "desde que com o significado de que dela não decorrem, diretamente, direitos e obrigações justiciáveis". Cf.: BITENCOURT NETO, Eurico. *Concertação administrativa interorgânica*: direito administrativo e organização no século XXI. São Paulo: Almedina, 2017. p. 334.

[393] Cf.: BITENCOURT NETO, Eurico. *Concertação administrativa interorgânica*: direito administrativo e organização no século XXI. São Paulo: Almedina, 2017. p. 336.

[394] Cf.: BITENCOURT NETO, Eurico. *Concertação administrativa interorgânica*: direito administrativo e organização no século XXI. São Paulo: Almedina, 2017. p. 335-337.

viabilizar que diversas instituições, por seus representantes, dediquem-se a pensar naquele tema, promovendo, também, maior legitimidade para a implementação das medidas aprovadas.

Assim, a ENCCLA se configura, na perspectiva de Bitencourt Neto, como uma medida de concertação interadministrativa que se instrumentaliza por acordos informais, uma vez que não tem como fundamento previsão em lei ou em regulamento, dotados de relevância jurídica, seja pelo dever de respeito ao ordenamento jurídico (atuação conforme à legalidade), seja pela vinculação que pode ser reconhecida nesses acordos.

5.2.3 Requisitos

Os requisitos elencados por Bitencourt para a concertação administrativa interorgânica, aplicáveis também à concertação interadministrativa, consistem na aferição da legalidade, sob os prismas da competência, forma e finalidade, da eficiência, analisada da perspectiva dos custos, resultados e do tempo dispendido, e da imparcialidade, considerada a partir da análise da adequada avaliação dos diversos interesses presentes no caso.

Quanto aos dois primeiros fatores de análise para avaliação da legalidade – a competência e a forma –, o autor ressalva que não são aplicáveis ao caso de atuação por meio de acordos informais, cuja validade jurídica é reconhecida desde que não atuem em contrariedade às normas e que sejam respeitados os limites relativos às atribuições dos órgãos e entidades que integram esta concertação.

Já da perspectiva da finalidade, a ação concertada deve estar sujeita a dois objetivos: (i) atribuir, por meio de composição entre uma pluralidade de atores, sentido concreto ao *interesse público* relativo a determinado tema, considerando a pluralidade de interesses públicos defendidos e de titularidade de cada um dos atores; e (ii) alcançar o propósito específico daquela iniciativa de concertação administrativa, como, por exemplo, aproximar órgãos e entidades e viabilizar a tomada de decisão conjunta.

Nesse sentido, considerando que a ENCCLA se configura, nesta análise, como uma medida de concertação interadministrativa forjada por acordos informais, a análise da competência e da forma é comprometida, sendo o caso de registrar que a Estratégia atua em consonância com a legislação (não viola as normas). No que se refere ao âmbito de atribuições, a ENCCLA atua para atendimento de duas finalidades específicas (anticorrupção e antilavagem) em todos os seus âmbitos. Nesse sentido, os mais diversos órgãos e entidades têm algum grau de afinidade, ainda que indireto, neste tema. Por exemplo, o CNJ não tem como atribuição direta, nos termos do artigo 103-B da Constituição Federal e de seu regimento interno, o combate à corrupção e à lavagem de dinheiro. No entanto, na qualidade de órgão responsável pelo controle da atuação administrativa e financeira do Poder Judiciário e do cumprimento dos deveres funcionais dos juízes, e considerando que a efetividade da persecução dessas práticas demanda ações junto ao Poder Judiciário, como, por exemplo, capacitação dos magistrados para se tornarem aptos a julgar casos desse gênero, sua participação se torna pertinente e relevante.

Inclusive, um mecanismo adotado pelo GGI para evitar a participação de órgãos ou entidades cujas atribuições são incompatíveis com os propósitos de atuação da ENCCLA foi exigir daqueles que solicitam se tornar membros que apresentem uma justificativa do seu pedido, bem como as razões pelas quais reconhece a pertinência de sua participação e sua capacidade de contribuir com o escopo da Estratégia.[395]

Já da perspectiva da eficiência, ela é reconhecida tanto como fundamento para concertação administrativa, quanto como um limite, no sentido de que este mecanismo de atuação não pode se tornar excessivamente custoso em relação aos fins esperados, nem demasiado lento.[396]

Ao se analisar a Estratégia sob essa perspectiva, é constatado que, em relação aos custos para alcançar as finalidades pretendidas, a iniciativa é de baixo dispêndio. Na verdade, a ENCCLA sequer tem um orçamento próprio, mas é constituída a partir da disponibilidade orçamentária de cada ator que a integra – mesmo sua Secretaria Executiva é composta por agentes do DRCI, um de seus membros.

Ademais, as decisões construídas no âmbito da Estratégia são decorrentes do diálogo e consenso firmado entre uma pluralidade de atores que possivelmente não existiria fora dessa iniciativa. Ou seja, a alternativa à ENCCLA para fins de elaboração conjunta de políticas

---

[395] Cf.: JAKOB, André. A experiência da ENCCLA: organizações e governança. In: COSTA, Arthur Trindade Maranhão; MACHADO, Bruno Amaral; ZACKSESKI, Cristina (Org.). *A investigação e a persecução penal da corrupção e dos delitos econômicos*: uma pesquisa empírica no sistema de justiça federal. Brasília: ESMPU, 2016. t. 2, p. 361.

[396] Cf.: BITENCOURT NETO, Eurico. *Concertação administrativa interorgânica*: direito administrativo e organização no século XXI. São Paulo: Almedina, 2017. p. 423-424.

anticorrupção e antilavagem é a existência de contatos interorgânicos esporádicos, como, por exemplo, a criação de forças-tarefa entre os órgãos para desenvolvimento de atividades específicas.

A Estratégia, ao contrário, foi estruturada não apenas para dar consecução às atividades propostas e aprovadas, mas como mecanismo de fomento à reflexão entre os atores, assegurando que, ao menos uma vez por ano, eles irão se reunir para pensar os temas de escopo. Esta estruturação promove maior celeridade, na medida em que assegura um momento de discussão e deliberação das propostas.

Ademais, a eficiência é potencializada pela exposição dos resultados alcançados pelos Grupos de Trabalho. Os atores têm prazo para cumprimento das atividades: o intervalo entre as Plenárias, que é de cerca de um ano. Assim, não apenas há celeridade no mecanismo de deliberação, mas também foi traçada uma estratégia de coerção para que o cumprimento se dê num prazo reconhecido como razoável.

Por fim, Bitencourt estabelece que a imparcialidade, da perspectiva objetiva, "determina que a atuação administrativa pondere interesses", o que demanda a adoção de procedimentos que os captem.[397] No caso da ENCCLA, ela é dotada de procedimentos que viabilizam a oitiva e da consideração dos diversos interesses públicos manifestados por uma pluralidade de atores, especialmente os públicos, por meio de reuniões em formato de imersão e da deliberação por consenso, exigindo a ponderação de interesses.

Sua fragilidade, em termos de imparcialidade, consiste no quase encerramento da Estratégia a agentes públicos, excluindo os privados, especialmente os representantes da sociedade civil. Essa metodologia conduz à parcialidade na ponderação de interesses públicos, pois são consideradas somente as manifestações realizadas por instituições públicas, pela FEBRABAN e por associações ligadas a corporações públicas.

Por isso, embora se reconheça que a imparcialidade está substancialmente presente na Estratégia, pois sua arquitetura promove a interação e a ponderação de interesses de uma pluralidade de atores, incluindo diversos Poderes e entes federativos, ela seria acentuada caso houvesse maior abertura à participação de agentes privados para que manifestassem seus interesses no âmbito da Estratégia.

---

[397] Cf.: BITENCOURT NETO, Eurico. *Concertação administrativa interorgânica*: direito administrativo e organização no século XXI. São Paulo: Almedina, 2017. p. 426.

5.3 Institucionalidade jurídica da ENCCLA: elementos formais da rede interorganizacional

A Estratégia, como se viu, foi descrita a partir de duas perspectivas: das redes de contratos conectados e da concertação administrativa interorgânica. A partir da análise da ENCCLA sob essas perspectivas, foi constatado que a Estratégia se instrumentaliza a partir de *acordos informais*, dotados de multidimensionalidade, que configuram uma unidade política com propósito compartilhado. Esses acordos informais são relevantes juridicamente e conformes à legislação, uma vez que respeitam a legalidade, a eficiência e a imparcialidade. Ademais, foi constatado que os fundamentos aplicáveis à concertação administrativa são também úteis para explicar a Estratégia.

No entanto, a descrição da Estratégia a partir dessas teorias é insuficiente para captar a complexidade jurídica da ENCCLA como rede interorganizacional formal dotada de juridicidade, podendo induzir o leitor até a entendê-la como uma *rede informal*, por ser constituída de acordos informais. Não é o caso.

Em primeiro lugar, é necessário retomar que a qualificação de uma rede como formal (ou seja, com o adjetivo *formal* qualificando o substantivo *rede*) implica o reconhecimento de que esta rede é estruturada por regras organizacionais bem definidas. A formalidade de uma rede não é constituída pelo reconhecimento de que sua instrumentalização é composta por figuras previstas normativamente, mas é analisada pela perspectiva da existência de uma arquitetura que regule o seu funcionamento e operacionalização: o grau de formalização se refere "ao nível de formalização de procedimentos e regras, incluindo respostas predefinidas para diversas situações".[398]

Nesse sentido, a rede formal é conceituada em oposição à rede social, sendo esta a que se constitui a partir de laços relacionais formados por pessoas naturais, sejam ou não representantes institucionais. É evidente que todas as redes, formais ou sociais, serão, em última instância, constituídas pelo envolvimento de relações pessoais, ou seja, todas as redes, inclusive formais, envolvem o estabelecimento de redes

---

[398] Cf.: WEGNER, Douglas; DURAYSKI, Juliana; VERSCHOORE FILHO, Jorge Renato de Souza. Governança e Eficácia de Redes Interorganizacionais: comparação entre iniciativas brasileiras de redes de cooperação. *Desenvolvimento em Questão*, [S.L.], v. 15, n. 41, p. 275-302, 21 out. 2017. p. 285. Editora Unijuí. Disponível em: http://dx.doi.org/10.21527/2237-6453.2017.41.275-302. Acesso em 1 out. 2022.

sociais subjacentes, mas nem todas as redes formadas pelas relações pessoais se constituem como redes formais.

Por este conceito, a Estratégia se constitui como uma rede formal, na medida em que há regras consolidadas que predefinem sua operação e seus procedimentos. A ENCCLA, como já detalhado, é composta por instâncias criadas com atribuições específicas, cada qual integrada por atores já definidos, ainda que esta composição possa ser alterada ao longo do tempo. Tais instâncias são dotadas de atribuições também predefinidas, que devem ser cumpridas em prazos determinados, sendo os resultados compartilhados com os demais atores. As regras para tomada de decisão também são conhecidas pelos atores, como o consenso e a definição de que as ações serão aprovadas no âmbito da Plenária.

Essas regras procedimentais qualificam a Estratégia como uma rede formal não apenas por serem reiteradas, mas por serem disseminadas e respeitadas pelos atores que integram a ENCCLA e pelos demais agentes sociais que a observam, bem como por sua conformidade à ordem jurídica vigente, de modo que elas foram *institucionalizadas*. Nesse sentido, a observação de que a Estratégia é constituída a partir de *acordos informais* entre os atores que dela participam (o adjetivo *informal* aqui qualifica o substantivo *acordo*) não afeta o reconhecimento de que a rede instituída é do tipo formal.

Os acordos informais são, tanto para Bitencourt quanto para Justino de Oliveira, aqueles que não têm fundamento em lei, ainda que sejam juridicamente válidos. No entanto, os autores divergem a respeito da vinculação jurídica que decorre desses acordos: para Justino de Oliveira, ainda que válidos, esses acordos não detêm efeitos jurídicos que obrigam as partes; já Bitencourt defende que há possibilidade de que mesmo acordos informais sejam vinculantes, a depender da incidência de outros princípios que regem a Administração, como a boa-fé e a confiança legítima.

No âmbito da ENCCLA, os acordos têm natureza informal, pois não decorrem de lei ou regulamento. No entanto, há uma prática institucionalizada na Estratégia, que desde a sua criação adota substancialmente a mesma estrutura e metodologia de trabalho, o que demonstra a institucionalização de regras que vinculam os atores a determinados padrões de comportamento no âmbito da Estratégia.

Com isso, não se está afirmando que um determinado ator que assuma a coordenação de uma ação terá dever jurídico de implementá-la, sob pena de ser constrangido, por meio legal, a cumpri-la. O que se afirma é que há um modelo de atuação instituído e que vincula os atores que participam da ENCCLA, na medida de sua participação. Assim, uma determinada instituição não poderá atuar na Estratégia à margem das regras que a conforma.

Para se clarificar o argumento, a título de exemplo, podemos constatar que um ator não poderá exigir a aprovação de uma ação proposta pelo GGI em decorrência da votação favorável de uma maioria, se houver membros da ENCCLA que a tenham vetado. Um ator também não pode decidir que irá participar do GGI sem que haja um convite para tanto ou, ainda, não pode deliberar por convidar outro ator para integrar a Plenária sem que isso seja analisado pelo GGI. Também não é viável, das regras institucionalizadas na ENCCLA, que um determinado ator decida por dar cumprimento a uma determinada ação aprovada em Plenária por si próprio, fora do Grupo de Trabalho instituído para isso. Assim, o entendimento de que os acordos informais que instrumentalizam as relações no âmbito da Estratégia seriam desprovidos de vinculação jurídica parece insuficiente para explicar a ENCCLA.

Ainda que não haja uma norma jurídica positiva que institua a ENCCLA e contemple suas regras de funcionamento, suas regras estruturais decorrentes de acordos informais consolidaram uma prática administrativa reiterada, ou costume, que pode ser reconhecido como fonte de direito quando, no caso da Administração Pública, não é *contra legem* e quando presentes os elementos substancial (prática consolidada no tempo) e relacional (processo de institucionalização que confere sentido à obrigatoriedade daquela prática).[399]

No caso da Estratégia, o elemento *substancial* consiste no conjunto de regras instituídas ao longo das quase duas décadas de Estratégia que ordenam o seu funcionamento, instituindo instâncias, atribuindo competências, regras e mecanismos de deliberação, implementação e monitoramento, bem como prevendo formas de indução para o cumprimento das regras, que se restringem à exposição dos resultados alcançados pelo Grupo de Trabalho.

Já o elemento relacional decorre do reconhecimento de que o elemento substancial (as regras de funcionamento da ENCCLA) é conhecido, seguido e respeitado pelos seus membros e por terceiros,

---

[399] Cf.: FERRAZ JÚNIOR, Tércio Sampaio. *Introdução ao Estudo do Direito*: técnica, decisão, dominação. 4. ed. São Paulo: Atlas, 2003. p. 109 e 241-242.

havendo consenso sobre sua prevalência sobre as demais normas não jurídicas. O transcurso do tempo com a manutenção das práticas que estruturam a Estratégia e o respeito e atendimento dessas práticas por todos os atores que a integram, e por terceiros que observam e com ela interagem, conferem juridicidade a essas previsões.

De todo modo, a juridicidade da ENCCLA não se restringe às regras institucionalizadas que estipulam seu funcionamento, mas decorre do conjunto de elementos formais que a conforma e que estão pulverizados nessa rede interorganizacional.

Para compreender a juridicidade da Estratégia, é necessário retomar o conceito de rede como como uma trama de relações entre uma pluralidade de atores que se constituem e interconectam formando nós, cada qual identificando um conjunto de relações. Assim, a Plenária é reconhecida como um nó dessa rede, que contempla todos os atores que integram a ENCCLA. Cada Grupo de Trabalho também se constitui como nó, incluindo o coordenador, os colaboradores e os convidados. O GGI, por sua vez, também é um nó, que contempla uma parcela dos atores que integram a Plenária.

Nesse arranjo em formato de rede, as relações e construções políticas são compostas pela pluralidade de nós que compõe essa trama e não como uma unidade,[400] compreendida como "uma coisa única que constitui um todo indivisível".[401] Assim, a ENCCLA, como uma rede, detém um sentido de conjunto (a rede em si), mas esse conjunto é constituído por uma série de partes (as relações entre os atores que compõem os nós e o que é formado a partir deles). Nesse sentido, a rede é constituída por um arranjo dotado de uma pluralidade de centros de imputação que formam os nós, e não com um centro uno.

Por isso, a investigação da sua juridicidade por meio da busca de um elemento central que lhe confira sentido, elemento típico da Administração tradicional, é frustrada. A ENCCLA, na qualidade de rede, é desprovida desse elemento.[402] Sua conformação jurídica é resul-

---

[400] O termo "unidade" é utilizado aqui de forma distinta do sentido atribuído à unidade política, elemento da análise da constituição de uma rede.
[401] MICHELIS. Dicionário brasileiro da Língua Portuguesa. *In*: MICHELIS. *Unidade*. São Paulo: Melhoramentos, 2015. p. [S.l.]. Disponível em: https://michaelis.uol.com.br/moderno-portugues/busca/portugues-brasileiro/unidade/. Acesso em 7 abr. 2022.
[402] Com isso, não se pretende afirmar que todas as redes formais vão ser desprovidas de um elemento central, como um estatuto ou afim, mas que nem toda rede formal detém este elemento, o que não a descaracteriza. É possível que uma rede formal altamente centralizada detenha este elemento.

tado de uma pluralidade de elementos formais dispersos e pulverizados ao longo da rede, mas que ganham sentido de conjunto quando compreendidos como partes do todo e que exigem a sua interpretação enquanto elemento da rede.

Esses atos, normas e processos ganham sentido qualificado quando se constata que integram um conjunto, ou seja, que compõe uma parcela do todo, que é a rede. Cada um desses atos e normas só é compreendido adequadamente quando se considera que constituem um elemento de formalidade do conjunto da ENCCLA – alegoricamente, deve-se compreender a ENCCLA como um quebra-cabeça montado, sendo cada um dos atos e normas uma pequena fração deste todo.

Como se verifica dos exemplos identificados anteriormente, há uma série de atos e normas editadas em que se reconhece formalmente a existência da Estratégia e que atribui competências relativas à ENCCLA a instâncias que integram instituições ou órgãos públicos, incluindo deveres funcionais. Assim, ainda que a ENCCLA não seja instituída por uma lei ou outra norma que atribua um dever jurídico às instituições que dela fazem parte, há uma pluralidade de normas e atos das próprias instituições que criam *deveres jurídicos* àqueles que integram a Estratégia, o que é compatível com sua estrutura em rede.

É desse conjunto de elementos formais que conforma a rede e que estão pulverizados por ela, justamente por se tratar de uma rede, que é possível reconhecer sua juridicidade. Assim, o elemento de formalidade da ENCCLA não é identificado por um estatuto ou norma instituidora, mas pela pluralidade de normas elaboradas ao longo da rede que atribuem a agentes de suas instituições o dever funcional de participar da Estratégia e de cumprir as ações nela aprovadas, bem como do conjunto de processos administrativos, contratos e atos praticados para sua consecução, somados às regras institucionalizadas que estruturam a Estratégia.

Ao participarem da rede tendo como única fonte de obrigação jurídica normas instituídas a partir de seu próprio centro de imputação (ou seja, é a própria instituição que atribui a si o dever de participar da Estratégia), esses atores têm a autonomia de integrar a Estratégia enquanto estiverem de acordo com as regras estabelecidas e seguidas. Assim, a definição das regras que conformam a rede é tecida a partir da negociação e do consenso entre as partes, sendo este (o consenso) a norma fundamental da qual decorrem as demais, cristalizadas a partir do uso reiterado ao longo do tempo (ou seja, institucionalizadas).

Por fim, a partir dessa investigação se verificou que a institucionalização dos nós (notadamente, a Plenária, os Grupos de Trabalho e o GGI) não é forjada a partir de uma fonte própria de juridicidade (ou seja, não são eles juridicamente constituídos a partir de atos formais), mas são compostos por uma trama de *fios* que o formam. Esses fios partem de centros ou pontos (os atores) que se conectam e formam os nós.

Cada fio, ou seja, cada relação com os outros atores, pode ter como fonte obrigacional um acordo administrativo e, sendo o caso, uma norma juridicamente instituída, a qual estabelece um dever jurídico para os atores integrarem aquele nó. Assim, a juridicidade dos nós se constitui a partir da conjugação de um grupo de normas e de acordos que consolidam o dever a cada um dos pontos (atores) de formarem aquele nó.

A Plenária não é juridicamente constituída a partir de uma norma instituidora, mas é formada pela participação de uma pluralidade de atores que participam dela originalmente a partir de acordos informais, mas, ao longo do tempo, essa participação tem sido consolidada em um dever jurídico formalmente instituído a partir da regulamentação de deveres funcionais estabelecidos no âmbito de cada instituição que dela participa.

Disso se conclui, a partir da análise deste caso, que um caminho possível para verificar a institucionalidade jurídica de uma rede, em detrimento da busca por um elemento normativo central que a institua e regule, consiste na aferição da existência de elementos formais pulverizados em seus diversos pontos que criam nós e formam a rede, sendo cada fio que forma o nó forjado a partir de uma fonte formal de obrigação jurídica ou de um acordo informal que se consolida em prática administrativa.

5.4 A institucionalidade da ENCCLA pela conjugação dos fatores políticos e jurídicos

A manutenção da ENCCLA ao longo de suas quase duas décadas de funcionamento, sobrevivendo a diversos momentos de estresse institucional, especialmente no âmbito do Executivo Federal, é notável. Dentre alguns eventos ocorridos desde sua criação, e já referenciados anteriormente, houve os protestos no Brasil em junho de 2013, a deflagração da operação Lava-Jato em 2014, o impedimento da Presidente Dilma Rousseff em 2016 e a assunção da presidência por Michel Temer.

Posteriormente, houve a eleição do Presidente Jair Bolsonaro, profundo antagonista do Partido dos Trabalhadores. Com a eleição de Bolsonaro, houve a nomeação do ex-juiz que atuou na Operação Lava-Jato, Sérgio Moro, ao cargo de Ministro da Justiça e Segurança Pública e, na sequência, seu rompimento com o governo e saída do cargo.

Ao longo desses anos, especialmente desde a eleição de Jair Bolsonaro, diversas políticas públicas instituídas durante as gestões petistas, inclusive previstas em lei, foram descontinuadas ou substituídas por políticas distintas. Isso ocorreu, por exemplo, com os emblemáticos casos do "Programa Bolsa Família" e "Minha Casa, Minha Vida", substituídos respectivamente pelo "Auxílio Brasil" e "Casa Verde e Amarela". Especificamente no combate à corrupção, embora Bolsonaro o tenha incorporado na sua retórica eleitoral, a análise de sua gestão presidencial no período inicial de mandato concluiu que suas ações antagonizaram seu discurso.[403]

Nesse contexto, considerando as ações do governo, que a ENCCLA foi criada por uma gestão petista e sequer há norma instituidora que a formalizasse enquanto iniciativa governamental (e, com isso, criasse estabilidade na ação pública), a Estratégia poderia ser compreendida como uma iniciativa frágil e propensa a sofrer reestruturações ou até mesmo a ser descontinuada.

Mas não foi o que ocorreu. A ENCCLA manteve sua marca e seu arranjo substancialmente intactos ao longo desses 20 anos, ainda que sua efetividade possa ter sido impactada. Embora nesta pesquisa não se tenha como pretensão responder por que a Estratégia se manteve ao longo dos anos, fatores revelados na investigação sobre o arranjo e a institucionalidade jurídica da ENCCLA parecem ter contribuído com indícios sobre essas causas, que precisarão ser confirmadas em pesquisa própria.

O primeiro fator que parece ter contribuído para conferir maior sustentação à ENCCLA está justamente na sua estruturação em rede, ou seja, no arranjo adotado. A Estratégia foi estruturada como uma iniciativa composta por uma pluralidade de instituições representadas por diversas autoridades distintas, com origens em diferentes órgãos, entidades e associações, de modo que a sua interrupção não pode ser

---

[403] LAGUNES, Paul *et al*. President Bolsonaro's Promises and Actions on Corruption Control. *Revista Direito GV*, [S.L.], v. 17, n. 2, p. 1-55, mai. 2021. FapUNIFESP (SciELO). Disponível em: http://dx.doi.org/10.1590/2317-6172202121. Acesso em 20 mai. 2023.

concluída pela ação de um único ator (por exemplo, pelo Governo Federal), mas demanda a atuação conjunta dos seus integrantes. Por isso, o custo político para interromper a realização da ENCCLA, acaso esse fosse ou seja um objetivo, seria mais elevado.

Diversas instituições que integram a ENCCLA estão fora do âmbito de controle direto da Presidência da República: Conselho da Justiça Federal, Conselho Nacional do Ministério Público, Ministério Público Federal e Tribunal de Contas da União, por exemplo, são atores que integram o GGI, mas têm independência em relação ao Executivo Federal, podendo obstar eventual tentativa de encerramento da ENCCLA.

Além dos que integram o GGI, há uma pluralidade de outros atores, inclusive de outros entes federativos, que participam da Plenária e cujas instituições têm servidores alocados especificamente para acompanhar o desenvolvimento das ações da Estratégia. Vários desses atores previram em seus regimentos a obrigação de integrar a ENCCLA e de participar de suas ações, de modo que a estruturação jurídica da Estratégia, como mencionado, não tem uma única origem, mas é composta por normas pulverizadas em diversas instituições. Nesse sentido, a atuação isolada do Governo Federal não seria suficiente para extinguir a ENCCLA.

Aliás, as próprias regras de funcionamento da Estratégia se consolidaram ao longo dos anos a partir das práticas reiteradas acordadas pelos atores. A metodologia de atuação da Estratégia não tem amparo em uma norma que poderia ser modificada unilateralmente rearranjando sua operacionalização. Como a ENCCLA funciona por práticas pactuadas entre os atores, a modificação dessas práticas só pode se concretizar também a partir do consenso entre as instituições, inclusive daquelas que têm autonomia em relação ao Executivo Federal.

Ademais, o financiamento da Estratégia, da perspectiva orçamentária e de recursos humanos, é realizado também por uma pluralidade de atores com orçamentos e quadro funcional próprios, inclusive alguns com autonomia financeira e, por isso, com capacidade para promover as políticas da Estratégia. Como esses atores utilizam dos seus próprios recursos para realização das Plenárias e para implementação das metas aprovadas, é inviável que o Governo Federal asfixie financeiramente a capacidade de atuação da ENCCLA por meio do corte de verbas.

Inclusive, a importância da participação desses atores para o sucesso da Estratégia é explicitada por Antenor Madruga, como já mencionado anteriormente, que relatou o reconhecimento pelos integrantes da Estratégia de que somente estes órgãos com autonomia administrativa, com destaque para o Ministério Público e o Judiciário, estariam aptos a alocar seus recursos humanos e materiais em favor das ações da Estratégia.[404] Apesar disso, como a atividade administrativa da ENCCLA é desempenhada pelo DRCI, a redução no número de servidores atuando no órgão impactaria seu funcionamento, sendo este um aspecto de fragilidade do desenho da Estratégia.

Outra característica da ENCCLA que pode ter contribuído para a sua manutenção é que, por seu arranjo composto por uma pluralidade de integrantes e pelo pouco conhecimento público de sua existência, ela não é reconhecida como uma ação pública encampada por algum governo específico. A Estratégia, diferentemente do Bolsa Família ou do Minha Casa, Minha Vida, não foi disseminada como uma política do Partido dos Trabalhadores. Esse descolamento entre a política e a gestão governamental responsável por sua criação pode ter contribuído para que sua descontinuidade ou reformulação não tenham sido uma prioridade de uma gestão de oposição política.

Mas há um fator em especial que pode ter sido fundamental para a manutenção da ENCCLA: a agenda internacional de combate à corrupção[405] e, em especial, a atuação do Grupo de Ação Financeira Internacional. Como já mencionado, o GAFI, ao analisar o cumprimento das suas recomendações pelo Brasil, em 2010, elaborou um amplo relatório no qual reconheceu a Estratégia como um dos principais atores responsáveis pela promoção do combate à corrupção e à lavagem de dinheiro no País. Além disso, entre 2016 e 2019, o GAFI emitiu uma série de manifestações indicando sua preocupação com a falta de ação pelo Brasil para implementar as ações necessárias para sua adequação às recomendações previstas pela entidade, chegando até mesmo a ameaçar retirar o *status* de membro do País.

Assim, como o GAFI atribui à ENCCLA uma importância estratégica para promover as políticas antilavagem e anticorrupção, fragilizar

---

[404] Cf.: MADRUGA, Antenor. Origens da ENCCLA. *In*: BRASIL. Secretaria Nacional de Justiça, Departamento de Recuperação de ativos e Cooperação Jurídica internacional (DRCI). *ENCCLA – Estratégia Nacional de Combate à Corrupção e à Lavagem de Dinheiro*: 10 anos de organização do Estado brasileiro contra o crime organizado. Brasília, Ministério da Justiça: Ed. Comemorativa, 2012. p. 34.

[405] ABRAMOVAY, Pedro; LOTTA, Gabriela. *A democracia equilibrista*: políticos e burocratas no brasil. São Paulo: Companhia das Letras, 2022. p. 95-97.

a Estratégia poderia significar enfraquecer a imagem e a relação do Brasil perante a entidade e os demais organismos internacionais. Neste contexto, considerando que o Brasil objetivava ingressar na OCDE e, em 2017, apresentou requisição formal para tanto,[406] e da relevância das políticas anticorrupção e antilavagem no âmbito dessa organização econômica intergovernamental, a perda do *status* de membro no GAFI poderia fragilizar a candidatura do País.

E essa importância do GAFI está refletida nas ações da ENCCLA. Há mais de uma dezena de ações aprovadas na Estratégia que referem expressamente o objetivo de atender alguma recomendação do GAFI. Na Plenária 2020, realizada em 2019 e a primeira sob a gestão de Bolsonaro, 4 (quatro) das 11 ações aprovadas tinham como finalidade avaliar o cumprimento técnico das recomendações do GAFI. Ademais, foi aprovada a Recomendação I, exortando "todas as autoridades dos Poderes da República à necessidade de observância da autonomia e independência das instituições responsáveis pela prevenção ou repressão à corrupção e à lavagem de dinheiro", especialmente em razão da circunstância de que o Brasil seria "avaliado pelo Grupo de Ação Financeira contra a Lavagem de Dinheiro e o Financiamento do Terrorismo (GAFI)".[407]

Na Plenária 2021, esta deferência também foi manifestada. Em 2020 (Plenária 2021), foi estabelecida como meta "manter a efetiva articulação entre os órgãos e entidades que estarão envolvidos no processo de avaliação mútua do Brasil pelo GAFI, buscando melhor preparação do País para acompanhar todo o processo de avaliação" (Ação nº 6). Ainda, como resultado da Ação nº 5, foram produzidas "Reflexões sobre possíveis caminhos para o atendimento da Recomendação 08 do GAFI pelo Brasil".[408]

No ano seguinte, na Plenária 2022, 2 (duas) das 11 ações foram dedicadas à entidade, uma para "diagnosticar os desafios e propor medidas para o aperfeiçoamento dos requisitos de identificação do beneficiário final, de acordo com a Recomendação 24 do GAFI", e outra para

---

[406] CHAGAS, Paulo Victor. Brasil formaliza pedido de adesão à OCDE. *Agência Brasil*, Brasília, 30 mai. 2017. p. 1. Disponível em: https://agenciabrasil.ebc.com.br/economia/noticia/2017-05/brasil-formaliza-pedido-de-adesao-ocde. Acesso em 16 jun. 2022.

[407] ENCCLA – Estratégia Nacional de Combate à Corrupção e à Lavagem de Dinheiro. *Ações de 2020*. Disponível em: http://enccla.camara.leg.br/acoes/acoes-de-2020. Acesso em 10 fev. 2022.

[408] ENCCLA – Estratégia Nacional de combate à corrupção e à lavagem de dinheiro. *Ações de 2021*. Disponível em: http://enccla.camara.leg.br/acoes/acoes-de-2021. Acesso em 10 fev. 2022.

"identificar os desafios e propor medidas para aperfeiçoar o controle de transporte transfronteiriço de valores de acordo com a Recomendação 32 do GAFI",[409] corroborando o reconhecimento da relevância estratégica que o GAFI e a ENCCLA representam reciprocamente. Assim, apesar dos estresses político-institucionais ocorridos no País na última década e, especialmente, da fragilização observada no combate à corrupção no Brasil, desde que Jair Bolsonaro se tornou Presidente da República, a ENCCLA tem se sustentado, continuando a desempenhar suas funções. Credita-se esta resiliência, que precisarão ser confirmadas em pesquisa própria, à confluência de fatores políticos e jurídicos, especialmente relacionados à pressão internacional, com ênfase ao GAFI, às características do seu arranjo em rede e à participação de atores com autonomia administrativa e orçamentária.

5.5 Conclusões parciais

Neste capítulo, considerando os elementos da ENCCLA e a literatura sobre redes foi analisada a Estratégia Nacional de Combate à Corrupção e à Lavagem de Dinheiro enquanto uma rede interorganizacional construída de modo intencional, dotada de regras e procedimentos de funcionamento claros e respeitados por seus integrantes. Quanto à estrutura jurídica da Estratégia, foram identificadas uma pluralidade de elementos formais que reconhecem a sua existência e atribuem, aos órgãos que a integram, competências funcionais aos seus agentes.

Pela existência desses elementos formais, a Estratégia é uma rede interorganizacional formalmente reconhecida em uma série de atos administrativos e normas jurídicas. Porém, sua estrutura jurídica é singular e distinta daquelas já sedimentadas no Direito. Assim, para compreender este arranjo da perspectiva jurídica, a ENCCLA foi analisada a partir da teoria das *redes como contratos conectados*, elaborada por Teubner, e da concertação administrativa, a partir da construção realizada por Bitencourt Neto.

Da perspectiva da análise da teoria das redes como contratos conectados, a ENCCLA foi investigada a partir dos elementos da multidimensionalidade, do propósito da rede e de uma unidade política. Quanto à multidimensionalidade, ela foi identificada na ENCCLA pela

---

[409] ENCCLA – Estratégia Nacional de combate à corrupção e à lavagem de dinheiro. *Ações e metas*. Disponível em: http://enccla.camara.leg.br/acoes. Acesso em 23 fev. 2022.

presença de acordos informais dotados de vinculação jurídica, cujas práticas reconhecem a existência dos demais acordos firmados para estruturação da Estratégia. Quanto ao propósito da rede, ele é identificado pela reunião dos atores para combater a corrupção e a lavagem de dinheiro. Já quanto à unidade política, constata-se que há um relacionamento cooperativo entre as partes e uma vinculação jurídica aos acordos informais.

Já da perspectiva da concertação interadministrativa, a Estratégia foi analisada a partir dos fundamentos para concertação, dos instrumentos adotados e do preenchimento de requisitos legais, que consistem na legalidade, na eficiência e na imparcialidade. Da investigação, foi possível concluir que a Estratégia foi estruturada a partir de acordos informais dotados de vinculação jurídica. Sua instituição se origina do reconhecimento da fragmentação administrativa e da necessidade de organizar esses centros de imputação detentores de capacidade jurídica parcial. Assim, a ENCCLA promove maior ordem nesse cenário de dispersão da atuação administrativa, aproximando e regulando as relações entre os atores que atuam em áreas afins à antilavagem e à anticorrupção, contribuindo para promover maior eficiência no atingimento desses objetivos.

No entanto, a análise da Estratégia por essas teorias se mostrou insuficiente para captar sua conformação como rede interorganizacional formal dotada de juridicidade, motivo pelo qual se investigou a composição jurídica da rede a partir da institucionalização das regras de funcionamento da Estratégia associadas ao reconhecimento de que, por se configurar como uma rede, seus elementos jurídicos estão dispersos por toda a trama. Do conjunto de elementos formais que compõem a rede e que estão pulverizados por ela é possível reconhecer sua juridicidade. Assim, o elemento de formalidade da Estratégia não decorre de um estatuto ou norma instituidora, que seria típico da Administração Tradicional, mas da pluralidade de normas e demais elementos formais distribuídos pela rede e que atribuem a agentes de suas instituições o dever funcional de participar da Estratégia e de cumprir as ações nela aprovadas.

De tal modo, da análise da institucionalidade jurídica das redes a partir do caso da ENCCLA, foi constatado que um mecanismo possível para aferir a institucionalidade jurídica de uma rede consiste na verificação da existência de elementos formais pulverizados nos diversos pontos que tramam a criação dos nós, sendo cada fio que forma o nó forjado a partir de uma fonte formal de obrigação jurídica.

Por fim, foram apresentados potenciais fatores políticos e jurídicos, considerando o arranjo da ENCCLA, que contribuíram para a sua manutenção em períodos de importante estresse institucional. Da perspectiva política, um fator destacado foi a pressão internacional, especialmente por meio do GAFI. Da perspectiva jurídica, seu arranjo em rede, com participação de uma pluralidade de atores, inclusive com autonomia administrativa e orçamentária, e a consolidação de sua estrutura a partir de normas pulverizadas e de regras pactuadas entre os participantes enfraqueceu a capacidade do Governo Federal de modificar, interromper ou asfixiar financeiramente o funcionamento da ENCCLA, favorecendo sua continuidade.

CONCLUSÕES

O combate à lavagem de dinheiro e à corrupção, problemas de natureza complexa, têm sido promovidos no Brasil a partir de uma iniciativa com arranjo singular: a Estratégia Nacional de Combate à Corrupção e à Lavagem de Dinheiro (ENCCLA). Esta singularidade decorre especialmente do seu arranjo em rede interorganizacional dotado de regras de funcionamento que não estão positivadas numa norma que a regulamente. A partir do estudo de caso da ENCCLA, nesta pesquisa se objetivou descrever a institucionalidade jurídica da governança em redes interorganizacionais, adotando a abordagem de Direito e Políticas Públicas (DPP).

No primeiro capítulo se investigou o Estado e suas formas de organização administrativa, iniciando pelo Estado moderno, caracterizado por elementos que o distinguem como forma de organização política. Suas principais características são a institucionalização do poder, a produção de um marco de lealdade baseado exclusivamente na cidadania, o monopólio da força e seu estabelecimento como fonte única do Direito, com uma ordem estruturada e coerente.[410]

Esta configuração do Estado moderno é afetada pela "dinâmica de desnacionalização", tanto do ponto de vista externo, pelo influxo de poder fora do Estado nacional, quanto da sua dinâmica interna. Há, assim, um processo de reconfiguração, denominado por Chevallier de Estado pós-moderno, que é marcado pela fragilização da soberania, pela pluralidade jurídica e pela fragmentação da sua estrutura administrativa.

---

[410] Cf.: CHEVALLIER, Jacques. *O estado pós-moderno*. (Trad. Marçal Justen Filho). Belo Horizonte: Fórum, 2009.

Este processo de reconfiguração do Estado é marcado pela reestruturação da organização administrativa e de seus valores. Neste primeiro capítulo foram analisados três desses movimentos de reconfiguração da estrutura administrativa, iniciando pela Administração Pública Tradicional, caracterizada pelo desenvolvimento da burocracia e pela organização hierárquica, típica do Estado moderno; partindo para a Nova Gestão Pública (*New Public Management*), que tem como elemento principal a aproximação e o uso da lógica de mercado aplicada à estrutura e atuação do Estado; e, na sequência, a Nova Governança Pública (*New Public Governance*), cujos princípios destacados são a valorização da participação e a colaboração e, para promovê-los, a adoção da governança em redes.

Aprofundando a investigação sobre o modelo da Nova Governança Pública, relevante para compreensão da ENCCLA considerando o uso da governança em redes, foi constatado que neste modelo a lógica adotada é a de que sejam criadas as soluções para os problemas públicos com ampla participação de atores públicos, considerando a perspectiva de fragmentação administrativa, e também privados. Da perspectiva da colaboração, o objetivo é que, na etapa de processamento das demandas e construção das decisões, sejam adotados processos negociais, pautados na busca pelo consenso, para que sejam forjadas soluções mais criativas e efetivas, geradas pelo conhecimento trocado, pela multiplicidade de ideias e pelo compartilhamento de responsabilidade, com abertura para experimentação, flexibilidade ajustes permanentes e adaptabilidade a cada caso.

Na sequência da pesquisa, o capítulo segundo foi dedicado à compreensão das redes. Em sua parte inicial, foi investigado o sentido do termo "redes", que vem sendo utilizado com uma pluralidade de acepções e para uma gama de distintas abordagens. O vasto uso do termo gera, para os que pretendem se utilizar dele, uma dificuldade em situar as diferentes vertentes e definir qual o sentido adotado. Nesta pesquisa as redes são definidas como feixes de relações diretas entre dois ou mais atores, que ocorrem de múltiplos modos e se interconectam em diversos nós, cada qual representando um ponto (encontro) de relações.

Já no que se refere à abordagem das redes, foi adotado como referencial a pesquisa em redes de políticas públicas e, mais especificamente, a literatura de governança em redes, definida como "redes interorganizacionais compostas por múltiplos atores, geralmente compreendendo setores e escala, que trabalham juntos para influenciar a criação, a implementação e o monitoramento das políticas públicas".[411]

As redes estão presentes tanto na perspectiva externa ao Estado (Estado em rede), quanto na perspectiva interna (administração em rede). Da perspectiva interna, a administração em redes decorre do reconhecimento de que o Estado não se configura como um ente monolítico (unidade) tutelando um único interesse público, mas consiste em uma pluralidade de atores (órgãos e entidades) que tutelam interesses parcelares (pluralidade de interesses públicos) e que, para alcançá-los, é imprescindível a colaboração de agentes privados, sejam organizações com finalidade lucrativa ou não.

Neste contexto de fragmentação administrativa e de valorização da participação de atores privados, a Administração se organiza em redes. Esta forma de atuação, por outro lado, demanda a adoção de medidas de gerenciamento, a fim de promover a cooperação e a colaboração entre as diversas partes, possibilitando o compartilhamento de informações e de recursos, e, com isso, o aumento da eficácia da atuação administrativa e do atendimento aos objetivos almejados.

Assim, foi desenvolvida a governança em redes, que decorre do reconhecimento de que, na atualidade, há problemas públicos permeados por alta complexidade, o que exige uma composição entre diversos atores, que formam uma rede para elaboração, implementação e monitoramento de políticas públicas. Essas redes podem ser espontâneas ou forjadas, mas em ambos os casos, para que sejam efetivas, devem ser gerenciadas (gestão das redes).

Esta gestão das redes só é viável em redes *formais*, consideradas como aquelas em que os relacionamentos são cristalizados entre as instituições e há um arranjo (estrutura) composto por um conjunto de regras que medeia os relacionamentos entre os atores. Há, assim, um conjunto de regras compartilhadas que regulamenta o funcionamento da rede, definindo competências, estruturas e formas de deliberação.

Foram, então, analisadas as perspectivas jurídicas sobre as redes, iniciando pela teoria elaborada por Gunther Teubner, que analisa as redes de negócios, caracterizadas como uma estrutura intermediária entre associação de empresas (regida pelo direito societário) e a contratualização simples (regida pelo direito contratual). A fim de que se

---

[411] Cf.: KLIJN, Erik Hans; KOPPENJAN, Joop. *Governance Networks in the Public Sector*. New York: Routledge, 2016. p. 11.

reconheça a existência de contratos conectados (que são a estrutura jurídica da rede de negócios), o autor elabora três critérios que deverão estar presentes: (i) a multidimensionalidade, (ii) a existência de um propósito da rede e (iii) a unidade econômica.

Ademais, a perspectiva jurídica sobre as redes foi também averiguada pela lógica da concertação administrativa, tendo como referência a obra de Eurico Bitencourt Neto, que a caracteriza como instrumento de coordenação que prestigia a participação de diferentes atores tanto na concepção quanto na implementação das políticas públicas. O autor aborda os fundamentos para a ocorrência da concertação administrativa e destaca alguns dos instrumentos adotados para sua estruturação, inclusive os acordos informais, que são dotados de juridicidade. Por fim, são analisados os requisitos para o reconhecimento da conformidade da concertação administrativa ao Direito.

Seguindo o percurso da pesquisa, o terceiro capítulo foi dedicado à investigação do caso (ENCCLA). A Estratégia foi descrita como iniciativa criada pelo Ministério da Justiça no ano de 2003, com a finalidade de reunir os principais órgãos e entidades que poderiam, de algum modo, contribuir para a efetividade do combate à lavagem de dinheiro, dando concretude aos tratados internacionais e normas brasileiras no tema. Em 2006, a ENCCLA incorporou o combate à corrupção dentre os seus objetivos, ampliando também o universo de atores que passou a integrá-la.

Para alcançar os seus objetivos, a Estratégia foi arquitetada de modo a promover um diálogo qualificado entre os atores, preservando sua independência e autonomia. Seu desenho institucional contempla a organização em cinco instâncias: a Plenária, o Gabinete de Gestão Integrada (GGI), os Grupos de Trabalho Anual, os Grupos de Trabalho de Combate à Corrupção e de Combate à Lavagem de Dinheiro e a Secretaria Executiva.

Quanto aos principais resultados alcançados pela ENCCLA, indicados por ela própria, eles se dividem em cinco eixos: capacitação e treinamento, sistemas, produção de conhecimento, estruturação e, por fim, avanço e aperfeiçoamento das normas. A partir do levantamento desses resultados, foi possível reconhecer que, ao longo das quase duas décadas de atuação, a ENCCLA conseguiu mobilizar uma pluralidade de atores envolvidos no combate à corrupção e à lavagem de dinheiro, propor e implementar uma série de medidas aprovadas no âmbito da Plenária. Porém, a falta de informações claras sobre a atuação, participação e mesmo do funcionamento da ENCCLA ao longo de todo o seu período de existência dificulta a identificação dos resultados efetivamente alcançados.

Foram, então, levantados elementos formais que compõem a Estratégia a partir de uma investigação no Diário Oficial da União e do aprofundamento dessas investigações por meio de sítios eletrônicos oficiais, tendo-se identificado uma pluralidade de normas internas prolatadas por instituições públicas atribuindo a si competências relativas à Estratégia, como no âmbito do Ministério da Justiça e Segurança Pública, do Instituto Nacional do Seguro Social, do Banco Central do Brasil, da Procuradoria-Geral da Fazenda Nacional, do Banco do Brasil, da Comissão de Valores Mobiliários e do Ministério Público Federal. Ademais, foram identificados diversos atos, contratos e processos administrativos estruturados para conferir formalidade às ações adotadas na ENCCLA.

Tendo sido descrito o arranjo e a composição da ENCCLA, seus resultados e elementos formais, no quarto capítulo foram analisados esses elementos sob a perspectiva da Nova Governança Pública e, mais especificamente, pela lógica de participação, colaboração, dos produtos e ferramentas utilizadas e *accountability*.

Desta avaliação se reconheceu que a ENCCLA tem características da NPG, especialmente a sua arquitetura de governança em redes. Este desenho institucional da Estratégia, que está imbuído do reconhecimento da pluralidade de interesses públicos e da fragmentação administrativa, estimula a interação e negociação entre os atores que a integram em todas as fases da política, do planejamento ao *feedback*. Ademais, em razão do mecanismo de deliberação por consenso e da atuação conjunta por meio dos Grupos de Trabalho, há um incentivo à atuação colaborativa entre as instituições. Foi constatado, também, que os produtos e resultados alcançados pela ENCCLA têm natureza incremental e que a Estratégia tem um grau elevado de *accountability* interna, mas baixo ao público externo, inclusive em razão da ausência de uma norma instituidora que preveja claramente o seu funcionamento.

Por fim, no capítulo derradeiro foram analisados os elementos jurídicos da ENCCLA enquanto rede interorganizacional construída de modo intencional, dotada de regras e procedimentos de funcionamento claros e respeitados por seus integrantes. Pela existência dos elementos formais descritos no capítulo 3, a Estratégia foi considerada como uma rede interorganizacional formalmente reconhecida em uma série de atos, contratos e processos administrativos e normas jurídicas. Porém, sua estrutura jurídica é singular e distinta daquelas já sedimentadas no Direito. Assim, para compreender este arranjo sob a perspectiva jurídica, a ENCCLA foi analisada a partir da teoria das *redes como contratos conectados*, elaborada por Teubner, e da concertação administrativa, a partir da construção de Bitencourt Neto, tendo-se reconhecido a ENCCLA como uma rede interorganizacional formal dotada de juridicidade.

Considerando tais teorias e o estudo de caso, a institucionalidade jurídica da Estratégia foi reconhecida a partir da consolidação de uma prática administrativa conforme ao Direito (costume *praeter legem*), bem como pela verificação de que, por se configurar como uma rede, seus elementos jurídicos estão dispersos por toda a trama. Em suma, ainda que os acordos tenham natureza jurídica informal, há uma prática de funcionamento seguida e respeitada na ENCCLA, de modo que se constata a institucionalização de regras que vinculam os atores a determinados padrões de comportamento.

Ademais, foi constatado que se reconhece a juridicidade de uma rede a partir do conjunto de elementos formais que a conforma e que estão pulverizados por ela. Assim, o elemento de formalidade da Estratégia não decorre de um estatuto ou norma instituidora, o que seria típico da Administração Tradicional, mas da pluralidade de normas e demais elementos formais distribuídos pela rede que atribuem a agentes de suas instituições o dever funcional de participar da Estratégia.

De tal modo, a partir deste estudo de caso, foi constatado que um mecanismo possível para aferir a institucionalidade jurídica de uma rede consiste na verificação da existência de elementos formais pulverizados nos diversos pontos que tramam a criação dos nós, sendo cada fio que forma o nó forjado a partir de uma fonte formal de obrigação jurídica.

Por fim, foram apontados possíveis elementos que contribuíram para a sustentabilidade da ENCCLA ao longo dessas quase duas décadas, mesmo tendo havido momentos de profundo estresse institucional no País. Dentre esses elementos, a pressão internacional desempenhada pelo GAFI parece ter sido relevante para forçar a manutenção do funcionamento da Estratégia. Ademais, a sua estruturação como rede, que é caracterizada pela pluralidade dos atores que a sustentam, parece também ter contribuído para dificultar a sua interrupção.

No entanto, esse arranjo tem também fragilidades e limites. Mesmo tendo se mantido ao longo desses 20 anos e ter resistido em momentos de fragilização das estruturas de combate à corrupção, não é possível concluir que a ENCCLA tenha alcançado resultados efetivos a nível nacional e perenes em termos de promover a redução dos índices de corrupção e de lavagem de dinheiro.

Não há recursos assegurados para que seja promovida a missão institucional da ENCCLA, de modo que ela é integralmente dependente da disponibilidade financeira das instituições que a integram. Se há uma troca de orientação política dos seus atores (como indicação de um novo Procurador-Geral da República ou ministro do MJSP), há potencial de fragilizar o funcionamento da Estratégia, bastando, para isso, que essas novas lideranças reprovem os gastos com ações da ENCCLA ou mesmo que troquem seus representantes por outros agentes públicos menos familiarizados ou comprometidos com o tema.

Ademais, como as deliberações são por consenso, a mudança de orientação política de um único ator tem o potencial de enfraquecer todo o trabalho da Estratégia, pois ele pode exercer o poder de veto para impedir a aprovação das ações com efetivo potencial de impacto, sem prejudicar o regular funcionamento da ENCCLA. Como há pouca transparência sobre a atuação de cada um dos atores na Plenária e ainda menos transparência aos trabalhos do GGI, esse poder de veto pode ser desempenhado sem que isso represente um custo à imagem da instituição.

Embora se tenha reconhecido e prestigiado a continuidade da ENCCLA ao longo desses anos, somente uma pesquisa qualitativa que analise as ações e os resultados alcançados, bem como a atuação de cada um dos atores nas suas instâncias poderia confirmar se essa manutenção é somente estrutural ou também se houve outros mecanismos para reduzir a capacidade da Estratégia, ainda que a mantivesse ativa.

Assim como esta obra tem como ponto de partida um trabalho de conclusão de curso em que mais questões foram abertas a respeito da ENCCLA, esta pesquisa também se conclui com dúvidas que demandarão novas pesquisas para que se possa compreender com mais clareza as potencialidades e fragilidades desse mecanismo de governança em rede interorganizacional para enfrentamento de um problema deveras complexo.

REFERÊNCIAS

ABRAMOVAY, Pedro; LOTTA, Gabriela. *A democracia equilibrista*: políticos e burocratas no brasil. São Paulo: Companhia das Letras, 2022.

ARAUJO, Felipe Dantas de. Análise temática da estratégia nacional contra a corrupção e a lavagem de dinheiro (ENCCLA). *Revista Brasileira de Políticas Públicas*, Centro de Ensino Unificado de Brasília, [s.l.], v. 2, n. 1, p. 53-82, 23 jul. 2012.

BIRKLAND, Thomas A. *An introduction to the policy process*: theories, concepts, and models of public policy making. 3. ed. New York: Routledge, 2011.

BITENCOURT NETO, Eurico. Transformações do Estado e a Administração Pública no século XXI. *Revista de Investigações Constitucionais*, Curitiba, v. 4, n. 1, p. 207-225, jan./abr. 2017. DOI: 10.5380/rinc.v4i1.49773. Acesso em 14 mai. 2022.

BITENCOURT NETO, Eurico. *Concertação administrativa interorgânica*: direito administrativo e organização no século XXI. São Paulo: Almedina, 2017.

BITENCOURT, Claudia Cristina. A gestão de competências gerenciais e a contribuição da aprendizagem organizacional. *Revista de Administração de Empresas*, [S.L.], v. 44, n. 1, p. 58-69, mar. 2004. Disponível em. http://dx.doi.org/10.1590/s0034-75902004000100004. Acesso em 14 mai. 2022.

BOBBIO, Norberto; MATTEUCCI, Nicola; PASQUINO, Gianfranco. *Dicionário de Política*. 11. ed. Brasília: UnB, 1998.

BRASIL. Assessoria de Comunicação Social do Ministério da Justiça e Segurança Pública. *Participe da elaboração do Plano Nacional de Combate* à *Corrupção*. Brasília, 19 jul. 2018. Disponível em: https://www.justica.gov.br/news/collective-nitf-content-93. Acesso em 28 mar. 2022.

BRASIL. Câmara dos Deputados. *PL 3443/2008*. Dá nova redação a dispositivos da Lei nº 9.613, de 3 de março de 1998, objetivando tornar mais eficiente a persecução penal dos crimes de lavagem de dinheiro. Disponível em: https://www.camara.leg.br/propostas-legislativas/395834. Acesso em 31 mai. 2022.

BRASIL. Câmara dos Deputados. *PL 3855/2019 (Nº Anterior: PL 4850/2016)*. Estabelece medidas de combate à impunidade, à corrupção; altera os Decretos-Leis nºs 2.848, de 7 de dezembro de 1940 – Código Penal, e 3.689, de 3 de outubro de 1941 – Código de Processo Penal; as Leis nºs 4.717, de 29 de junho de 1965, 4.737, de 15 de julho de 1965, 8.072, de 25 de julho de 1990, 8.112, de 11 de dezembro de 1990, 8.429, de 2 de junho de 1992, 8.906, de 4 de julho de 1994, 9.096, de 19 de setembro de 1995, 9.504, de 30 de setembro de 1997, 9.613, de 3 de março de 1998, e 7.347, de 24 de julho de 1985; revoga dispositivos do Decreto-Lei nº 201, de 27 de fevereiro de 1967, e da Lei nº 8.137, de 27 de dezembro de 1990; e dá outras providências. Disponível em: https://www.camara.leg.br/propostas-legislativas/2080604. Acesso em 5 dez. 2020.

BRASIL. Comissão Parlamentar Mista de Inquérito "Dos Correios". *Relatório Final dos Trabalhos da CPMI "Dos Correios"*. 2006. v. 3. Disponível em: https://www2.senado.leg.br/bdsf/bitstream/handle/id/84897/RelatorioFinalVol3.pdf?sequence=4&isAllowed=y. Acesso em 18 out. 2020.

BRASIL. Comitê Interministerial de Combate à Corrupção. *Plano Anticorrupção – diagnóstico e ações do governo federal*: boletim de acompanhamento. Brasília, dez. 2021. Disponível em: https://www.gov.br/cgu/pt-br/anticorrupcao/planoanticorrupcaoboletimdez2021.pdf. Acesso em 13 jun. 2022.

BRASIL. Conselho da Justiça Federal. *Uma Análise Crítica da Lei dos Crimes de Lavagem de Dinheiro*. Brasília: Editora Unb, 2002.

BRASIL. Conselho Nacional de Justiça. *Cadastro de Clientes do Sistema Financeiro Nacional (CSS-BACEN)*. Disponível em: https://www.cnj.jus.br/cadastro-de-clientes-do-sistema-financeiro-nacional-css-bacen/. Acesso em 18 out. 2020.

BRASIL. Conselho Nacional de Justiça. *Documentos*. Disponível em: https://www.cnj.jus.br/programas-e-acoes/combate-a-corrupcao-enccla/documentos-7/. Acesso em 9 abr. 2022.

BRASIL. Decreto nº 10.785, de 1º de setembro de 2021. Altera o Decreto nº 9.662, de 1º de janeiro de 2019, que aprova a Estrutura Regimental e o Quadro Demonstrativo dos Cargos em Comissão e das Funções de Confiança do Ministério da Justiça e Segurança Pública, e remaneja e transforma cargos em comissão, funções de confiança e funções comissiona as técnicas. *Diário Oficial da União*, Brasília, 02 set. 2021. Disponível em: https://www.in.gov.br/web/dou/-/decreto-n-10.785-de-1-de-setembro-de-2021-342352782. Acesso em 25 jun. 2022.

BRASIL. Decreto nº 11.103, de 24 de junho de 2022. Aprova a Estrutura Regimental e o Quadro Demonstrativo dos Cargos em Comissão e das Funções de Confiança do Ministério da Justiça e Segurança Pública e remaneja e transforma cargos em comissão e funções de confiança. *Diário Oficial da União*, Brasília, 27 jun. 2022. Disponível em: https://www.in.gov.br/web/dou/-/decreto-n-11.103-de-24-de-junho-de-2022-410391974. Acesso em 28 jun. 2022.

BRASIL. Decreto nº 9.360, de 7 de maio de 2018. Aprova as Estruturas Regimentais e os Quadros Demonstrativos dos Cargos em Comissão e das Funções de Confiança do Ministério da Justiça e do Ministério Extraordinário da Segurança Pública, remaneja cargos em comissão e funções de confiança e transforma cargos em comissão do Grupo-Direção e Assessoramento Superiores – DAS e altera o Decreto nº 6.018, de 22 de janeiro de 2007, para reduzir a alocação de cargos em comissão na inventariança na Rede Ferroviária Federal S.A. – RFFSA. *Diário Oficial da União*, Brasília, 07 mai. 2018. Disponível em: https://www.in.gov.br/web/dou/-/decreto-n-9-360-de-7-de-maio-de-2018-13167233. Acesso em 25 jun. 2022.

BRASIL. Decreto nº 9.662, de 1º de janeiro de 2019. Aprova a Estrutura Regimental e o Quadro Demonstrativo dos Cargos em Comissão e das Funções de Confiança do Ministério da Justiça e Segurança Pública, remaneja cargos em comissão e funções de confiança e transforma cargos em comissão do Grupo-Direção e Assessoramento Superiores – DAS. *Diário Oficial da União*, Brasília, 02 jan. 2019. Disponível em: https://www.in.gov.br/web/dou/-/decreto-n-9-662-de-1-de-janeiro-de-2019-57627797. Acesso em 25 jun. 2022.

BRASIL. Decreto nº 9.755, de 11 de abril de 2019. Institui o Comitê Interministerial de Combate à Corrupção. *Diário Oficial da União*, Brasília, 11 abr. 2019. Disponível em: https://www.in.gov.br/web/dou/-/decreto-n-9-755-de-11-de-abril-de-2019-71137325. Acesso em 25 jun. 2022.

BRASIL. Extrato de contrato. *Diário Oficial da União*, 20 nov. 2018. Disponível em: https://pesquisa.in.gov.br/imprensa/jsp/visualiza/index.jsp?data=20/11/2018&jornal=530&pagina=122. Acesso em 9 abr. 2022.

BRASIL. Extrato de contrato. *Diário Oficial da União*, Brasília, 05 nov. 2019. Disponível em: https://www.in.gov.br/web/dou/-/extratos-de-contratos-226002209. Acesso em 9 abr. 2022.

BRASIL. Extrato de termo de execução descentralizada. *Diário Oficial da União*, 27 ago. 2018. Disponível em: https://www.in.gov.br/web/dou/-/extrato-de-termo-de-execucao-descentralizada-38362089. Acesso em 15 abr. 2022.

BRASIL. Ministério da Gestão e da Inovação em Serviços. *Programa Nacional de Prevenção Primária à Corrupção*. 02 out. 2017. Disponível em: https://www.gov.br/plataformamaisbrasil/pt-br/noticias-e-eventos/noticias/2017/programa-nacional-de-prevencao-primaria-a-corrupcao. Acesso em 28 mar. 2022.

BRASIL. Ministério da Justiça e Segurança Pública. *Sistema Eletrônico de Informações*. Disponível em: https://sei.mj.gov.br/sei/modulos/pesquisa/md_pesq_processo_pesquisar.php?acao_externa=protocolo_pesquisar&acao_origem_externa=protocolo_pesquisar&id_orgao_acesso_externo=0. Acesso em 2 abr. 2022.

BRASIL. Ministério da Justiça e Segurança Pública. *LAB-LD*. 01 jul. 2021. Disponível em: https://www.justica.gov.br/sua-protecao/lavagem-de-dinheiro/LAB-LD. Acesso em 19 out. 2020.

BRASIL. Portaria AGU Nº 357, de 29 de setembro de 2020. Publica a listagem dos atos normativos expedidos pelo Advogado-Geral da União. *Diário Oficial da União*, Brasília, 30 set. 2020. Disponível em: https://www.in.gov.br/web/dou/-/portaria-agu-n-357-de-29-de-setembro-de-2020-280244879. Acesso em 25 abr. 2022.

BRASIL. Portaria CVM/PTE/nº 4, de 11 de janeiro de 2021. Regulamenta o Programa de Gestão no âmbito da Comissão de Valores Mobiliários. *Diário Oficial da União*, Brasília, 14 jan. 2021. Disponível em: https://www.in.gov.br/web/dou/-/portaria-cvm/pte/n-4-de-11-de-janeiro-de-2021-298916168. Acesso em 25 abr. 2022.

BRASIL. Portaria MJSP nº 79, de 13 de maio de 2022. Institui a Rede Nacional de Polícias Judiciárias no Combate à Corrupção – Renaccor e define as regras para adesão de integrantes e para parcerias. *Diário Oficial da União*, Brasília, 16 mai. 2022. Disponível em: https://www.in.gov.br/web/dou/-/portaria-mjsp-n-79-de-13-de-maio-de-2022-400069966. Acesso em 25 jun. 2022.

BRASIL. Portaria nº 1.222, de 21 de dezembro de 2017. *Diário Oficial da União*, Brasília, 26 dez. 2017. Disponível em: https://www.in.gov.br/web/dou/-/portaria-n-1-222-de-21-de-dezembro-de-2017-1340243-1340243. Acesso em 25 abr. 2022.

BRASIL. Portaria nº 1.270, de 29 de janeiro de 2021. *Diário Oficial da União*, Brasília, 01 fev. 2021. Disponível em: https://www.in.gov.br/web/dou/-/portaria-n-1.270-de-29-de-janeiro-de-2021-301413080. Acesso em 25 abr. 2022.

BRASIL. Portaria nº 101, de 9 de setembro de 2015. Altera a Portaria CNMP-PRESI nº 70, de 27 de março de 2014, para dispor sobre o Fórum Nacional de Recursos Hídricos e Fórum Nacional de Combate à Corrupção no âmbito do Conselho Nacional do Ministério Público e dá outra providência. *Diário Oficial da União*, Brasília, 14 set. 2015. Disponível em: https://www.in.gov.br/web/dou/-/portaria-n-101-de-9-de-setembro-de-2015-32849367. Acesso em 25 abr. 2022.

BRASIL. Portaria nº 105.173, de 24 de outubro de 2019. Divulga alterações no Regimento Interno do Banco Central do Brasil. *Diário Oficial da União*, Brasília, 29 out. 2019. Disponível em: https://www.in.gov.br/web/dou/-/portaria-n-105.173-de-24-de-outubro-de-2019-224146327. Acesso em 25 abr. 2022.

BRASIL. Portaria nº 119, de 20 de dezembro de 2018. Divulga o Plano de Diretrizes e Metas do Ministério da Cultura. *Diário Oficial da União*, Brasília, 26 dez. 2018. Disponível em: https://www.in.gov.br/web/dou/-/portaria-n-119-de-20-de-dezembro-de-2018-56784766. Acesso em 25 abr. 2022.

BRASIL. Portaria nº 22, de 19 de fevereiro de 2018. *Diário Oficial da União*, Brasília, 21 fev. 2018. Disponível em: https://www.in.gov.br/web/dou/-/portaria-n-22-de-19-de-fevereiro-de-2018-3867780. Acesso em 25 abr. 2022.

BRASIL. Portaria nº 221, de 21 de novembro de 2019. *Diário Oficial da União*, Brasília, 26 nov. 2019. Disponível em: https://www.in.gov.br/web/dou/-/portaria-n-221-de-21-de-novembro-de-2019-229726330. Acesso em 25 abr. 2022.

BRASIL. Portaria nº 3.416, de 24 de dezembro de 2019. Dispõe sobre o Comitê de Representantes do INSS junto à Estratégia Nacional de Combate a Corrupção e Lavagem de Dinheiro. *Diário Oficial da União*, Brasília, 02 jan. 2020. Disponível em: https://www.in.gov.br/web/dou/-/portaria-n-3.416-de-24-de-dezembro-de-2019-236265794. Acesso em 25 abr. 2022.

BRASIL. Portaria nº 521, de 22 de abril de 2016. Aprova o Regimento Interno da Secretaria Nacional de Justiça e Cidadania. *Diário Oficial da União*, Brasília, 04 mai. 2016. Disponível em: https://www.in.gov.br/web/dou/-/portaria-n-521-de-22-de-abril-de-2016-21515801. Acesso em 25 abr. 2022.

BRASIL. Portaria nº 67, de 24 de janeiro de 2013. *Diário Oficial da União*, Brasília, 28 jan. 2013. Disponível em: https://www.in.gov.br/web/dou/-/portaria-n-67-de-24-de-janeiro-de-2013-30287637. Acesso em 25 abr. 2022.

BRASIL. Portaria nº 718, de 10 de setembro de 2013. *Diário Oficial da União*, Brasília, 11 set. 2013. Disponível em: https://www.in.gov.br/web/dou/-/portaria-n-718-de-10-de-setembro-de-2013-31053378. Acesso em 25 abr. 2022.

BRASIL. Portaria PRES/INSS nº 269, de 17 de fevereiro de 2022. *Diário Oficial da União*, Brasília, 18 fev. 2022. Disponível em: https://www.in.gov.br/web/dou/-/portaria-pres/inss-n-269-de-17-de-fevereiro-de-2022-381134635. Acesso em 25 abr. 2022.

BRASIL. Secretaria Nacional de Justiça. Departamento de Recuperação de Ativos e Cooperação Jurídica internacional (DRCI). *In*: ENCCLA – *Estratégia Nacional de Combate à Corrupção e à Lavagem de Dinheiro*: 10 anos de organização do Estado brasileiro contra o crime organizado. Brasília, Ministério da Justiça: Ed. Comemorativa, 2012.

BRASIL. Tribunal de Contas da União. *Relatório e pareceres prévios sobre as contas do Governo da República*: exercício de 2005. 2005. Disponível em: https://portal.tcu.gov.br/tcu/paginas/contas_governo/contas_2005.pdf. Acesso em 15 jul. 2020.

BRASIL. Sistema Eletrônico de Informação ao Cidadão (e-SIC). Ministério da Justiça e Segurança Pública. *Pedido nº 08198.034914/2021-59*. 2021. Disponível em: https://buscalai.cgu.gov.br/PedidosLai/DetalhePedido?id=3705807. Acesso em 05 nov. 2021.

BRASIL. Sistema Eletrônico de Informação ao Cidadão (e-SIC). Ministério da Justiça e Segurança Pública. *Pedido nº 08198.034916/2021-48*. 2021. Disponível em: https://buscalai.cgu.gov.br/PedidosLai/DetalhePedido?id=3705811. Acesso em 05 nov. 2021.

BRASIL. Sistema Eletrônico de Informação ao Cidadão (e-SIC). Ministério da Justiça e Segurança Pública. *Pedido nº 08198.037844/2021-91*. 2021. Disponível em: https://buscalai.cgu.gov.br/PedidosLai/DetalhePedido?id=3799874. Acesso em 10 dez. 2021.

BRESSER-PEREIRA, L. C. Da Administração Pública Burocrática à Gerencial. *Revista do Serviço Público*, v. 47, n. 1, 1996. Disponível em: http://www.bresserpereira.org.br/papers/1996/95.AdmPublicaBurocraticaAGerencial.pdf. Acesso em 10 jan. 2023.

BUCCI, Maria Paula Dallari. *Fundamentos para uma Teoria Jurídica das Políticas Públicas*. São Paulo: Saraiva, 2013.

BUCCI, Maria Paula Dallari. Método e Aplicações da Abordagem Direito e Políticas Públicas (DPP). *Rei – Revista Estudos Institucionais*, [S.L.], v. 5, n. 3, p. 791-832, 18 dez. 2019. Disponível em: http://dx.doi.org/10.21783/rei.v5i3.430. Acesso em 14 mar. 2023.

CALMON, P; COSTA, A.T.M., Redes e governança das políticas públicas. *Revista de Pesquisa em Políticas Públicas*, n. 1, p. 1-29, 2013.

CAMPOS, Anna Maria. Accountability: quando poderemos traduzi-la para o português? *Revista de Administração Pública*, Rio de Janeiro, v. 24, n. 2, p. 30-50, fev. 1990.

CAPELLA, Ana Cláudia Niedhardt; BRASIL, Felipe Gonçalves. Análise de Políticas Públicas: uma revisão da literatura sobre o papel dos subsistemas, comunidades e redes. *Novos Estudos – Cebrap*, São Paulo, n. 101, p. 57-76, mar. 2015. Disponível em: http://dx.doi.org/10.1590/s0101-33002015000100003. Acesso em 7 set. 2022.

CARVALHO, José Murillo de. *Cidadania no Brasil*: o longo caminho. 24. ed. Rio de Janeiro: Civilização Brasileira, 2018.

CASTELLS, Manuel. *A sociedade em rede*. (Trad. Roneide Venancio Majer). 22. ed. São Paulo: Paz e Terra, 2020. (A Era da informação, v. 1).

CASTELLS, Manuel. *Fim de Milênio*. (Trad. Klaus Brandini Gerhardt e Roneide Venancio Majer). 22. ed. São Paulo: Paz e Terra, 2020. (A Era da informação, v. 3).

CASTELLS, Manuel. *O Poder da Identidade*. (Trad. Klaus Brandini Gerhardt). 22. ed. São Paulo: Paz e Terra, 2020. (A Era da informação, v. 2).

CATALÁ, Joan Prats i. Direito e gerenciamento nas administrações públicas-notas sobre a crise e renovação dos respectivos paradigmas. *Revista do Serviço Público*, v. 47, n. 2, p. 23-46, 1996.

CHAGAS, Cláudia. ENCCLA: a integração necessária. *In*: BRASIL. Secretaria Nacional de Justiça, Departamento de Recuperação de Ativos e Cooperação Jurídica internacional (DRCI). *ENCCLA – Estratégia Nacional de Combate à Corrupção e à Lavagem de Dinheiro*: 10 anos de organização do Estado brasileiro contra o crime organizado. Brasília, Ministério da Justiça: Ed. Comemorativa, 2012.

CHAGAS, Paulo Victor. Brasil formaliza pedido de adesão à OCDE. *Agência Brasil*, Brasília, 30 mai. 2017. Disponível em: https://agenciabrasil.ebc.com.br/economia/noticia/2017-05/brasil-formaliza-pedido-de-adesao-ocde. Acesso em 16 jun. 2022.

CHEVALLIER, Jacques. *O estado pós-moderno*. (Trad. Marçal Justen Filho). Belo Horizonte: Fórum, 2009.

CONNELL, Raewyn; FAWCETT, Barbara; MEAGHER, Gabrielle. Neoliberalism, new public management and the human service professions: introduction to the special issue. *Journal of Sociology*, v. 45, n. 4, p. 331-338, 2009.

CONSELHO NACIONAL DO MINISTÉRIO PÚBLICO. *Programa Nacional de Prevenção Primária à Corrupção*, 2018.

CONSELHO NACIONAL DOS PROCURADORES-GERAIS DE JUSTIÇA DOS MINISTÉRIOS PÚBLICOS DOS ESTADOS E DA UNIÃO. *Histórico*, 2013.

DALLARI, Dalmo de Abreu. *Elementos de Teoria Geral do Estado*. 28. ed. São Paulo: Saraiva, 2009.

DENHARDT, Robert B.; DENHARDT, Janet Vinzant. *The new public service*: serving rather than steering. New York: M.E.Sharpe, 2007.

DRAIBE, Sônia M.; RIESCO, Manuel. Estados de bem-estar social e estratégias de desenvolvimento na América Latina: um novo desenvolvimentismo em gestação? *Sociologias*, Porto Alegre, v. 13, n. 27, p. 220-254, ago. 2011. Disponível em: http://dx.doi.org/10.1590/s1517-45222011000200009. Acesso em 28 mar. 2022.

ENCCLA – Estratégia Nacional de combate à corrupção e à lavagem de dinheiro. *Plano de Diretrizes de Combate à Corrupção*. Brasília, 2018. Disponível em: http://enccla.camara.leg.br/acoes/arquivos/resultados-enccla-2018/plano-diretrizes-combate-corrupcao-completo. Acesso em 28 mar. 2022.

ENCCLA – Estratégia Nacional de combate à corrupção e à lavagem de dinheiro. *Aberta chamada para recebimento de propostas para Ações da Estratégia Nacional de Combate à Corrupção e à Lavagem de Dinheiro 2022*. Disponível em: http://enccla.camara.leg.br/noticias/

aberta-chamada-para-recebimento-de-propostas-para-acoes-da-estrategia-nacional-de-combate-a-corrupcao-e-a-lavagem-de-dinheiro-2022-1. Acesso em 21 fev. 2022.

ENCCLA – Estratégia Nacional de combate à corrupção e à lavagem de dinheiro. *Ação 3*. [s.d.]. Disponível em: http://enccla.camara.leg.br/biblioteca/produto-da-acao-3-2016-diretrizes-para-implantacao-e-efetivo-funcionamento-dos-sistemas-estadual-e-municipal-de-controle-interno. Acesso em 30 mar. 2022.

ENCCLA – Estratégia Nacional de combate à corrupção e à lavagem de dinheiro. *Ações 2019*. Disponível em: http://enccla.camara.leg.br/acoes/acoes-de-2019. Acesso em 21 fev. 2022.

ENCCLA – Estratégia Nacional de combate à corrupção e à lavagem de dinheiro. *Ações de 2017*. Disponível em: http://enccla.camara.leg.br/acoes/acoes-de-2017. Acesso em 6 jun. 2022.

ENCCLA – Estratégia Nacional de combate à corrupção e à lavagem de dinheiro. *Ações de 2020*. Disponível em: http://enccla.camara.leg.br/acoes/acoes-de-2020. Acesso em 10 fev. 2022.

ENCCLA – Estratégia Nacional de combate à corrupção e à lavagem de dinheiro. *Ações de 2021*. Disponível em: http://enccla.camara.leg.br/acoes/acoes-de-2021. Acesso em 10 fev. 2022.

ENCCLA – Estratégia Nacional de combate à corrupção e à lavagem de dinheiro. *Ações e metas*. Disponível em: http://enccla.camara.leg.br/acoes. Acesso em 23 fev. 2022.

ENCCLA – Estratégia Nacional de combate à corrupção e à lavagem de dinheiro. *Estrutura*. [s.d.]. Disponível em: http://enccla.camara.leg.br/quem-somos/estrutura. Acesso em 18 mai. 2022.

ENCCLA – Estratégia Nacional de combate à corrupção e à lavagem de dinheiro. *Histórico Ações Enccla 2010-2020*. Disponível em: http://enccla.camara.leg.br/acoes/historico-acoes-enccla. Acesso em 5 jul. 2020.

ENCCLA – Estratégia Nacional de combate à corrupção e à lavagem de dinheiro. *Histórico de Ações Enccla 2010-2022*. Disponível em: http://enccla.camara.leg.br/acoes/arquivos/resultados-enccla-2021/historico-de-

acoes-enccla-2010-2022. Acesso em 27 fev. 2022.

ENCCLA – Estratégia Nacional de combate à corrupção e à lavagem de dinheiro. *Manual do participante 2017*. Brasília: [S.I.], 2016.

ENCCLA – Estratégia Nacional de combate à corrupção e à lavagem de dinheiro. *Manual do participante 2019*. Brasília: [S.I.], 2018.

ENCCLA – Estratégia Nacional de combate à corrupção e à lavagem de dinheiro. *Manual do Participante 2021*. Brasília: [S.I.], 2020.

ENCCLA – Estratégia Nacional de combate à corrupção e à lavagem de dinheiro. *Manual do Participante 2022*. Brasília: [S.I.], 2021.

ENCCLA – Estratégia Nacional de combate à corrupção e à lavagem de dinheiro. *Material do Participante 2009*. Brasília: [S.I.], 2008.

ENCCLA – Estratégia Nacional de combate à corrupção e à lavagem de dinheiro. *Metas de 2004*. Disponível em: http://enccla.camara.leg.br/acoes/metas-de-2004. Acesso em 18 out. 2020.

ENCCLA – Estratégia Nacional de combate à corrupção e à lavagem de dinheiro. *Metas de 2020*. Disponível em: http://enccla.camara.leg.br/acoes. Acesso em 18 out. 2020.

ENCCLA – Estratégia Nacional de combate à corrupção e à lavagem de dinheiro. *Principais Resultados*. Disponível em: http://enccla.camara.leg.br/resultados. Acesso em 29 mar. 2022.

ENCCLA – Estratégia Nacional de combate à corrupção e à lavagem de dinheiro. *Programa Nacional de Capacitação e Treinamento para o Combate à Corrupção e à Lavagem de Dinheiro (PNLD)*. Disponível em: http://enccla.camara.leg.br/pnld. Acesso em 18 out. 2020.

ENCCLA – Estratégia Nacional de combate à corrupção e à lavagem de dinheiro. *Quem somos*. [s.d.]. Disponível em: http://enccla.camara.leg.br/quem-somos. Acesso em 2 jan. 2021.

ENCCLA – Estratégia Nacional de combate à corrupção e à lavagem de dinheiro. *Reuniões da ENCCLA*. [s.d.]. Disponível em: http://enccla.camara.leg.br/reunioes. Acesso em 31 mar. 2022.

ENCCLA – Estratégia Nacional de combate à corrupção e à lavagem de dinheiro. *Tabela/Quadro com sugestões de cláusulas de colaboração*. [s.d.]. Disponível em: http://enccla.camara.leg.br/acoes/arquivos/resultados-enccla-2017/tabela-quadro-com-sugestoes-de-clausulas-de-colaboracao/view. Acesso em 6 jun. 2022.

ENCCLA – Estratégia Nacional de combate à corrupção e à lavagem de dinheiro. **Últimos** *dias para enviar propostas de Ações para desenvolvimento na ENCCLA 2021*. Disponível em: http://enccla.camara.leg.br/noticias/enccla-recebe-propostas-de-acoes-para-desenvolvimento-em-2021. Acesso em 21 fev. 2022.

ESPING-ANDERSEN, Gosta. As três economias políticas do welfare state. *Lua Nova*, São Paulo, n. 24, p. 85-116, Sept. 1991.

FATF – Financial Action Task Force on Money Laundering. *Who we are*. [s.d.]. Disponível em: https://www.fatf-gafi.org/about/whoweare/#d.en.11232. Acesso em 24 mai. 2022.

FATF. *FATF Statement on Brazil*. Disponível em: http://www.fatf-gafi.org/publications/methodsandtrends/documents/fatf-statement-brazil-feb-2019.html. Acesso em 1 jun. 2022.

FATF. *Outcomes FATF Plenary*. 16-18 October 2019. Disponível em: http://www.fatf-gafi.org/publications/fatfgeneral/documents/outcomes-plenary-october-2019.html. Acesso em 1 jun. 2022.

FATF. *Outcomes FATF-MENAFATF Joint Plenary*. 27-29 June 2018. Disponível em: http://www.fatf-gafi.org/publications/fatfgeneral/documents/outcomes-plenary-june-2018.html. Acesso em 1 jun. 2022.

FATF. *Outcomes of the Plenary meeting of the FATF*. Busan Korea, 22-24 June 2016. Disponível em: http://www.fatf-gafi.org/publications/fatfgeneral/documents/plenary-outcomes-june-2016.html. Acesso em 1 jun. 2022.

FATF. *Outcomes of the Plenary meeting of the FATF*. Paris, 17-19 February 2016. Disponível em: http://www.fatf-gafi.org/publications/fatfgeneral/documents/outcomes-plenary-february-2016.html. Acesso em 1 jun. 2022.

FATF. *Outcomes of the Plenary meeting of the FATF*. Paris, 19-21 October 2016. Disponível em: http://www.fatf-gafi.org/publications/fatfgeneral/documents/outcomes-plenary-october-2016.html. Acesso em 1 jun. 2022.

FATF. *Brazil*. Disponível em: https://www.fatf-gafi.org/countries/#Brazil. Acesso em 1 jun. 2022.

FATF/GAFI; GAFISUD. *Mutual Evaluation Report – Anti-Money Laundering and Combating the Financing of Terrorism*: Federative Republic of Brazil. 2010. Disponível em: https://www.fatf-gafi.org/media/fatf/documents/reports/mer/MER%20Brazil%20full.pdf. Acesso em 24 mai. 2022.

FERRAZ JÚNIOR, Tércio Sampaio. *Introdução ao Estudo do Direito*: técnica, decisão, dominação. 4. ed. São Paulo: Atlas, 2003.

FREEMAN, Jody. Collaborative Governance in the Administrative State. *UCLA Law Review*, [S.L.], v. 45, n. 1, p. 1-84, ago. 2011. Disponível em: https://ssrn.com/abstract=11408. Acesso em 8 nov. 2021.

GABINETE DE GESTÃO INTEGRADA DE PREVENÇÃO E COMBATE À LAVAGEM DE DINHEIRO. *Relatório 2004*. [S. L.]: [S. E.], 2005.

GABINETE DE GESTÃO INTEGRADA DE PREVENÇÃO E COMBATE À LAVAGEM DE DINHEIRO. *Relatório III Reunião Plenária*. [S. L.]: [S. E.], 2005.

GABINETE DE GESTÃO INTEGRADA DE PREVENÇÃO E COMBATE À LAVAGEM DE DINHEIRO. *Relatório IV Reunião Plenária*. [S. L.]: [S. E.], 2006.

GABINETE DE GESTÃO INTEGRADA DE PREVENÇÃO E COMBATE À LAVAGEM DE DINHEIRO. *Relatório V Reunião Plenária*. Itaipava: [S. E.], 2007.

GABINETE DE GESTÃO INTEGRADA DE PREVENÇÃO E COMBATE À LAVAGEM DE DINHEIRO. *Relatório VII Reunião Plenária*. Salvador: [S. E.], 2009.

GABINETE DE GESTÃO INTEGRADA DE PREVENÇÃO E COMBATE À LAVAGEM DE DINHEIRO. *Relatório IX Reunião Plenária*. [S.L]: [S. E.], 2011.

GABINETE DE GESTÃO INTEGRADA DE PREVENÇÃO E COMBATE À LAVAGEM DE DINHEIRO. *Relatório X Reunião Plenária*. João Pessoa: [S. E.], 2012.

GABINETE DE GESTÃO INTEGRADA DE PREVENÇÃO E COMBATE À LAVAGEM DE DINHEIRO. *Relatório XII Reunião Plenária*. Teresina: [S. E.], 2014.

GABINETE DE GESTÃO INTEGRADA DE PREVENÇÃO E COMBATE À LAVAGEM DE DINHEIRO. *Relatório XIII Reunião Plenária*. Fortaleza: [S. E.], 2015.

GABINETE DE GESTÃO INTEGRADA DE PREVENÇÃO E COMBATE À LAVAGEM DE DINHEIRO. *Relatório XIV Reunião Plenária*. Natal: [S. E.], 2016.

GABINETE DE GESTÃO INTEGRADA DE PREVENÇÃO E COMBATE À LAVAGEM DE DINHEIRO. *Relatório XV Reunião Plenária*. Campina Grande: [S. E.], 2017.

GABINETE DE GESTÃO INTEGRADA DE PREVENÇÃO E COMBATE À LAVAGEM DE DINHEIRO. *Relatório XVI Reunião Plenária*. Foz do Iguaçu: [S. E.], 2018.

GABINETE DE GESTÃO INTEGRADA DE PREVENÇÃO E COMBATE À LAVAGEM DE DINHEIRO. *Relatório XVII Reunião Plenária*. Minas Gerais: [S. E.], 2019.

GABINETE DE GESTÃO INTEGRADA DE PREVENÇÃO E COMBATE À LAVAGEM DE DINHEIRO. *Relatório XVIII Reunião Plenária*. [S.L.]: [S. E.], 2020.

GABINETE DE GESTÃO INTEGRADA DE PREVENÇÃO E COMBATE À LAVAGEM DE DINHEIRO. *Relatório XIX Reunião Plenária*. [S.L.]: [S. E.], 2021.

GAMBA, Giovanna Maísa. *A (in)existência de política pública de combate à corrupção*: o case da Estratégia Nacional de Combate à Corrupção e Lavagem de dinheiro – ENCCLA. 139f. TCC (Graduação) – Curso de Direito, Universidade Federal da Santa Catarina, Florianópolis, 2018.

GAMBA, Giovanna Maísa; SCHIEFLER, Eduardo André Carvalho. O valor do processo administrativo eletrônico para a eficácia do controle externo: o caso do "ranking nacional da transparência", do ministério público federal. *In*: DEZAN, Sandro Lúcio; CARMONA, Paulo Afonso Cavichioli; GUEDES, Jefferson Carlos Carús (Org.). *Hermenêutica do Direito e Processo Administrativo*: fundamentos do processo administrativo contemporâneo. Curitiba: CRV, 2021.

GEST, Nathaniel; GRIGORESCU, Alexandru. Interactions among intergovernmental organizations in the anti-corruption realm. *The Review of International Organizations*, [S.L.], v. 5, n. 1, p. 53-72, 27 out. 2009. Springer Science and Business Media LLC. Disponível em: http://dx.doi.org/10.1007/s11558-009-9070-9. Acesso em 10 fev. 2023.

GOLDSMITH, Stephen; EGGERS, William D. *Governing by Network*: the new shape of the public sector. Washington D.C.: The Brookings Institution, 2004.

GRANDORI, Anna; SODA, Giuseppe. Inter-Firm Network: antecedents, Mechanisms and Forms. *Organization Studies*, v. 16, n. 2, p. 183-214, 1995.

HOOD, Christopher. A Public Management for All Seasons? *Public Administration*, [S.L.], v. 69, n. 1, p. 3-19, mar. 1991. Wiley. Disponível em: http://dx.doi.org/10.1111/j.1467-9299.1991.tb00779.x. Acesso em 28 mar. 2022.

JAKOB, André. A experiência da ENCCLA: organizações e governança. *In*: COSTA, Arthur Trindade Maranhão; MACHADO, Bruno Amaral; ZACKSESKI, Cristina (Org.). *A investigação e a persecução penal da corrupção e dos delitos econômicos*: uma pesquisa empírica no sistema de justiça federal. Brasília: ESMPU, 2016. t. 2.

KISSLER, Leo; HEIDEMANN, Francisco G. Governança pública: novo modelo regulatório para as relações entre estado, mercado e sociedade? *Revista de Administração Pública*,

[S.L.], v. 40, n. 3, p. 479-499, jun. 2006. Disponível em: http://dx.doi.org/10.1590/s0034-76122006000300008. Acesso em 1 set. 2022.

KLIJN, Erik Hans; KOPPENJAN, Joop. *Governance Networks in the Public Sector*. New York: Routledge, 2016.

KNAFO, Samuel. Neoliberalism and the origins of public management. *Review of International Political Economy*, v. 27, n. 4, p. 780-801, 2020.

KOLIBA, Cristopher J.; MEEK, Jack. W.; ZIA, Asim; MILLS, Russel W. *Governance Networks in Public administration and public policy*. 2. ed. New York: Routledge, 2019.

LAFORGE, Gordon. *The sum of its parts*: coordinating Brazil's fight against corruption 2003-2016. 2017. Disponível em: https://successfulsocieties.prince-ton.edu/sites/successfulsocieties/files/GLF_AC-Strategy_Brazil_FORMA TTE- D_20Feb2017.pdf. Acesso em 5 out. 2020.

LAGUNES, Paul *et al*. President Bolsonaro's Promises and Actions on Corruption Control. *Revista Direito GV*, [S.L.], v. 17, n. 2, p. 1-55, mai. 2021. FapUNIFESP (SciELO). Disponível em: http://dx.doi.org/10.1590/2317-6172202121. Acesso em 20 mai. 2023.

LATOUR, Bruno. On actor-network theory: a few clarifications. *Soziale Welt*, [S. L.], v. 47, n. 4, p. 369-381, [S.I], 2006. Disponível em: http://www.jstor.org/stable/40878163. Acesso em 11 nov. 2021.

LINDSAY, Colin; OSBORNE, Stephen P.; BOND, Sue. The 'New Public Governance' and Employability Services in an Era of Crisis: challenges for third sector organizations in scotland. *Public Administration*, [S.L.], v. 92, n. 1, p. 192-207, 24 ago. 2013. Disponível em: http://dx.doi.org/10.1111/padm.12051. Acesso em 14 mai. 2022.

LOBEL, Orly. The Renew Deal: the fall of regulation and the rise of governance in contemporary legal thought. *Minnesota Law Review*, [S.L.], v. 470, n. 1, p. 343-470, 2004.

MACEDO, Stephen (Ed.). *Deliberative Politics*: essays on democracy and disagreement. New York: Oxford, 1999.

MACHADO, Maíra Rocha. O estudo de caso na pesquisa em direito. *In*: MACHADO, Maíra Rocha (Org.). *Pesquisar empiricamente o direito*. São Paulo: Rede de Estudos Empíricos em Direito, 2017.

MADRUGA, Antenor. Origens da ENCCLA. *In*: BRASIL. Secretaria Nacional de Justiça, Departamento de Recuperação de ativos e Cooperação Jurídica internacional (DRCI). *ENCCLA – Estratégia Nacional de Combate à Corrupção e à Lavagem de Dinheiro*: 10 anos de organização do Estado brasileiro contra o crime organizado. Brasília, Ministério da Justiça: Ed. Comemorativa, 2012.

MARQUES, Eduardo Cesar Leão. Notas sobre redes, Estado e políticas públicas. *Cad. Saúde Pública*, Rio de Janeiro, v. 35, supl. 2, e00002318, 2019. Disponível em: http://www.scielo.br/scielo.php?script=sci_arttext&pid=S0102-311X2019000803001&lng=en&nrm=iso. https://doi.org/10.1590/0102-311x00002318. Acesso em 20 out. 2020.

MARRARA, Thiago. As fontes do direito administrativo e o princípio da legalidade. *Revista Digital de Direito Administrativo*, Ribeirão Preto, v. 1, n. 1, p. 23-51, jan. 2014. Disponível em: https://www.revistas.usp.br/rdda/article/view/73561/77253. Acesso em 25 mai. 2022.

MARSHALL, T.H. *Cidadania, classe social e status*. (Trad. Meton Porto Gadelha). Rio de Janeiro: Zahar Editores, 1967.

MICHAELIS. Dicionário brasileiro da língua portuguesa. *In*: MICHAELIS. *Colaboração*. Disponível em: https://michaelis.uol.com.br/moderno-portugues/busca/portugues-brasileiro/colabora%C3%A7%C3%A3o/. Acesso em 7 nov. 2021.

MICHELIS. Dicionário brasileiro da Língua Portuguesa. *In*: MICHELIS. *Unidade*. São Paulo: Melhoramentos, 2015. p. [S.I.]. Disponível em: https://michaelis.uol.com.br/moderno-portugues/busca/portugues-brasileiro/unidade/. Acesso em 7 abr. 2022.

MIGUELETTO, Danielle C. R. *Organizações em Rede*. 96f. Dissertação de Mestrado. Escola Brasileira de Administração Pública, Fundação Getulio Vargas, Rio de Janeiro, 2001.

MORGAN, Douglas F.; SHINN, Craig. W. The foundations of New Public Governance. *In*: MORGAN, Douglas F.; COOK, Brian J. (Ed.). *New Public Governance*: a regime-centered perspective. New York: Routledge, 2014.

OECD – ORGANIZAÇÃO PARA A COOPERAÇÃO E DESENVOLVIMENTO ECONÔMICO. *O Brasil deve cessar imediatamente as ameaças à independência e à capacidade das autoridades públicas para combater a corrupção*. Disponível em: https://www.oecd.org/corruption/anti-bribery/o-brasil-deve-cessar-imediatamente-as-ameacas-a-independencia-e-a-capacidade-das-autoridades-publicas-para-combater-a-corrupcao.htm. Acesso em 20 dez. 2020.

OLIVEIRA, Gustavo Henrique Justino de. *Contrato de gestão*. São Paulo: Revista dos Tribunais, 2008.

OLIVEIRA, Gustavo Henrique Justino de. Participação administrativa. *A&C – Revista de Direito Administrativo & Constitucional*, [S.L.], v. 5, n. 20, p. 167, 20 jan. 2007. Disponível em: http://dx.doi.org/10.21056/aec.v5i20.459. Acesso em 1 set. 2022.

OLIVEIRA, Gustavo Henrique Justino de. Governança, governabilidade e accountability: qualidade na administração pública. *DOCPLAYER*, [s.d.]. Disponível em: https://docplayer.com.br/7592822-Governanca-governabilidade-e-accountability-qualidade-na-administracao-publica.html. Acesso em 10 nov. 2021.

OLIVEIRA, Gustavo Henrique Justino de; BARROS FILHO, Wilson Accioli de. A Estratégia Nacional de Combate à Corrupção e à Lavagem de Dinheiro (ENCCLA) como Experiência Cooperativa Interinstitucional de Governo Aberto no Brasil. *In*: CUNHA FILHO, Alexandre Jorge Carneiro da et al. (Coords.). *48 visões sobre corrupção*. São Paulo: Quartier Latin, 2016.

OLIVER, Christine. Determinants of Interorganizational Relationships: integration and future directions. *The Academy Of Management Review*, [S.L.], v. 15, n. 2, p. 241-265, abr. 1990. Disponível em: http://dx.doi.org/10.2307/258156. Acesso em 10 fev. 2023.

OSBORNE, Stephen P. (Ed.). *The new public governance?*: emerging perspectives on the theory and practice of public governance. New York: Routledge, 2010.

PAL, Leslie A.; SPENCE, Jennifer. Event-focused network analysis: a case study of anti-corruption networks. *Policy and Society*, [S.L.], v. 39, n. 1, p. 91-112, 2 jan. 2020. Informa UK Limited. Disponível em: http://dx.doi.org/10.1080/14494035.2020.1716559. Acesso em 11 nov. 2022.

PIETRO, Maria Sylvia Zanella di. *Direito administrativo*. 33. ed. Rio de Janeiro: Forense, 2020.

PIMENTA, Raquel de Mattos. *A Construção dos Acordos de Leniência da Lei Anticorrupção*. São Paulo: Blucher, 2020.

PINHO, José Antonio Gomes de; SACRAMENTO, Ana Rita Silva. Accountability: já podemos traduzi-la para o português? *Revista de Administração Pública*, [S.L.], v. 43, n. 6, p. 1343-1368, dez. 2009. Disponível em. http://dx.doi.org/10.1590/s0034-76122009000600006. Acesso em 7 set. 2022.

POLÍCIA FEDERAL. *Simba*. [s.d.]. Disponível em: http://www.pf.gov.br/servicos-pf/sigilo-bancario/simba#:~:text=O%20Sistema%20de%20Movimenta%C3%A7%C3%A3o%20Banc%C3%A1ria,Procurador%2DGeral%20da%20Rep%C3%BAblica%20do. Acesso em 18 out. 2020.

POLLITT, Christopher; BOUCKAERT, Geert. *Public Management Reform*: a Comparative Analysis – New Public Management, Governance, and the Neo-Weberian State. 3 ed. Oxford: Oxford University Press, 2011.

PRADO, Mariana Mota; CARSON, Lindsey D. Brazilian Anti-Corruption Legislation and Its Enforcement: potential lessons for institutional design. *SSRN Electronic Journal*, [S.L.], p. 1-40, 2014. Disponível em: http://dx.doi.org/10.2139/ssrn.2497936. Acesso em 14 mar. 2022.

PROVAN, K. G.; FISH, A.; SYDOW, J. Interorganizational networks at the network level: A review of the empirical literature on whole networks. *Journal of Management*, Índia, v. 33, n. 3, p. 479-516, 2007.

QUEIROZ, Fabiana Vieira de. *Enfrentamento à corrupção*: participação social na estratégia nacional de combate à corrupção e à lavagem de dinheiro (enccla). 2019. 158p. Dissertação (Mestrado) - Curso de Administração Pública, Instituto Brasiliense de Direito Público, Brasília, 2019.

RHODES, Roderick A. W. Recovering the Craft of Public Administration. *Public Administration Review*, v. 76, n. 4, p. 638-647, 1 jul. 2016.

RIBEIRAL, Tatiana Braz. *Produto 2*: relatório técnico contendo proposta de plano estratégico de comunicação para a ENCCLA. Brasília: Ministério da Justiça/UNODC, 2013.

RIBEIRAL, Tatiana Braz. *Produto 1*: relatório técnico de análise crítica da estrutura e metodologia de trabalho da ENCCLA. Brasília: Ministério da Justiça/UNODC, 2013. Disponível em: https://www.gov.br/mj/pt-br/assuntos/sua-protecao/lavagem-de-dinheiro/institucional-2/cooperacao-tecnica/arquivos/edital-01-2013/produto-1.pdf. Acesso em 21 mar. 2022.

RIBEIRAL, Tatiana. *Produto final*: Relatório Técnico contendo proposta de melhoria da ENCCLA com relação à metodologia de trabalho e outros aspectos relevantes identificados. Brasília: Ministério da Justiça/UNODC, 2014.

ROCHA, Leonino Gomes. *Redes interorganizacionais no enfrentamento à corrupção*: um estudo da estratégia nacional de combate à corrupção e à lavagem de dinheiro – ENCCLA. 316f. Tese (Doutorado) – Curso de Direito, Universidade de Salamanca, Salamanca, 2020.

ROSE-ACKERMAN, Susan; PALIFKA, Bonnie J. *Corrupção e governo*: causas, consequências e reforma. (Trad. Eduardo Lessa). São Paulo: FGV, 2020.

SCHIEFLER, Gustavo Henrique Carvalho. *Diálogos público-privados*. Rio de Janeiro: Lumen Iuris, 2018.

SCHIEFLER, Gustavo Henrique Carvalho; ADIB, Luccas Augusto Nogueira. Título de Desenvolvimento Social é inovação em tempos de crise. *Conjur*, 7 nov. 2015. Disponível em: https://www.conjur.com.br/2015-nov-07/titulo-desenvolvimento-social-inovacao-tempos-crise. Acesso em 7 jan. 2020.

SENDEN, Linda. Soft Law, Self-Regulation and Co-Regulation in European Law: where do they meet?. *Electronic Journal of Comparative Law*, [S.L.], v. 9, n. 1, p. 1-27, jan. 2005. Disponível em: https://ssrn.com/abstract=943063. Acesso em 9 nov. 2021.

SILVA, Álisson *et al*. FiscalizaBR: um aplicativo móvel para acesso a dados abertos de convênios e contratos. In: *Anais do Simpósio Brasileiro de Sistemas de Informação (SBSI)*, Sociedade Brasileira de Computação, Brasília, p. 285-292, 17 mai. 2017. Disponível em: http://dx.doi.org/10.5753/sbsi.2017.6054. Acesso em 10 mar. 2022.

SILVESTRE, Hugo Consciência. *A (Nova) Governança Pública*. Brasília: Enap, 2019.

SKELCHER, Chris; TORFING, Jacob. Improving democratic governance through institutional design: civic participation and democratic ownership in Europe. *Regulation & Governance*, [S.L.], v. 4, n. 1, p. 71-91, mar. 2010. Disponível em. http://dx.doi.org/10.1111/j.1748-5991.2010.01072.x. Acesso em 20 mar. 2022.

SUNDFELD, Carlos Ari; JURKSAITIS, Guilherme Jardim; SOUZA, Rodrigo Pagani de. Interpretações administrativas aderem à lei? *Revista de Direito Administrativo*, Rio de Janeiro, v. 260, p. 97-132, mai./ago. 2012.

TEUBNER, Gunther. *Networks as connected contracts*. Oxford: Hart, 2011.

TORFING, Jacob; TRIANTAFILLOU, Peter. What's in a Name? Grasping New Public Governance as a Political-Administrative System. *International Review of Public Administration*, [S.L.], v. 18, n. 2, p. 9-25, ago. 2013. Informa UK Limited. http://dx.doi.org/10.1080/12294659.2013.10805250. Acesso em 20 mar. 2022.

TRANSPARÊNCIA INTERNACIONAL BRASIL. *Brasil*: pior nota pelo segundo ano: em 2019, o país manteve-se no pior patamar da série histórica do índice de percepção da corrupção, com apenas 35 pontos. Em 2019, o país manteve-se no pior patamar da série histórica do Índice de Percepção da Corrupção, com apenas 35 pontos. Disponível em: https://transparenciainternacional.org.br/ipc/. Acesso em 20 dez. 2020.

TREBILCOCK, Michael J; PRADO, Mariana Mota Prado. *What makes poor countries poor?*: institutional determinants of development. Northampton: Edward Elgar Publishing, 2011.

VANGEN, Siv; HUXHAM, Chris. Introducing the theory of collaborative advantage. *In*: OSBORNE, Stephen P. (Ed.). *The new public governance?* New York: Routledge, 2010.

WEBER, Max. *Ciência e política*: duas vocações. São Paulo: Cultrix, 1993.

WEGNER, Douglas; DURAYSKI, Juliana; VERSCHOORE FILHO, Jorge Renato de Souza. Governança e Eficácia de Redes Interorganizacionais: comparação entre iniciativas brasileiras de redes de cooperação. *Desenvolvimento em Questão*, [S.L.], v. 15, n. 41, p. 275-302, 21 out. 2017. Editora Unijui. Disponível em: http://dx.doi.org/10.21527/2237-6453.2017.41.275-302. Acesso em 1 out. 2022.

XU, R. Y.; SUN, Q. G.; SI, W. The Third Wave of Public Administration: the New Public Governance. *Canadian Social Science*, v. 11, n. 7, p. 11-21, 2015. Disponível em: http://www.cscanada.net/index.php/css/article/view/7354. DOI: http://dx.doi.org/10.3968/7354. Acesso em 20 set. 2022.

Esta obra foi composta em fonte Palatino Linotype, corpo 10
e impressa em papel Offset 75g (miolo) e Supremo 250g (capa)
pela Laser Plus Gráfica, em Belo Horizonte/MG.